日常礼仪细节全书

礼仪就是资本

潘文荣◎编著

提升素质的礼仪教程，追求高雅的魅力范本

打造得体形象 塑造优雅谈吐

举手投足之间 处处风度翩翩

中国纺织出版社

内 容 提 要

礼仪好似一张通行证，携带它，人际交往会减少很多纷争。礼仪是一套隐形的华服，它在不着痕迹之处折射出一个人的素质，展现出内在的修养，让你在他人那里大受欢迎。礼仪虽不深奥难懂，却也是一门需要细心研究的学问。

礼仪的闪光点在于细节之中，本书分析了在日常礼仪中必须注意的上千个细节，内容新颖、全面、丰富，涵盖个人礼仪、社交礼仪、职场礼仪、说话礼仪、餐饮礼仪、服务礼仪、日常礼仪、家庭礼仪、涉外礼仪等各个方面。这是一本修炼礼仪修养的黄金读物，让你在熟悉、掌握并合理运用各种礼仪的基础上，拥有自信、得体、优雅的举止，成为处处受欢迎的人。

图书在版编目（CIP）数据

礼仪就是资本 / 潘文荣编著. --北京：中国纺织出版社，2015.1（2023.5重印）

ISBN 978-7-5180-1136-0

Ⅰ.①礼… Ⅱ.①潘… Ⅲ.①礼仪—基本知识 Ⅳ.①K891.26

中国版本图书馆CIP数据核字（2014）第239991号

策划编辑：闫 星　　责任编辑：王 慧　　责任印制：储志伟

中国纺织出版社出版发行

地址：北京市朝阳区百子湾东里A407号楼　邮政编码：100124

销售电话：010—67004422　传真：010—87155801

http：//www.c-textilep.com

E-mail：faxing@c-textilep.com

官方微博http://weibo.com/2119887771

永清县晔盛亚胶印有限公司印刷　各地新华书店经销

2015年1月第1版　2023年5月第4次印刷

开本：710×1000　1/16　印张：21.5

字数：256千字　定价：88.00元

前言

孔老夫子曾说过："不学礼，无以立。"莎士比亚说："在宴席上最让人开胃的就是主人的礼节。"可见，文明礼仪是一剂良好的开胃药，而在日常交际中最让人快慰的就是我们交往对象的礼节。

礼仪，是中国古代文化的精髓，是中华传统美德宝库中一颗璀璨的明珠。我国历史悠久，是举世闻名的礼仪之邦，注重礼仪修养向来是中华民族的传统美德，因而，我们每个人都应该成为礼仪的传承者。

礼仪是在人际交往中，以一定的、约定俗成的程序方式来表现的律己敬人的过程，涉及穿着、交往、沟通、情商等内容。礼仪是一个人内在修养和素质的外在表现，更是人际交往中使用的一种艺术、一种交际方式或交际方法，是人际交往中的示人以尊重、友好的习惯做法。

礼仪是塑造个人完美形象的重要手段，学习礼仪有助于提升一个人的素质。古人讲"修身齐家治国平天下"，由此可见，修身是一个人的根本。如果一个人不讲究穿着礼仪，不懂得社交场上的礼仪，很可能会在公共场合闹出笑话来，也不利于个人形象的建立。相反，一个人若是懂得礼仪，处处以礼仪规范来约束自己，无论走到哪里，他都会成为万众瞩目的焦点。因而，学习礼仪是一个人提升自我素质、塑造完美形象、建立自信心的重要手段。

礼仪是个人心理安宁、心灵净化、身心愉悦、个人增强修养的保障。礼仪是家庭美满和睦的根基，可以使夫妻和睦、父慈子孝、家庭幸福；礼仪是人际关系和谐的基础，可以使你在人际交往中游刃有余、左右逢源；礼仪是事业发展的关键，可以帮助你实现理想、走向成功；礼仪是社会交往的润滑剂和黏合剂，是熟人之间的奢侈品，更是个人美好形象的标志，是一个人内在素质和外在形象的具体体现，正所谓“穷则独善其身，达则兼济天下”。

中国作为文明古国，富有优良的文明礼貌传统，素有“礼仪之邦”的美称，几千年光辉灿烂的文化，培养了中华民族高尚的道德，也形成了一整套完善的礼仪。在生活中，人们常常把礼仪看作是一个民族精神面貌和凝聚力的体现，把文明礼貌程度作为衡量一个国家和民族是否发达的标志之一。而对个人而言，则是衡量道德水准和有无教养的尺度。一个人以其高雅的仪表风度、完善的语言艺术、良好的个人形象，展示自己的气质修养，赢得尊重，将是自己生活和事业成功的基础。本书从衣着、言谈、举止、待人接物、活动等方面着手，为您讲述全方面的礼仪知识，通俗易懂，知识全面，将会成为您树立新形象的最佳导师。相信这本书对您未来的职业生涯、生活各方面会起到不可估量的作用，而您的人生也将随之发生惊人的变化！

编著者

2014年6月

目录

第一章　个人礼仪：打造优雅形象，提升魅力气质

一、着装礼仪：着装得体不失规范

“佛靠金装、人靠衣装”说的是一个人的着装对于一个人的精神面貌、整体形象的重要作用。无论是日常生活还是正式的交际场合中，着装礼仪都是不可忽视的重要内容。

（一）得体着装的要求和原则

得体的着装，首先要做到的就是具有协调性。那么，如何才能做到这一点呢？着装的协调需要注意哪些方面呢？下面的几点要特别关注。

1. 着装的“TOP”原则

TOP是Time、Occasion、Place三个单词首字母的缩写。T 代表时间、时令、时代；O代表对象、场合；P代表地点。 着装的TOP原则是世界通行的着装打扮的基本原则，它要求人们对服饰的要求以和谐为美。具体要求如下。

第一，时间原则。所谓着装的时间原则，指的是在不同的时间段，穿不同类型的衣服。这对女人来说尤其需要重视，因为男士只要有一套质地上乘的深色西装或中山装就可以行遍天下，而女士却不可以。在白天工作的时候，女士应该穿正式套装，或者公司配备的员工职业装，以体现自己的专业素养；晚间

出席鸡尾酒会或是参加朋友聚会时，应根据酒会的隆重程度，选择合适的晚礼服或在日常便装上再精心打扮一番。服装的选择还要适合季节气候特点，并保持与潮流趋势同步。

第二，场合原则。即穿着要与不同的场合相协调。如果是参加正式会议或是开招待会等很正式的场合，穿着应该注重考究，男士深色西服或中山装，女士着深色职业套装；如果在正规大剧院里看芭蕾舞表演或是听音乐会，男士依然是端庄的西服或中山装，女士可以穿中国传统的旗袍或是西方长裙晚礼服；同朋友聚会、郊游等比较休闲的场合，为便于放松心情，尽情游玩，穿轻便舒适的休闲装就可以了。穿着分场合，如果在正式场合穿便装，不免让人觉得不重视、不尊重他人，或者被人认为没有修养，而在非正式场合穿正装，未免又给人庄重严肃之感，让人很难亲近。

第三，地点原则。穿着也要跟地点相合。在自己家里接待客人时，可以穿着轻便舒适的休闲服，但一定要整洁；出国时要考虑不同国家或地区的地理位置、气候情况以及当地的民风民俗如何，如气候较热的地区可以选择颜色较浅、质料较轻的服装，寒冷地区相反。还有些地方忌讳某种颜色，因此穿衣的时候要避免穿那种颜色的服装；在某些特定的地方如教堂、寺庙等场所，不能穿过露或过短的服装。

2. 得体着装需要注意的几个问题

从礼仪的角度来讲，着装不能简单地等同于穿衣，它体现着人的阅历修养、审美情趣、身材特点等，因而我们要根据不同的场合、目的、时间，尽可能地精心搭配、穿着得体。着装体现着人的仪表美，得体的着装能够增加个人魅力，给他人留下良好的印象。得体的着装要注意以下问题。

第一，穿着要文明大方。着装要符合大众的审美观念和道德要求。着装体现的是个人的审美情趣及综合素养，也从某种程度上反映社会的风貌，刚柔并济、理性与浪漫结合的着装是现代时尚的最好诠释。教徒式的穿着既不方便，

也会给人沉闷、缺乏活力之感，而过分张扬暴露，也不符合大众的审美心理。现代人的穿着理念应该是既要文明，又要大方。文明，在正式场合当中，穿着忌暴露，不要穿过短、过透、过紧的服装。穿着过露，不仅会自贬身价，也会妨碍他人，招致反感。大方，男士要体现绅士风度，女士要显现端庄优雅。

第二，穿着要得体。首先，穿着要配合身份、性格。穿着既不能太寒酸，也不能太高贵，尤其在办公室里不要穿比上司名贵的衣服；与不同身份的人接触，也要注意，既要配合自己的身份，也要配合对方的身份，以便于彼此沟通。另外，与性格开朗的人接触，可以穿得鲜艳活泼点，与性格内敛的人交往可穿颜色低调、款式保守点的衣服。其次，穿着要配合环境。日常工作中以颜色清淡、款式简单为主，喜庆场合忌穿黑色，而庄重的地方忌穿得太艳丽。再次，穿着要配合年龄、体型。每个人要明确了解自己体型的优点和缺点，穿衣要发扬优点、掩饰缺点，衣不合体则会招人笑话。另外，不同年龄段有不同的着装要求，年轻人可以穿得俏皮亮丽点，而年长者则要穿得成熟庄重点。

第三，注重搭配及服装的整体美。正确的着装能起到修饰形体、美化仪态的作用，形成自然得体的和谐美。服饰整体美的构成包括人的形体、内在气质，服饰的整体色彩、质地、线条以及与环境的契合等，着装的整体美就体现于诸多因素的完美协调。

第四，显示个性特征。个性特征原则要求着装适应自身形体、年龄、职业的特点，扬长避短。如身材较胖的人忌穿紧身衣，因为会让浑身的肥肉暴露无遗；而蝙蝠装会让身材瘦小的人显得更瘦，所以瘦人不要穿太过宽松的衣服。除此之外，还可以在此基础上创造和保持自己独有的风格，在不违反礼仪规范的前提下，在某些方面可体现与众不同的个性，切勿盲目追逐时髦。

3. 服饰色彩的礼节问题

色彩，是服装呈现给我们的第一印象，也是留给人们记忆最深的印象之一，而且在很大程度上决定着穿着的成败。

人们在长久的生活实践当中，对色彩所代表的意义及效果产生了相对统一的概念，不同的色彩有其不同的象征意义，要想获得良好的着装效果，应该了解这些象征意义。一般来讲：

黑色：神秘、悲哀、静寂、死亡，或者刚强、坚定、冷峻；

白色：纯洁、明亮、朴素、神圣、高雅、恬淡，或者空虚、无望；

黄色：炽热、光明、庄严、明丽、希望、高贵、权威；

大红：活力、热烈、激情、奔放、喜庆、福禄、爱情、革命；

粉红：柔和、温馨、温情；

紫色：谦和、平静、沉稳、亲切；

绿色：生命、新鲜、青春、新生、自然、朝气；

浅蓝：纯洁、清爽、文静、梦幻；

深蓝：自信、沉静、平静、深邃；

灰色是中间色：中立、和气、文雅。

除了要熟悉色彩的象征意义之外，我们还要注意色彩的特性及其搭配，这体现在以下三个方面。

第一，色彩的特性。色彩的特性主要有冷暖、轻重、缩扩等。使人产生温暖、热烈、兴奋之感的色彩为暖色，如红色、黄色；使人有寒冷、抑制、平静之感的色彩叫冷色，如蓝色、绿色。色彩的轻重也称为色彩的明暗度。色彩越浅，明度越强，它使人有上升之感、轻感；色彩越深，明度越弱，它使人有下垂之感、重感。色彩的缩扩指的是由于色彩的波长不同而给人收缩或扩张的感觉。一般来讲，冷色、深色属收缩色，暖色、浅色则为扩张色，运用到服装上，前者使人看起来比较苗条，后者使人看起来比较丰满。

第二，色彩的搭配。为避免单调，不同的色彩之间可以搭配使用，色彩的搭配主要有三种方法。第一种是统一法，即配色时尽量采用同一色系之中各种明度不同的色彩，按照深浅不同的程度搭配，使整体呈现出一种和谐感。例

如，女士穿晚礼服时可以穿上浅色系的长裙，脚上再配一双同色系的高跟鞋，这样整体效果很和谐。在工作场合或其他正式场合上，统一法使用的比较多。第二种是对比法，即在配色时运用冷暖、深浅、明暗两种特性相反的色彩进行组合的方法。它可以使着装在色彩上产生强烈反差，给人比较强的视觉感受。运用对比法需要特别注意的一点是，切忌着装上下二分之一对比，给人以拦腰一刀的感觉，要找到黄金分割点即身高的三分之一点上（即穿衬衣从上往下第四、第五个扣子之间），这样才有美感。第三种是呼应法，即在配色时，在某些相关部位刻意采用同一色彩，以便使其遥相呼应，产生美感。例如在社交场合穿西服的男士讲究“三一律”，所谓“三一律”就是男士在正式场合时应使公文包、腰带、皮鞋的色彩相同，即为此法的运用。

第三，正装的色彩。在非正式的场合当中，对衣服的色彩要求不高，往往可以听凭个人爱好，而在正式的场合当中，对着装的色彩运用就要多加小心了。正式场合着装色彩最好控制在三种以内，从而给人以整齐、简单、庄重之感。颜色若过多，往往给人以繁杂、低俗之感，不符合正式场合庄重肃穆的氛围。一般而言，正装的色彩应该为单色、深色且无图案，常见的正装色彩为蓝色、灰色、棕色、黑色等。衬衣以白色为佳，皮鞋、袜子、公文包的色彩宜为深色（黑色最为常见）。

此外，肤色不同，着装色彩也要有所区别。浅黄色皮肤，即皮肤白净的人，对颜色的要求不多，一般什么色彩都可以。暗黄或浅褐色皮肤，即皮肤较黑的人，应该尽量避免穿颜色很深的，特别是深褐色、黑紫色的服装。一般来说，这类肤色的人选择红色、黄色的服装比较合适。肤色呈蜡黄或苍白的人，最好不要穿紫红色的服装，以免使其脸色呈现出黄绿色，加重病态感。皮肤黑中透红的人，则应避免穿红、浅绿等颜色的服装，而应穿浅黄、白等颜色的服装。

（二）中装的穿着方式和礼仪

现在比较流行的比较正式的中装要属男士的中山装以及女士的旗袍了，作

为中国的传统正式着装，穿着方面需要注意哪些方面呢?

1. 正统中山装的穿法

中山装是男士的服装，男士应该重视中山装的穿法，尤其是商界男士。如果穿中山装时不注重规范，肆意妄为，不仅有违礼仪，也是无知的表现。根据礼仪的基本要求，商界男士穿中山装时有以下几点需要特别注意。

第一，穿衣时不要忘记摘下标签。一般在上衣左手袖子上都有商标和面料等的小标签，穿衣之前要将其摘除。如果衣服穿过许久之后，标签依旧留在原处，有点招摇过市的感觉，难免引人耻笑。

第二，穿衣时要将衣服熨烫平整。要想使中山装穿在身上美观大方，穿之前一定要检查它是否平整挺括、线条笔直，如果不平整应该将它熨烫平整后再穿。皱巴巴、脏兮兮的中山装会使其美感全失，对穿者的形象大打折扣。

第三，穿衣时做到不卷不挽。穿中山装时一定要注意保持衣服的原状，不可将袖子向上卷起，那不仅会损坏穿衣的美感，也会给人留下不好的印象。还有当众随意脱下中山装搭在肩上或将中山装当做披肩的做法也是不合礼仪的，公共场合最好避免。

第四，要将纽扣扣好。一般穿中山装时，上衣和裤子上的纽扣都要扣起来。在正式场合站立与人握手时也要将全部扣子扣起，以示庄重。入座时，可以将上衣扣子解开一两个，避免将衣服弄皱。而在非正式的场合，上衣的扣子可以全部扣上，也可以全部不扣。

第五，要少装东西。为避免中山装走样，就应该在衣服口袋里少装东西或不装东西。中山装的口袋一般就是一个装饰，不是装杂物用的，如果将一些乱七八糟的东西塞满其中，无疑是在破坏衣服的形象，糟蹋衣服。中山装的上侧外衣口袋只起装饰作用，切勿将钢笔或眼镜放入其中；上衣内侧口袋可以装钱夹或名片之类的物件，不要放过大、过重的东西；外衣下口袋原则上不放东西，当然也可以根据需要放些轻便的东西。裤子前口袋可以放纸巾或钥匙包

等，而后口袋一般都不放东西。

2. 优雅旗袍，穿出女人味

旗袍是中国传统服装，在盛大节日，特别是参加国际聚会时，中国女性为了展示本国家的特色，喜欢选用旗袍作为礼服出席宴会。

参加晚宴时，可以选择面料华丽的旗袍，如果选择得当，其惊艳程度绝不逊色于西式晚礼服。旗袍也可以在日常的工作场合或者娱乐休闲场合穿，用旗袍搭配西式外衣、披肩围巾、开襟毛衣等，能够显示出不同的风格。

然而并不是每个人都能穿出旗袍的美，那么，旗袍适合什么样的人穿呢？一般而言，穿者肩膀要窄，腰身要细，臀部要丰满，脖子要长，胸部大小要合适，个头要适中，1. 60～1. 70米最合适。肩宽背阔的人会显得雄壮、伟岸，缺少柔美，腰身太粗的人会将旗袍穿成水桶样，个头过高或过矮都会破坏旗袍的风韵。

穿旗袍时，要注意以下几点。

第一，要根据场合选择合适的面料及花色。普通棉布和真丝面料做出同样款式的旗袍时，会有两种截然不同的风格：前者朴素雅致，后者华丽高贵。另外，由于旗袍的领口比较严实，夏天选择旗袍时，最好选择吸汗透气的舒适面料。

第二，要根据年龄、季节等多方面考虑。就年龄来说，年老妇女在选择时，可以选择颜色稍深、款式稍宽松些的旗袍，以示庄重、典雅；中年妇女，宜选色彩富丽高雅，乃至绣花、滚边的旗袍，体现雍容华贵；年轻女性，则宜选用绚丽优美的色泽花式、活泼俊俏的款式，体现青春健美、朝气蓬勃。就季节来说，在天气凉爽的春秋两季，可以选择毛料或者厚实的中长纤维的旗袍，穿着保暖又挺括；初夏天气渐热的时候，可以选择化学纤维的面料，做成半袖的旗袍，穿起来比较轻便、凉爽；在酷热难当的盛夏时节，可以选择薄花布或丝绸制成的无领无袖的旗袍，穿起来凉爽宜人；冬季选择旗袍时，可以在旗袍内絮上丝绵、驼绒之类用来保暖。

另外，选择旗袍时，要注意旗袍的款式与自己的身份相协调。前卫风格的无肩无袖或露胸旗袍，以及毛皮滚边的超短旗袍配上靴子，穿在明星身上会格外出众，却不适合保守行业工作人员日常穿着。

第三，选择旗袍，要根据自己的体态来选。脖子细长的人，可以选择领子较矮、较宽的旗袍，可以弥补脖子的不足。旗袍下摆开衩的长度要与身高成正比例：身材修长，开衩大些，走起路来风度翩翩，煞是好看，开衩小了，便裹腿难行；矮个短腿，摆衩要开得小些，才能协调适当。

挑选现成的旗袍，一定要在试衣室仔细试穿。不仅长短、肥瘦要合适，领围、肩宽、胸围、腰围、臀围都要合身才行，任何一处过于紧绷或过于宽松，都会使美感大打折扣，自己穿上也会感觉很不舒服。

第四，穿旗袍时，讲究颇多。旗袍是礼仪服装，作为工作服来穿是不合适的；穿旗袍时最好搭配连裤丝袜来穿，还要注意丝袜面料不与旗袍面料起静电反应才行；穿着之前检查所有纽扣，如有缝线松动的纽扣，在穿之前一定要再次加固，保证在穿着时纽扣不会脱落；着旗袍后要站有站相，坐有坐相，跷腿、叉脚、抬腿蹬凳子等都是不雅观的。

第五，穿旗袍时，对于旗袍的开衩也有要求。在日常场合或休闲场合，旗袍的开衩不要高过膝盖上缘10厘米。在正式的晚宴或演出活动场合，或者某些特定要求的场合，才可以穿那种高开衩的长旗袍。

（三）西装的穿着和搭配礼仪

西装是正式场合的一种着装，它不像日常生活着装一样随意搭配，只要穿起来舒服就行。穿西装就要注意西装穿着的基本礼仪，如果不注意这些基本的礼仪，再高档的西装也穿不出品位来。

1.男士西装礼仪

现代男士西装基本上沿袭欧洲男士服装的传统习惯而形成，其装扮行为具有一定的礼仪意义。男士在穿着西装时，一定要对这些礼仪问题多加注意，不

可肆意而为。根据西装礼仪的基本要求，男士在穿西装时，务必要特别注意以下七个方面的问题。

第一，要拆除衣袖上的商标。一般商标都缝在西装上衣的左边袖子的袖口上，穿西装时，一定要注意西装商标是否已经摘除。假如西装穿过许久，商标依旧停留在原处，就有点招摇过市的感觉，引人耻笑。

第二，要熨烫平整。穿西装时，一般讲究要平整挺括、线条笔直，如此才会美观大方。因此，要对西装进行日常的定期护理，一般西装不可手洗，或用洗衣机洗，一定要干洗，那样才不至于使西装变形。在每次正式穿出时，还要对其进行仔细熨烫，使之平整挺括，皱巴巴、脏兮兮的西装是惨不忍睹的，根本穿不出去。

第三，要扣好纽扣。西装纽扣都有其规定的系法，一定要遵守。西装上衣的纽扣系法最为讲究，一般来说，在大庭广众之前站立时，西装上衣纽扣要全部扣上，以示庄重；就座后，为防止西装走形，一般要将西装上衣纽扣全部解开。但是，站立时，如果上衣里面穿的是西装背心或者羊毛衫时，上衣纽扣也可不扣。

西装上衣有单排扣和双排扣之分，扣子的系法也有所不同。单排扣上衣有两粒扣子时，只系上面的扣子，下面的扣子通常不系；单排扣上衣有三粒扣子时，要么系中间的扣子，要么系上两个扣子。对于双排扣上衣，则所有能系的扣子都要系上。

对于西裤的裤门上“把关”的，如果是纽扣的，一定要将纽扣系好，如果是拉锁的，也要将拉锁拉好。参加重要的活动时，还须随时悄悄地对其进行检查，西裤上的挂钩，亦应挂好。

第四，要不卷不挽。一定要呵护西装的原状，除了上面要求的，西装除了要定期送到干洗店清洗和熨烫之外，更要做到外穿时不要将西装随意脱下，或当披风一样披在肩上，更不能将西装上衣的袖子或者西裤的裤管随意挽起。随

意挽袖或卷裤腿的行为是很粗鲁的，在正式场合里绝对不允许。

第五，要慎穿毛衫。要将西装穿得有“型”有“味”，西装上衣之内应少穿衣服，通常夏季上衣里只穿一件衬衣即可，有时根据气温衬衣里也可加一件背心，除此之外，最好不要轻易添加别的衣物。在寒冷难耐的冬季，为了不至于太冷，只好变通一下，在西装上衣内穿羊毛衫。但即便穿羊毛衫也有讲究，要求采用色彩单一、图案简单的羊毛衫或羊绒衫，不至于让人看得眼花缭乱，失去庄重感。

第六，要巧配内衣。穿西装时，一般在衬衣之内不穿背心，这是比较标准的穿法。但是如果情况特殊需要穿背心的话，则有几点需要注意。首先，数量不要太多，一件即可；其次，背心的色彩应与衬衣色彩相同或接近，否则影响视觉效果；再次，背心在款式上以不长于衬衣为宜。

第七，要少装东西。为保证西装在外观上不走样，原则上不应该在西装口袋里放东西。即使放，也应该少放，如果任意将西装口袋填满，无疑是在糟蹋西装。在西装上，不同的口袋发挥着各不相同的作用。

在西装上衣左侧的外口袋，一般可以放一块用来装饰的真丝手帕，除此之外，不要放其他的东西。在西装内侧口袋里，可以放钢笔、钱夹、名片等，但不要放过大过厚的东西。外侧下方的两只口袋，原则上不放任何东西。

在西装背心上，口袋多为装饰之功能，除可以放置怀表之外，不宜再放别的东西。

在西装的裤子上，两只侧面的口袋只能够放纸巾、钥匙包等。其后侧的两只口袋，则一般不放任何东西。

2. 西装的搭配之道

西装的韵味不是单靠西装本身穿出来的，而是西装与其他衣饰一道精心组合搭配出来的。要想成功地穿好西装，就应该懂得如何搭配。

领带：领带是平衡西装胸前“V”区的关键，男士的领带往往能够左右旁

人对他的身份、地位、信用、个性以及能力的观感。所以，如何挑选领带，是一个需要非常慎重对待的问题。首先，要选择长度合适的领带，打好的领带尖端要恰好触及腰带扣。领带的宽度也应与所选西装的领子宽度相宜。其次，对于领带的颜色、图案等也有讲究。以比较讲究的观点来说，领带的颜色应该以西装的颜色为基础色。以灰色、红色、蓝色最为实用，领带的图案要尽量简单，不可花里胡哨的，印有几何图案的领带应该选择与西装同色系或对比色系配搭，领带上的圆点、网纹或斜条的颜色应选择与衬衫相同的颜色。另外，在挑选领带时，丝是领带质地的首选，虽然颜色较鲜亮，但是不耀眼，使用这种领带几乎可以适合任何地点、场合。

衬衫：挑选衬衣时，一定要注意衬衣的领型、质地、款式都要与西装协调，衬衣的色彩可以根据领带及个人爱好选择。通常，衬衣的颜色应与领带上的一种次要颜色相配，这样整体看起来比较和谐。此外，衬衣的颜色不应该比领带显眼，衬衣的图案也不应该压过领带的图案。穿衬衣时，注意领口和袖口要干净，纯白色和天蓝色衬衫一般是必备的。注意，穿普通衬衫，袖子要露出西装1/4英寸，如果穿带袖扣的衬衫，则应露出1/2英寸。

皮带：西装皮带的要求跟西装是单排扣还是双排扣很有关系，一般来讲，穿单排扣西装时，扎窄一点的皮带；穿双排扣西装时，扎宽一点的皮带。皮带的颜色与西装的颜色也有关系，一般深色西装扎深色的皮带，浅色西装则对皮带在颜色上没有什么限制。

鞋子：为保守起见，穿西装时，一般要用皮鞋来搭配。每个男人都应该有一双黑色、一双深棕色的系带皮鞋，这是西装搭配中不变的经典。另外需要注意的是，浅色鞋子只能用来搭配浅色西装，如果搭配深色西装，就会给人头重脚轻的感觉，而休闲风格的皮鞋则最好搭配休闲西装。另外，鞋子一定要干净。

袜子：西装配袜子的原则是宁长勿短，露出一截小腿的做法是不雅的。袜子

颜色要与西装协调：浅色袜子只能配浅色西装；白色袜子适合球鞋和“片儿鞋”，不适合配西装；深色袜子则比较好搭配，一般搭配什么颜色的西装都可以。

3. 女士西装礼仪

女士西装一般是指女性在出席正式宴会时穿的正式套装、职业裙装。无论是哪一种西装，首先要注意的就是，穿着要得体，要能够突出女性的体型美。此外，还有一些值得注意的地方。

第一，一般在挑选女士西服时，要选择柔软、舒适、质地较好的纯毛或化纤面料，最佳面料是高品质的毛纺和亚麻，最佳的色彩是黑色、灰色、棕色、米色等单一色彩。

第二，女士西装的选择要考虑年龄、职业、体形、肤色、气质等诸多方面：年龄较大或身材较胖的女性，可以穿颜色稍深、款式简单的西服；肤色较深的人忌穿深颜色，尤其如绿色、黑色、蓝色的西服；体型小巧的女性应穿掐腰的短西服，会显得身材修长，忌穿长西服，那会使人仿佛淹没在衣服中似的；身材丰满、曲线突出的女性应该选择裁剪合体的西服，且最适宜的是在一边系单扣的式样，这种微微下坠的式样既显示了颇具女性美的曲线，同时又能掩藏住一部分多余的赘肉；身材高挑清瘦的女性最好穿着双排扣的长款西服，这种款型的衣长刚好长过臀部，给人增添一些宽度和厚度，从而使身材不至于太过瘦长。

第三，无论什么季节，在正式的商务场合中，套装都必须是长袖的。

第四，职业裙装的裙子应该长及膝盖，坐下时裙子自然向上缩短，裙子上缩后离膝盖的长度不能超过10厘米，否则就表示这条裙子过短或过窄。

第五，职位较低的女性不要穿比自己同性上级更好品牌的服装，这几乎是国际上一条不成文的规则。

4. 女士套裙搭配

女士在穿正式的套装时，如何才能突出套裙的优点，显现女性的美，关键

在于学会搭配。女士在搭配套裙时，要注意以下几个方面。

衬衣：女士在搭配职业套裙时，衬衣的选择最好是白色、米色、粉红色等单色，也可以有一些简单点的线条或细格图案等。衬衣面料，最佳的选择是纯棉或者丝绸等。衬衣款式要求简洁、没有花边褶皱。穿衬衣时不要将衬衣的下摆放在裙腰外面，应放在裙腰之内，更不要把衬衣的下摆在腰间打结；除最上端纽扣外，衬衣的纽扣不要随意解开；不能在外人面前直接脱下西装，以衬衣示人。

皮鞋：黑色的高跟或半高跟船鞋是职场女性必备的基本款式，几乎可以搭配任何颜色和款式的套装。在商务场合上要避免穿露出脚趾或脚后跟的凉鞋或皮拖鞋。鞋子的颜色最好与手袋一致，且与衣服的颜色相协调。任何有亮片或水晶装饰的鞋子都不要在商务场合上穿，但是可以在正式或半正式的社交场合穿。皮鞋要上油擦亮，不留灰尘和污迹。

袜子：穿套裙最标准的搭配是长筒袜和连裤袜。穿长筒袜时，要防止袜口滑下来，让袜边暴露在裙子外面的行为，是缺乏品位、也是失礼的表现；此外，中筒袜、低筒袜也要避免穿。正式场合穿职业套裙时，要选择肉色长筒丝袜。丝袜容易划破，如果有破洞、跳丝，要立即更换，可以在办公室或手袋里预备好一两双袜子，以备替换。

胸针：别看小小一枚胸针，它的作用可不小。胸针别在胸前，可以吸引别人的注意力，使其视线上移，使穿着者身材显得高挑点，尤其适合身材矮小者使用。胸针的精致程度也可以反映一个人的身份，以及对待生活的态度等。胸针一般别在左胸襟，胸针的大小、款式、质地可根据每个人的爱好决定。

（四）职业装的正确穿法

作为正式的工作着装——职业装，在穿着的时候不仅要了解它的穿着礼仪，也要了解一些穿着禁忌并加以避免。

1. 不同身份的职业套装礼仪

在现在高效率的商业社会中，商务洽谈的机会成本越来越高，每次洽谈留给对方的印象也越来越重要，整洁、高雅的着装不但会增添男士的翩翩风度，给人以信任感，更重要的是代表公司的集体外在形象和素质。由于各行各业需要从业者具有不同的职业素养及要求，也形成了各类人才不同的穿衣规范。

律师：讲究威严信誉。资格老的律师喜欢穿英国款式的西装，量身定制，不会随时尚元素的变化而变化。年轻的律师，则对西装的品牌比较讲究，讲究面料与做工，意式宽松漂亮的西装很受他们青睐。衬衫一般选用白色，象征着信誉，随着时代的变迁，蓝色衬衫也越来越多地被选用。领带一般是暖色调的名牌领带。鞋子是考究的黑皮鞋，显得稳重庄严。

银行职员：讲究认真细致。银行职员一般穿藏青色或者灰色单排扣套装，衬衣一般选用白色，领带是带小花纹的素色领带。银行业的男士着装几乎没有年龄上的差异，颜色、款式都差不多。这不是出自行业的统一规定，而是表现了他们内心对工作压力和工作性质不约而同的认知。由于职业对性格的影响，他们虽然也讲究时髦和品牌，但更讲究的是性价比。

外企人员：讲究品位超前。外企人员讲究时尚，讲究穿衣品牌，因而对于西装的款式和颜色选择比较自由。衬衣的颜色要求丰富多彩，各种颜色皆可运用。皮鞋样式更是五花八门，各种款式都行，但要讲究品牌，还要讲究与衣服的搭配。领带也比较随意，但在随意中流露新奇。

新闻从业人员：讲究时尚潮流。由于职业原因，新闻从业人员往往对时尚潮流的触觉非常敏感，所以，尽管他们不会像明星、模特等穿得多姿多彩，但一样讲究衣服的品牌、款式、质地、做工等，以显示他们品位的精致及高雅。西装讲究漂亮、款式新颖，衬衫讲究颜色多变、时尚。皮鞋除了主色调黑色及深咖啡色之外，还可以有其他颜色。

广告人：讲究活跃前卫。广告人，这里指广告文案人员，工作对他们的穿衣要求比较宽松，坐在办公室里，可穿着衬衫，拖着拖鞋，加上一条又肥又长

的裤子，惬意又随便。广告从业人员一般做着时尚策划的工作，因而他们也很讲究时髦，讲究品牌，讲究个性化的着装。

IT从业人员：讲究休闲随意。IT从业人员的服装和IT业的发展一样变化迅速，更新升级快。出外谈生意就会西装革履；在室内搞技术工作，则会更随意、自在、休闲；搞促销活动时，大多以电脑游戏中的角色为模板，花花绿绿穿什么的都有。

个体私营人员：讲究品位个性。由于社会观念及社会地位的变化，个体私营人员的衣着也发生着变化，开始注重品位和质地。西装、领带、皮鞋都讲究名牌，颜色款式都很考究。至于款式、个性的体现人群主要是基层的销售人员，穿着的目的主要是吸引顾客，增加营业额。

2. 穿职业装的禁忌

不管你来自哪个行业，对于职场的穿着礼仪都要特别注意。以下为职业装着装之忌。

第一，忌残破。衣服残破是穿职业装的一大禁忌，对于职业装，该淘汰的时候就应该淘汰，绝不能穿破衣服。

第二，忌杂乱。具体说有两方面。一方面，要求单位各成员统一着装；另一方面，要按服装自身的规则着装，比如穿西装的时候得穿皮鞋而不是旅游鞋。

第三，忌鲜艳。要遵循服装颜色的“三一律”，即一套服装不能超过三种颜色。同时，不能够太鲜艳。

第四，忌暴露。职业装规范要求四不露：不露胸、不露肩、不露腰、不露背。职业装在款式上要利于工作，可以时尚、新颖，但不能过分暴露。

第五，忌透视。即外衣或衬衫的透明度不能太高，不能透视。内衣、外衣的色彩也要协调。

第六，忌短小。有些不该露的身体部分露在外面，很不雅观。

第七，忌紧身。工作时，要展示的是爱岗敬业的精神、训练有素的态度，而不是优美的线条。

（五）日常穿着便装的礼仪

便装主要有夹克衫、T恤衫、牛仔装、运动装等，在家里穿的家居装、卧室装，也是便装。选择便装时，需要注意以下几个问题。

1. 分清穿便装的场合

便装一般在非正式的场合或某些特定的场合穿。在非正式的休闲场合，如外出度假、居家修养、运动健身、逛街散步等工作之余的自由时间里，可以穿便装。在某些特定的情况下，如进行便装销售、游泳陪练等性质比较特殊的工作场合也可以穿便装。如果工作单位还没有统一的正装制服，而又要求职员需穿正装时，最好不要穿便装。

2. 穿便装的忌讳

虽然便装的戒条比较少，但也不要过于随便。应该根据自己的性别、年龄及身材特点认真考虑，选择适合自己的便装式样。一般像衬衫、T恤、夹克衫、运动衫、牛仔裤等偏“中性化”的便装，可以不考虑性别问题，男女都可以穿。另外，每个人的身材都不同，选择时要力求和自己的身材相协调，扬长避短，比如腿部不好看的人就不适合穿迷你裙。

3. 便装的搭配技巧

和正装相比，便装在搭配上就比较随意、自由，不像正装有那么多的讲究。但是，一般所选便装要求在风格上要统一，如牛仔装的奔放、运动装的活泼等都是自成一种风格的，最好不要将多种风格的衣服胡乱混搭在一起，要是上身穿运动衫，下身配一条睡裤，就会显得不伦不类，引人发笑。

便装的面料选择余地也比较大。除棉、麻、丝、混纺等常规面料外，毛、皮、各类化纤织物等，都可以选用。如需提高便装的档次，一定要考虑选用高档面料的服装，不仅要对便装的舒适程度、外观美感给予重视，还要考虑各个

便装之间的面料配合。

需要注意便装组合搭配的惯例是，穿牛仔裤时最好配皮鞋或运动鞋，而不要穿布鞋或凉鞋。穿短裤、凉鞋时，不必穿袜子，女士尤其不要穿长筒袜或连裤袜。穿夹克衫时，通常不要配西短裤。穿短袖T恤衫时，不用再在里面穿背心。

（六）饰品佩戴应注意的问题

饰品作为着装的点缀，应该起到锦上添花的作用。然而如何才能做到锦上添花、画龙点睛呢？这就要注意一些细节与技巧了。

1. 饰品佩戴的一般规则

饰品分首饰和饰物两类，它们在各自的佩戴原则之外，还有一些共同的佩戴原则需要注意。

第一，以少为佳，这也是佩戴饰品最重要的一个规则。饰品在穿着当中所起的是画龙点睛的作用，少则相宜，多则使人眼花缭乱，还会有显摆、炫耀之嫌。

第二，同质同色。比如要戴金丝边眼镜，则用黄金胸针搭配会更好；戴白金戒指时，项链首选白金，没有白金可戴白银，没有白银也可戴不锈钢的。

第三，符合习俗。佩戴饰品时也要注意入乡而随俗，比如，北方人戴翡翠的一个讲究是男戴观音女戴佛，这就是习俗的问题。

2. 常见饰品的佩戴

常见的饰品分首饰和饰物两种，下面我们就这两种饰品来谈谈它们的佩戴问题。

第一，首饰。首饰包括戒指、项链、吊坠、耳饰、手饰等，具体需要注意以下几个方面。

戒指：对于戒指，国际上有比较通行的戴法：食指——表示想结婚，未婚；中指——已经在恋爱中；无名指——表示已经订婚或结婚；小指——表示独身。一般认为戒指应该戴在左手上，而且最好仅戴一枚，最多戴两枚。拇指通常不戴戒指，一个指头上一般只戴一枚戒指。戴薄纱手套时，戒指应戴于其

内，只有新娘不受此限制。

项链：戴项链时，一般只戴一条，如果是一条长项链也可以将其绕成数圈再戴。男士若戴项链，项链不宜外露。对于项链长短规格及其搭配方法主要有：短项链，约长40厘米，适合搭配低领上装；中长项链，约长50厘米，可广泛使用；长项链，约长60厘米，适合女士使用于社交场合；特长项链，约长70厘米以上，适合女士用于隆重的社交场合佩戴。

吊坠：也称挂件，一般与项链配套使用。挑选吊坠的一个原则就是要看其是否与项链相配。在正式的场合要求吊坠简洁大方，不要选择形状怪异或令人误解的图形文字的吊坠。

耳饰：一般仅为女性所用，讲究成对佩戴。在国外，男子也有戴耳环的，但习惯做法是在左耳上戴一只，右耳不戴；双耳皆戴者，会被人视为同性恋。佩戴耳环时，要讲究与脸型相配，如圆脸适宜戴各种款式的长耳环、垂坠或耳珠，可使脸型显得修长；瓜子脸几乎所有造型的耳环都适于选戴，尤其以扇形耳坠、奶滴型耳坠更显秀丽妩媚；方形脸的女性可以选戴富有弧线、线条流畅的耳环。耳饰选择还与佩戴者的肤色有关。一般肤色白皙的女性适宜戴红色、绛红、翡翠绿等色彩较为鲜艳的耳环；皮肤偏黑的女性，宜选用色调柔和的，如白色、浅蓝、天蓝、粉红色耳环；金色耳环适合于各种肤色的人佩戴。

手饰：手饰指的是手镯或手链。手饰可以在一定程度上衬托出手臂的修长与美丽，故手臂或手腕不美者慎戴。男女均可佩戴手链，一般情况下，一只手上仅戴一条手链，并应戴在左手上，最好不要在一只手上戴多条手链。在一些国家，所戴手镯、手链的数量、位置等，可用以表示婚否、身份地位等。

第二，饰物。饰物包括围巾和帽子、手提包、眼镜、胸花、手帕等。

围巾和帽子：围巾、帽子若用得好，可以增加整体的美感。服装色彩较暗时，可以用颜色鲜艳的围巾、帽子提亮；如果服装颜色很艳丽，可用颜色素雅的围巾、帽子以求得一种色彩的平衡。帽子还可以起到修饰脸型的作用，宽边

或帽檐下垂的，可以使脸型显得短小，小檐高顶帽则将人脸型显得较长。

手提包：可以根据季节以及与服装搭配是否和谐来选择手提包。夏季拎轻巧的包；冬季可以提颜色鲜艳点的手提包；穿运动衫时提个草编的手提包比较自然。

眼镜：眼镜不仅是对眼睛的一种保护，也是对整体的一个修饰。一副精美的金边眼镜，会给人增添几分斯文，大框架的眼镜则显示出一种豪放气派，而现今各类颜色、各类款式的太阳镜则给人带来不同的视觉感受及风采。

胸花：胸花可以起到画龙点睛的效果，以小、简单为基本原则。如果戴在胸前，一般要戴在离心脏向上约10厘米的位置最佳，女性一般佩戴在左侧为宜。

手帕：作为一种饰物，在西装左上边口袋里，露出折成三角形、双尖形、花瓣形等形状的手帕，能给人平添几分风度。

二、妆容礼仪：良好妆容不失气质

仪容是个人形象最为重要的一个环节，不管是天生丽质，还是姿色平平，每个人都要注意自己的仪容修饰，妆容礼仪不可小觑。

（一）仪容修饰应注意的问题

仪容礼仪最重要的一条就是要注意妆容的修饰问题，因为并不是每个人都天生丽质，大部分人或多或少会有些不完美的地方，这就需要借助修饰来扬长避短。仪容修饰最重要的不是改换面目，而是在原有个性的基础上，让其呈现出美感来。

1. 了解仪容美的含义

仪容美的含义有三层，一是自然美，二是修饰美，三是内在美。

第一，自然美。它是指仪容的先天条件好，天生丽质。先天美好的仪容相

貌，无疑会令人赏心悦目，感觉愉快。

第二，修饰美。指的是个人依据规范对个人仪容进行必要的修饰。修饰时，力图做到扬其长、避其短，以塑造出美好的个人形象。

第三，内在美。是指通过努力学习，不断提高个人的文化、艺术素养和思想、道德水准，培养出自己高雅的气质与美好的心灵，使自己秀外慧中，表里如一。

三者之间，内在美是仪容美的最高境界，自然美是先天的美，修饰美则是仪容礼仪的关键所在。

2. 仪容修饰注意事项

仪容修饰是仪容美的关键，那么仪容修饰的基本要求是什么呢？有以下五点需要注意：

第一，干净。就是最基本的要勤洗澡、勤换衣，颈、手、耳朵等都要干干净净，眼角、口角、鼻孔的分泌物也要除去。保持身体清洁，清除身体异味，尤其夏天经常流汗，一定要经常洗澡。

第二，整洁。整洁，即仪容让人看起来感觉洁净、清爽。衣服要干净、平整、清爽，头发要勤洗、理顺，不要有头皮屑，这一条攸关形象的优劣，一定要持之以恒地遵守。

第三，卫生。讲究卫生是每个公民的义务。要注意口腔卫生，早晚刷牙、饭后漱口，嚼口香糖时不当着别人的面；要注意手部卫生，勤剪指甲，饭前便后要洗手。

第四，简约。仪容修饰要忌标新立异、繁琐搞怪，简洁、朴素就好。

第五，端庄。端庄即庄重典雅，端正大方。这是仪容美的至高境界，不仅会给人以美感，更会赢得他人尊重及信任。

3. 仪容修饰的原则

仪容是日常生活中人们给予他人的第一印象，它能反映一个人的精神面貌

及修养。然而，生活中天生丽质、不事雕琢的人毕竟是少数，大部分人都要经过修饰化妆来弥补不足，即便你天生秀美，也可以通过修饰来锦上添花。那么在仪容修饰时，要遵循哪些原则呢？

第一，适体性原则，即仪容修饰要符合个体的性别、年龄、容貌、肤色、身材、个性、气质等的原则。

第二，整体性原则，即仪容修饰要考虑整体的效果。整体要和谐，各个局部的修饰都要为营造出完美的整体风采而服务。

第三，适度性原则，即仪容修饰要适度，不能过分修饰。这体现在饰品的数量及修饰的技巧上，饰品的使用要尽量少，修饰要不露痕迹，自然适度。

第四，TOP（Time、Occasion、Place）原则，即要求仪容修饰因时间、地点、场合的变化而相应变化，使仪容与时间、环境氛围、特定场合相协调。

（二）注意脸部细节的修饰

包括五官在内的整个脸部，是人的仪表之首，在人际交往之中，人们首先注意的也是脸部的整体效果。如何做好这个“面子工程”，有赖于对五官的和谐修饰。

1. 眼部修饰

眼部修饰的第一要义是保持眼部清洁，想想任何一个漂亮的眼睛如果挂了一粒眼屎，或者妆没化好，脱妆了，对谁都是有失风仪的一件事。所以不管男女，早上洗脸时一定要注意，将眼睛也洗干净了。眼部清洁的另一个要求是用眼卫生，预防眼部疾病。

男士只要保持眼部清洁就行了，对于女士，清洁之外，还可对眼睛进行化妆修饰。除了演出、明星走秀等比较特殊的场合可以对眼睛“浓墨重彩”之外，一般的场合，化妆要做到简洁、自然、大方。与人见面，化妆是必要的，简单的妆容也是对他人的尊重，浓妆艳抹则给人“风尘感”，有失身份。

戴眼镜也是对眼部的一种修饰。眼睛近视的人戴近视眼镜，这既是需要，也是一种修饰，如金边眼睛能使人看起来斯文大方，而黑框的宽边眼镜会让人看起来酷酷的。各种各样的墨镜、太阳镜，则给人增添一种时尚感。

2. 口部修饰

口包括口腔和口的周围，口部修饰的重中之重就是要保持口腔卫生。口腔卫生首先要做到的就是防止口腔上粘有食物残渣，如果与人交谈时露出的牙齿上粘有食物残渣，就会给人留下邋遢或者作风马虎的不良印象，是很让人厌恶的。

另外一个需要注意的问题就是口腔异味。口腔异味就是我们通常所说的口臭，与人交谈时如果有口臭，不仅会使对方不愉快，也会使自己难堪。口腔异味的产生有多种原因，其一就是因为口腔内有多种能够分解食物残渣的细菌，产生酸性或其他异味；另外我们在吃了诸如葱、韭菜等刺激性的食物时也会产生异味，此时我们可以嚼几片茶叶或吃口香糖缓解；口腔疾病如龋齿、牙龈炎、牙槽脓肿、口腔溃疡等也会造成口腔异味，此时单靠刷牙漱口是不能消除的，要通过治疗，使之痊愈，那时，异味也会随之消失了；还有些口腔异味与体内疾病有关，如消化不良、肝病等，这就要先将这些体内病治好才行。

口部修饰也包括口部周围的修饰，像男士的胡须修饰，唇部修饰等都包括在内。男士应该坚持每天剃胡须，将胡须剃干净。光洁的皮肤会让自己显得精明强干，有阳刚之气，而“胡子拉碴”则给人留下不修边幅的不良印象。

唇部修饰首先要进行唇部护养，要注意呵护自己的嘴唇，防止嘴唇干裂、暴皮、生疮。要避免唇边分泌物及其他异物，出门或吃饭之后要检查自己唇边是否干净。女士还要选择适当的唇彩，忌太过鲜艳。

3. 鼻部修饰

鼻子是整个面部的制高点，位于脸的正中央，自然也是人们目光的聚焦所在，所以对于鼻部的修饰也不可轻视。

鼻部修饰首先要做到鼻部清洁，如果鼻子上蹭一点灰，或者划了一道杠，则会给人滑稽的感觉，引人发笑。

鼻子的修饰也在于鼻子保养。如果鼻子及其周围出现暴皮、生出“黑头”、长出痘痘，或者更严重的出现“酒糟鼻”，则会严重影响人的美观。

鼻孔里的鼻毛、鼻垢一定要留心，要及时修剪鼻毛、清除鼻垢。这些要在僻静处做，以回避他人。

4. 耳部修饰

耳部修饰最主要的是保持耳部的清洁，要及时清除耳垢、修剪耳毛。清除耳垢、修剪耳毛时都要避开他人。冬季要注意给耳朵保暖，防止耳朵生冻疮，如果耳朵上布满疮疤很是难看。

耳部修饰的另一个方面是用耳饰对耳部进行点缀。女士可以根据自己的职业、身材、脸型、肤色、年龄等选择适合自己的耳饰，来修饰自己的耳朵。男士一般不必戴耳饰，如果带，不必像女士一样戴双耳都带，一般只需在左耳上戴一个耳钉即可。男士如果双耳都戴耳饰，会很容易让人误解为同性恋。

5. 颈部修饰

颈部修饰首先要做到保持颈部清洁。有些人在洗脸的时候经常忽视了对颈部的清洗，时间长了，脖子上就蒙上了一层厚厚的灰，让人看到了十分的不舒服。颈部和脸部一样，都需要经常清洗。有人说：颈是人的第二张脸。这话一点也不过分。

颈部修饰除了颈部清洁之外，还包括颈部保养。颈部是人体最容易显现年龄的部位，一个人脸部保养再好，但是颈部皮肤松弛下垂，也会给人“年华不再”的感觉，所以一定要像保养脸部一样，精心保养你的颈部。颈部保养可以根据你日常脸部保养的方法，也就是在脸部使用保养品时顺便将颈部也涂上，除此之外，要进行颈部的运动及按摩。

（三）头发保养和发型的注意事项

很多人都说“换个发型整个人精神气质大为改观”，不错，这就是发型对一个人的形象的重要作用。所谓“美发”，就是让发型呈现出美感，那么，要

让发型呈现出美感，需要注意哪些事项呢？

1. 分析发质的类型及特征

头发的类型由头发的天然状态决定，即由身体产生的皮脂量决定，大体可以有四种不同的类型：油性发质、干性发质、中性发质、混合性发质等。以下是不同发质的特征，看看你属于哪一类。

油性发质的特征：发丝油腻、头发下垂、蓬松度差、非常不易梳理、常带有静电，洗发次日，发根已出现油垢，容易头痒。这是由于皮脂腺分泌旺盛所引起的。发质细者，油性头发的可能性较大，这是因为每一根细发的圆周较小，单位面积上的毛囊较多，皮脂腺同样增多，故分泌皮脂也多。

干性发质的特征：头发干枯、无光泽；缠绕、容易打结；松散，头皮干燥、容易有头皮屑；难以梳理，头发根部稠密至发梢变得稀薄甚至开叉；头发僵硬，弹性较低。诸多因素导致头发干枯，比如人体气血不足，内脏功能失调；营养不良，缺乏维生素A等；阳光中紫外线伤害；长期睡眠不足或疲劳过度；经常烫、染、吹干头发等。

中性发质的特征：头发柔软顺滑，有光泽；油脂分泌正常，不干燥、不油腻；少量头屑，头皮不发痒。

混合性发质的特征：头发根部为油性，而发梢为干性甚至开叉。头发混合性跟人体生理很有关系，一般经期妇女和青春期少年头发多为混合性，这是由于人体内激素水平不稳定造成的。此外，过度烫发或染发，又护理不当，也会造成发丝干燥但头皮仍油腻的发质。

2. 头发护理常识

第一，洗发。洗发一般要注意以下几个方面：

洗发水的选择：选择洗发水就像选择化妆品一样，适合自己的才是最好的，这就要先好好分析一下，你是属于什么类型的发质，然后再选择适合你的发质的洗发水。

洗发步骤：

第一步：为方便清洗，洗发前应该先梳一下头，将头发上的脏东西弄松。

第二步：洗发时将头发彻底弄湿，如果头发没有湿透，洗发水就不能产生足够的泡沫，头发也就洗不干净了。倒洗发水时注意不要将其直接倒入头发上，以免刺激头皮，应先将其倒入手中，加水稀释，揉起泡后在放到头发上。

第三步：用指腹轻轻按摩头发，将洗发水均匀地揉进头发里，直至形成厚厚的一层泡沫。

第四步：冲洗头发，直到彻底冲洗干净为止。然后重复第三步、第四步，将洗发水轻轻揉进头发里层，清洗发根，然后再用水冲掉。

第五步：将护发素从发梢抹至发根，轻轻按摩一会儿，再彻底冲掉。好的护发素里含有头发所需的各种营养，另外还含有中和头发负电荷的正电荷表面活性剂，使得头发更加有型、柔顺、光亮等，所以这一步也不可忽视。

第二，干发。正确的干发一般需要遵循以下几个步骤：

洗完头发，接下来该弄干它了。对于寸头的男士来说，这个容易，任其自然干就可以了，可是对于长头发的人来说，这是一个相当“浩大”的工程。

第一步，用吸水性较强的毛巾将头发紧紧包裹住，直至头发半干。湿头发很脆弱，不能拿毛巾用力搓，也不能拿毛巾拼命抖动头发，以免头发断裂或打结。

第二步，用梳子将全部头发向前梳拢，梳子最好是宽齿的；再用恒温的吹风机，将温度调至中档，将头发吹干。吹头发时，吹风机口最好离头发不要太近，否则会使之干燥甚至烧焦。

第三步，吹头发时不要将头发吹至全干，半干即可。太干会使头发变得干枯毛躁。

另外有几点需要注意：首先，头发未全干不要着急入睡，否则不仅会损伤头发，还会引起头疼、感冒等疾病，严重的甚至会导致痴呆、癌症等；不要顶着湿漉漉的头发出门。其次，洗头不能太频繁，一天一次是比较理想的做法，

洗得太多会使头发失去必要的油分；早上洗头比晚上洗头要好。

第三，梳发。梳发需要注意以下几个方面的知识：

梳子的选择：选梳子不选塑料的，这个大家都知道，因为塑料梳子与头发相碰很容易产生静电，使得头发贴在头皮或脸上，一般要选择防静电的梳子。对于梳子的材质，木梳比较好，奢侈点的是牛角梳或玉梳，对于身体保健有好处。还要注意梳子的齿缝是否合适，过密容易扯断头发，太疏又理不顺。最后，梳子一定要干净，脏兮兮的梳子可梳不出漂亮的发型。

梳发方法：首先，梳开散乱的发梢，遇到打结的地方，可以用梳子轻贴头皮，慢慢旋转着梳拢，用力一定要均匀，因为用力过猛很容易会刺伤头皮，这样梳打结的地方更容易梳开；然后，再由头发的中段梳向发尾，梳一会儿再从发根轻轻刺激头皮，慢慢梳向发梢。梳发时用力要轻柔，切忌用力拉扯；最后，从左、右耳的上部分别向各自相反的方向进行梳理，梳完之后让头发向头的四周披散开来再梳理一次就好了。

3. 怎样选择合适的发型

根据男女性别的不同，选择适合自己的不同发型。

首先，男士发型选择。男士发型首先要做到的就是头发干净整洁，然后要注意经常修饰、整理。一般来说，男士可以有以下几种发型可供参考。

短发类发型有：

第一，平头式。它的特点是两侧和后部头发较短，从发际线向上呈波差层次，顶部剪成平形。

第二，圆头式。特点和平头式相似，但顶部头发呈圆形。

第三，平圆式。由平头与圆头的特点结合而成，周围头发有层次感，顶部呈平圆形。

第四，游泳式。适合青年、中年和运动员，在平圆头的基础上发展而来的，顶部头发较平圆头长，周围轮廓上呈球形，层次较低。

中长发、长发类发型：

第一，青年式。是青年常见的发型，它的特点是头发较长，兵分两路，一边头发多，一边头发少。多的一边头发向上隆起，少的一边头发向后梳，线条流畅、轮廓饱满，使青少年显得富有朝气。

第二，波浪式。整个的发式呈现出波浪线条式结构，通过烫或吹而成，有些人是自然卷。波浪式可以采用分头，也可以采用不分头的形式，但波浪要柔和，线条要活泼、自然。波浪式能够表现出现代男士的潇洒美。

第三，自然式。特点是留发中长，顶部头发较长，向前披垂，形成稀疏自然的笔尖形，两侧和后部头发向上呈现自然层次感，整个发型线条柔和、简洁大方，发丝自然平服。

第四，中分式。特点是留发中长，中间分头路，额前头发从头路梳向两侧，发根站立蓬松自然，两侧和后部头发向上轧剪，有一定层次感。

第五，蘑菇式。其特点是顶部头发较厚，形成蘑菇形，两侧和后部头发向上轧剪，层次自然参差。

第六，中年式。留发中长，发丝向后斜梳，轮廓略为饱满，两侧及后部头发向上轧剪，有一定的层次。这种发型端庄大方，具有时代感。

其次，女士发型选择。女士在选择发型时，一定要先研究一下自己的脸型，什么发型配什么样的脸型呢？一般有以下几个原则。

第一，额头高低原则。额头较高者，可将前额头发向下梳，梳成刘海，让头发遮盖住一部分前额；额头较低者，梳头时尽量将前额的头发向上梳起，不留刘海，即便需要，也要留短刘海，免得让额头看起来更低。

第二，额头宽窄原则。额头较宽的女士，梳头时应将头发从两边向中间梳，用波浪遮掩住太宽的额角；额头较窄的女士，可以采用与之相反的方式，头发沿两边向后梳，有刘海时，刘海不可延伸至太阳穴。

第三，颧骨高低原则。颧骨较高的女士，可将两鬓的头发向前梳，盖住

颧骨，留刘海时，不妨留长些的刘海；颧骨较低的女士，可将两边的头发向后梳，不要遮住耳线，两鬓的头发可从中间分开，向两边梳开。

第四，鼻子大小原则。鼻子较大的女士最好不要将头发中分，那会使得你的鼻子显得更大，头发向高、向后梳起；小鼻子的女士，应让刘海下垂，遮住发线，刘海不可过长。

第五，下巴突缩原则。下巴较突出的女士，梳头时，可以将额前及两边的头发都向上梳起，露出发际线；下巴向后缩的女士，应将额前和两鬓的头发都向前梳，脑后的头发要低而丰满。

第六，颈子粗细长短原则。短粗颈子的女士，将头发从四面向上梳起，或者蓄短发；细长颈子的女士，将头发向后梳，避免短发。

另外，在男女选择发型时，还要结合身材、职业、发质以及所穿服装等诸多因素来考虑，发型千变万化，适合自已的才是最好的。

（四）肢体及其他部位修饰

妆容修饰除了仪容修饰、发型修饰之外，对于肢体及其他部位的修饰也同样不可忽视。

1. 手臂修饰

手臂修饰包括手掌、肩臂、汗毛三个部分，下面我们来分述这三个方面的修饰。

第一，手掌修饰。手掌是我们日常生活当中接触外物最多的部位，因此，无论是从健康还是礼仪的角度讲，保持手部清洁、卫生都是十分必要的。保持手掌清洁应该做到勤于清洗，除此之外还要做到勤于剪指甲。

指甲里经常藏污纳垢，各种有害病菌隐藏其内，长长的、黑乎乎的指甲，不仅会影响手掌的美感，也会危害着人体的健康。所以，为健康起见，手指甲应该经常修剪。有时，在手指甲周边会产生死皮，若发现应该立即剪掉。对于手上的死皮，不能用手撕，或用牙去咬。

手部修饰还包括手部保养，防止手部出现皮肤病，若出现要及时治疗。冬季注意手部保暖，防止冻伤生疮。若手部出现这类情况，要避免使之接触他人，以免传染他人，或引来他人反感。

第二，肩臂修饰。肩臂修饰最重要的一条就是要注意着装时肩臂露与不露的问题。在外交、政务、商务等非常正式的场合上，人们的手臂与肩膀最好都不要暴露在衣服外面，否则会给人不专业、不重视的感觉，所以在这些场合要避免穿半袖装或无袖装。而在日常生活、朋友聚会等非正式的场合，则不必在意这些问题，只要保持清洁就可以了。当然为好看起见，你也可以对肩部进行精心护理，使之光洁动人。

第三，汗毛修饰。由于个人的生理条件不同，每个人身体的汗毛生长情况也不相同。有些人手臂上的汗毛比较浓、厚、长，非常有碍观瞻，最好采用恰当的方法将其除去。另外，无论男女，在他人面前，尤其是在异性面前，露出腋毛都是不雅的。女士如果要穿无袖的服装，一定要记住将腋毛剃净。

2. 腿部修饰

腿部修饰也包括三个方面，即脚部、腿部、汗毛等。

第一，脚部修饰。脚部修饰首先要注意场合，一般在正式的场合是不允许露出脚踝来的，也不允许光脚穿鞋，像凉鞋、拖鞋、镂空鞋等，要视具体场合而穿。

脚部修饰还要注意要保持脚部清洁、卫生，保证脚无异味。鞋子、袜子要常洗常换，脚要每天都洗，袜子要每天一换。脚趾甲要经常修剪，要去除死趾甲，不允许其藏污纳垢，长过脚趾。

第二，腿部修饰。腿部修饰要注意着装时，腿部暴露问题。一般在正式场合，无论男女都不应将腿部暴露出来。也就是说，男士不允许穿短裤，而应该穿长裤；女士可以穿长裤长裙，但是不能穿短裤或暴露大腿的超短裙。正式场合，女士裙长应该超过膝盖以下。另外，女性在正式场合穿裙装时，不允许光

着大腿不穿袜子，不允许光着的大腿暴露于外。非正式场合无以上规定。

第三，汗毛。成年男士腿部的汗毛一般都比较重，所以在正式场合不允许其穿短裤，或是将裤管卷起；有些女士因为生理方面的原因，腿部汗毛也比一般人重，那么此时最好是用脱毛膏脱去或是其他方法剔除，穿裙装或是短裤时，则应该选择颜色较深的丝袜遮掩。

三、举止礼仪：优雅举止不失风度

举手投足皆有意义，每个人的性格、习惯、文化修养等都在举手投足之间显露出来，因而在生活当中，要养成良好的行为举止习惯。

（一）手势的礼仪

手是人体上最灵活自如的一个部位，手势也在所有体语当中最丰富、最有表现力。俗话说："心有所思，手有所指。"可见，手的魅力并不亚于眼睛，也可以说"手是人类的第二个眼睛。"那么通常都有哪些手势呢？应该注意哪些手势礼仪呢？

1. 基本手势及要求

一般来说，人的基本手势主要有以下几种：

第一，垂放。有两种做法：其一是双手自然下垂，掌心向内，双手自然下垂，叠放或相握于腹前；其二是掌心向内，双手伸直下垂，贴放于大腿两侧。

第二，背手。其做法是将双臂伸到身后，双手相握，同时昂首挺胸。一般在站立或行走时运用，可显示权威又可镇定自己。

第三，持物。就是用手拿东西，其做法多样，可以用一只手，也可以两只手同时并用，关键要做到的就是动作自然、不做作。

第四，鼓掌。其做法是以右手掌心向下，左掌有节奏地拍击右手掌心，

可以坐在座位上，也可以起身站立。这是一种表示欢迎、祝贺、支持的手势，多用于会议、比赛、演出、迎候客人等。不过也有人“喝倒彩”、“鼓倒掌”的，那些都是不合礼仪的。

第五，夸奖。其做法就是伸出右手，将大拇指向上翘起，指腹指向对方，其余手指握成拳头样。但是若将指腹背面指向他人则意味着藐视他人，将其指向自己的鼻尖时，有自高自大、不可一世的意味。

第六，指示。其做法是将左手或右手抬至一定的高度，五指并拢，掌心向上，以肘部为轴，朝一定的方向伸出手臂。

2. 手势禁忌及注意事项

手势，是人体的肢体语言，不同的手势蕴含了不同意义，不是所有的手势都能在各种场合使用，有一些手势是不符合礼仪规范的，我们要了解并防止做出，以免引起不必要的麻烦。这里介绍一些常见的手势禁忌。

第一，易于误解的手势。容易被人误解的手势通常有两种：一种是不通用，不容易被他人理解的个人习惯；另一种是由于文化背景不同，对于同一个手势具有的不同理解，如伸出右手，右手掌心向前，拇指跟食指合成一个圆圈，其余手指分开伸直这个手势，在英美表示“OK”，在日本表示钱，而在拉美则表示下流。

第二，不卫生的手势。诸如在他人面前搔头皮、掏耳朵、剜眼屎、抠鼻孔、剔牙齿、抓痒痒、摸脚丫等手势，均极不卫生，令人恶心，是不适当的举动。

第三，不稳重的手姿。如在他人面前咬指甲、折衣角、抬胳膊以及双手乱动、乱摸、乱举、乱放等都显得人不够稳重大方，是应该禁止的。

第四，失敬于人的手姿。掌心向下挥动手臂，勾动食指或除拇指外的其他四指招呼别人，用手指指点他人，都是失敬于人的手姿。

（二）面部表情礼仪

面部表情礼仪主要包括：喜、怒、哀、乐、恐惧、愤怒、厌恶、蔑视等。

但是表情礼仪里使用频率最多的是人的眼神和笑容。下面我们就从眼神、笑容两个方面来探讨表情礼仪。

1. 眼神

人们都说“眼睛是心灵的窗户”，而眼神则是透过窗户传递出的内心世界的本质。日常生活当中，有很多人都会采用眼神来交流。那么对于眼神礼仪，我们需要掌握哪些知识呢?

第一，眼神运用的讲究。

首先，注意眼神的接触时间。一般与人交谈时，视线接触对方脸部的时间应占整个谈话时间的30%～60%。略超过60%则表明对谈话者所谈的内容很感兴趣，也表明对对方的尊重或重视程度很高，但是长时间凝视他人则有可能会被对方认为是对对方私人空间或势力范围的一种侵犯；低于30%则表明对对方的谈话内容不感兴趣，如果完全不看对方，则可以认为是自高自大、傲慢无礼，或是有意要掩饰什么。

其次，注意眼神的停留部位。从视线不同的停留部位可以反映出不同的人际关系。如视线停留在双眼和胸部之间的三角形内，称为亲密注视，多用于朋友之间的交谈；视线停留在双眼和嘴部之间的三角形内，称为社交注视，多用于社交场合；视线停留在对方前额的一个假定的三角形内，称为严肃注视，能制造紧张严肃的氛围，多用于谈正事的场合。

最后，注意眼神的变化。不同的眼神表达不同意义，如正视表示庄重，斜视表示蔑视等。我们与人交流时，一方面要注意对方不同眼神所传达的不同信息，另一方面要注意自己的眼神，使其能够准确传达自己的意思。要注意眼神变化及语言手势的配合，自如协调运用。

第二，眼神的角度。

生活中，眼神的角度及其方向有其不同的含义，眼神的常规角度有：平视、侧视、仰视、俯视等。

平视：也叫正视，即视线呈水平状态。适用于一般场合与身份、地位、年龄差不多的人之间的交往。

侧视：是平视的一种特殊情况，指的是位于对方的侧面，面向对方、平视对方。关键要做到面向对方，否则会被认为是斜视对方，那是不礼貌的行为。

仰视：即位于低处，抬眼向上注视他人。一般面向尊长时使用，以示尊重、敬畏。

俯视：即抬眼向下注视他人。一般根据不同的语言环境有两种不同的意思，一则可表示对晚辈的宽容、怜爱，也可表示对对方的轻漫、歧视。

第三，眼神禁忌。

忌盯视。如果死死盯着一个人，特别是盯视他的眼睛，不管是有意无意，都会令对方不悦，是一种无礼的行为。那样直勾勾地盯着一个人，会让别人感觉你是不是在打他什么主意，让人反感。盯视在某些特殊场合是作为心理战术用的，在正常的社交场合不要随便使用。

忌眯视。即眯着眼睛看人。它传递给别人的是睥睨、傲视及漠然的态度，是不友好的一种眼神。而在西方，如果对异性眯起一只眼睛，并眨两下眼皮，则表示调情，甚至是性骚扰了，一个有修养的人是不会做出那种举动的。

另外还有斜视、瞥视、瞟视等都是不好的眼神，表现出无礼以及对他人的不尊重，是不合礼仪的。

2. 微笑

英国诗人雪莱说：“微笑，实在是仁爱的象征，快乐的源泉，亲近别人的媒介。有了微笑，人类的感情就沟通了。”正确的微笑应当是上翘嘴角，双颊肌肉上抬，自然轻松，发自内心的笑。你的魅力、个性和亲和力，往往从微笑开始。

笑容是一种令人愉快的面部表情，它能够拉近人与人之间的距离，为人际交往创造出轻松和谐的氛围，好比人际交往的润滑剂。在笑容中，微笑最自然大方，最真诚友善，是世界人民普遍认同的基本笑容，它至少有以下几个方面的作用：

第一，表现良好心境。面露平和欢愉的微笑，说明心情愉快，充实满足，乐观向上，热爱生活、热爱人生，人的最大魅力莫过于此。

第二，表现充满自信。面带轻松自然的微笑时，表明对自己的各个方面有充分的信心。与人交往时如果不卑不亢、面带微笑，则易于赢得他人的信任及好感。

第三，表现真诚友善。微笑反映自己心底坦荡，善良友好，待人真心实意，而非虚情假意，使人在与其交往中自然放松，不知不觉地缩短了心理距离。

第四，表现乐业敬业。工作岗位上保持微笑，说明热爱本职工作，乐于恪尽职守。如在服务岗位，微笑更是可以创造一种和谐融洽的气氛，让服务对象倍感愉快和温暖。

微笑是一种不分国籍的语言，能够充分体现一个人的热情、修养、魅力，最能赋予人好感，增进友谊和人际交往。

（三）站、蹲、坐、走的形态礼仪

整体形态及人体整体的造型姿态，具体包括：站姿、坐姿、走姿、蹲姿等。每个姿势都有各自的行为规范，要想使这些姿势呈现出美感来，就不得不掌握他们的动作规范及礼仪要领了。

1. 站姿

第一，站姿礼仪的基本要领。要求头部要端正，将嘴唇微微闭起，下颌稍微向回收，目光向前平视，面部表情要平和自然；要将躯干挺直，收腹，挺胸，将双肩放松，肩膀稍稍下放，双臂放松、自然下垂，手指自然弯曲；双腿并拢立直，脚跟靠紧，脚尖分开呈60° 左右，男子站立时，也可以将双脚张开，但不能超过肩宽。

第二，正式场合的站姿。根据具体场合一般有两种。其一，肃立：身体直

立，双手置于身体两侧，双腿自然并拢，脚跟靠紧，脚掌分开呈“V”字形。其二，直立：身体直立，双臂下垂置于腹部。女性将右手搭握在左手四指，四指前后不要露出，两脚成“V”字形；男性左手握住右手腕，贴住臂部，两脚平行站立，略窄于肩宽。

第三，站姿禁忌：站立禁忌身体抖动或晃动；忌双手插入口袋里；忌双臂交叉抱于胸前。

2. 坐姿

第一，坐姿的基本要领。入座时要做到轻、稳、缓；神态要从容自如（嘴唇微闭，下颌微收，面容平和自然）；双肩要平正放松，两臂自然弯曲放在腿或椅子扶手上；坐立时要立腰、挺胸，上体自然挺直；双膝自然并拢，双腿并排或交叉放，双脚并拢或交叠成“V”字形，与人谈话时要将双膝侧转向对方，上身保持挺直；离座时要自然稳当，右脚向后收半步，慢慢站起。

第二，坐姿的特殊要求。女士着裙装入座时，应该将裙子稍稍拢起，以示端庄、文雅；起立时右脚先向后收起半步，站起，向前走一步，再转身走开；双腿交叠时，悬空的小腿要向内收回，脚尖向下屈，以示庄重。

第三，坐姿禁忌。忌双腿开叉过大或者过分伸直；忌腿部摇晃，脚不安分；忌将腿搁在桌椅上或将双肘支于桌上；忌将手放在私密处。

3. 走姿

第一，走姿的基本要领。 行走时，上身保持直立，双肩保持平稳，双臂自然摆动，摆幅在30～40厘米为宜；走路时大腿牵动小腿，脚先着地，保持步态平稳、均匀、流畅；女士在穿裙装、旗袍时，步幅适当小一些，显得文静淑雅；穿休闲装时步幅大点，显得轻盈活泼。

第二，不同场合的走姿。走进会场、走向话筒、迎向宾客，步伐要稳健、大方； 进入办公机关、拜访别人，在室内脚步应轻而稳；办事联络，步伐要快捷、稳重，以体现效率、干练；参观展览、探望病人，脚步应轻而柔，不要出

声响；参加喜庆活动，步态应轻盈、欢快，有跳跃感；参加吊丧活动，步态要缓慢、沉重，以反映悲哀的情绪。

第三，走姿禁忌。走路时，低头看脚尖、拖脚走、跳着走；走出内/外八字；摇头晃脑，晃臂扭腰；左顾右盼，瞻前顾后；行走时与其他人相距过近，与他人发生身体碰撞；行走时尾随于其他人身后，甚至对其窥视围观或指指点点；行走时速度过快或过慢，以致对周围人造成一定的不良影响；边行走，边吃喝。

4. 蹲姿

第一，蹲姿的基本要领。下蹲时，两腿合力支撑身体，使头、胸、膝关节在一个角度上，使蹲姿优美；女士无论采用哪种蹲姿，都要将腿靠紧，臀部向下；要注意蹲姿的自然、得体、优雅。

第二，几种常见的蹲姿。其一，交叉式蹲姿。下蹲时右脚在前，左脚在后，右小腿垂直于地面，全脚着地；左膝由后面伸向右侧，左脚跟抬起，脚掌着地；两腿靠紧，合力支撑身体，臀部向下，上身稍稍前倾。其二，高低式蹲姿。下蹲时右脚在前，左脚稍后，两腿紧靠下蹲；右脚着地时，小腿基本垂直于地面，左脚脚跟提起，脚掌着地；左膝低于右膝，左膝内侧靠于右小腿内侧，右膝高于左膝，臀部向下，以左腿支撑全身。

第三，蹲姿禁忌。弯腰捡拾物品时，忌两腿叉开，臀部向后撅起；下蹲时注意内衣“不可以露，不可以透”。

第二章　社交礼仪：展现你的修养，让交际更轻松

一、称呼礼仪：说出口的称呼要悦耳动听

称呼是人际交往的第一步，人际交往中善于称呼对方，不仅能反映一个人的基本素养，也能反映一个人的文化修养，因而称呼的礼仪不可忽视。

（一）称呼的类型

称呼是指在人际交往当中人们对彼此的称谓。一个正确、恰当的称谓能够反映一个人的文化素养，体现对他人的尊重以及双方关系所到达的程度，因此在人际交往当中我们要特别注意对称呼的使用。常规的称呼有以下几种。

第一，职务性称呼。这是最常见的称呼，以对方在社会上所担任的职务相称，以显示身份的不同以及对对方的敬意。这种称呼一般有三种情况：称职务、在职务前加上姓氏、在职务前加上姓名。

第二，职称性称呼。对于具有职称者，尤其是具有中高级职称者，在工作中直接以其职称相称。这种称呼一般有三种情况：只称职称、在职称前加上姓氏、在职称前加上姓名。

第三，行业性称呼。在工作场合可以对交往对象所从事的行业进行称呼。一般有两种情况：直接称呼对方的职业，在职业前加上姓氏、姓名。

第四，性别性称呼。对于从事商业、服务性行业的人，一般约定俗成地按性别的不同分别称呼“小姐”、“女士”或“先生”，“小姐”是称未婚女性，“女士”是称已婚女性。

第五，姓名性称呼。这种称呼在生活当中非常常见，而在职场当中这种称谓限于同事、熟人之间。姓名性称呼有三种情况：直呼其名；只呼其姓，在姓前加上“老、大、小”等前缀；或只称其名，不呼其姓。

（二）生活中的得体称呼

日常生活中的称呼应以亲切、自然、合理准确为原则。

第一，对亲属的称呼。亲属即跟自己有直接或间接血缘关系的人，日常生活中人们对亲属的称呼应经形成了约定俗成的规定，如称姑、舅的子女为“表兄”、“表姐”、“表弟”、“表妹”等，叔、伯的子女为“堂兄”、“堂姐”、“堂弟”、“堂妹”等，对此大家要作为常识记住。对于亲属的称呼，有时为了亲切，可以不必完全符合标准，如儿媳对公公、婆婆，女婿对岳父母，皆可以“爸爸”、“妈妈”相称。对待比自己辈分低、年纪小的亲属，可以直呼其名，使用其爱称、小名，或是在其名字之前加上“小”、“阿”字，如“阿狗”、“黄毛”、“小牛”等。

对外人谈起自己的亲属时，一般要采取谦称或敬称。对自己的亲属要采用谦称，如对于年龄辈分高于自己的亲属要在称呼前加“家”，如“家父”、“家兄”等；对于年龄辈分低于自己的亲属可在称呼前加“舍”，如“舍弟”、“舍侄”等；对外称自己的子女，可以在称呼前加“小”字，如“小女”、“小儿”等。称呼他人亲属时要使用敬称，对其长辈要在称呼前加“尊”字，如“尊兄”、“尊父”（也可称为“令尊”）等；对其平辈或晚辈可在称呼前加“贤”字，如“贤妹”、“贤弟”、“贤侄”等。此外，也可以在其亲属称呼前加“令”字表示敬重，此时一般没有辈分长幼之分，如称对方的父亲为“令堂”、“令尊”，称其女儿为“令爱”、其子为“令郎”等。

第二，对熟人、朋友的称呼。对于熟人、朋友的称呼要既亲切友好又不失敬意，可以使用敬称：如对长辈、平辈可以使用人称代词“您”，表示自己的恭敬之意；对于有身份者或年长者，可以“先生”相称，其前可以冠以对方姓氏，如“王先生”、“赵先生”等；对于文化界有成就者、有身份者，可称之为“老师”，其前也可以冠以对方姓氏，如“饶老师”、“季老师”等；对于德高望重的年长者，可称之为“公”、“老”冠以对方姓氏，如“陶公”、“葛老”等。

对于熟人、朋友也可以采用称呼姓名的方法称呼他。长辈对晚辈或者平辈之间可以直接称呼其姓名，如“王小虎”、“孙菲菲”等；有时为了表示亲近可以在对方姓氏前加上“老”、“大”、“小”字相称，如对年长者或平辈之间可称为“老李”、“大张”，对于平辈或年纪低于自己者可以称其为“小金”、“小钱”等；对于关系非常密切的同性朋友之间，可以直呼其名，如“亚玲”、“盛国”等，异性之间则一般称其全名，但是恋人或配偶之间也可以直呼其名。

有时候为了表示亲近，对于邻居至交也可以采用“伯伯”、“奶奶”、“大爷”等类似血缘关系的称谓，以增进彼此的感情，赢得对方信任。可以在这类称呼前加上对方姓氏，如“唐伯伯”、“李奶奶”、“许大爷”等。

第三，对普通人的称呼。在生活当中，经常会遇到只有一面之交或者关系一般的人，对于这些人我们一般可以采用以下方式称呼：对于平辈或年龄低于自己者可以“同志”相称；称男士为“先生”，称年龄大的女性为“女士”，年轻女士为“小姐”，称已结婚的女士为“夫人”或“太太”等；可以对方的职务、职称来称呼对方；入乡随俗，以对方理解并接受的称呼来称呼对方。

（三）使用称呼的禁忌

称呼除了要了解称呼的一般性礼仪之外，还要注意一些称呼中的禁忌，并加以避免。

第一，使用错误的称呼。常见的错误称呼有：误读和误会。误读就是

念错被称呼者的姓名，如将“黄”读成“王”，将“华（huà）”读成“华（huá）”等。误会，主要指对被称呼的年纪、辈分、婚否以及与其他人的关系作出了错误判断，如称未婚妇女为“夫人”，称中性打扮的女孩为“小伙子”等都是误会。

第二，使用不合时代的称呼。历史上，有很多具有时代特征的称呼，那些称呼只在某些特定的时代使用，时代变迁就不再采用了，如我国古代称官员为“大人”、“老爷”，民国时称有学问的女士为“先生”等都是时代的称谓，如果照搬到现代生活当中难免会显得滑稽、不伦不类。

第三，使用不通行的称呼。有些称呼具有地域性特征，或在不同的地域对于相同称谓具有不同的含义。如北京人喜欢称人为“师傅”，而南方某些地方认为“师傅”就是“和尚”、“道士”的意思，中国人有时称自己的配偶为“爱人”，而外国人则将“爱人”理解为配偶之外的“情人”等。

第四，不当的行业称呼。学生之间可以互称彼此为“同学”，军人之间互称为“战友”，如果外界人士也这样称呼彼此就有点不合常理了。

第五，使用庸俗低级的称呼。“兄弟”、“哥们儿”、“死党”等比较通俗的称谓不适合在正式的场合使用，否则会显得庸俗，档次不高。

第六，不当地使用绰号。对于关系一般者，切勿擅自给对方起绰号，更不能以道听途说来的绰号来称呼对方。对于具有侮辱性的绰号如“北方佬”、“秃头”、“黑包公”等更应该极力避免。

（四）称呼的礼仪要求

称呼一般要注意以下几个礼仪。

第一，称呼要看对象。对男士最普遍的称呼是“先生”，以表示自己对对方的尊重。另外还有“师傅”、“同志”等比较常见的日常称呼。对女士可以根据婚否选择不同的称呼，未婚女性称“小姐”、“姑娘”，已婚女性称“夫人”、“太太”。如果不能判断其婚否，也可以笼统地称其“女士”，“女士”含有尊

贵的意味，表明对对方的尊重。对不同亲密关系的人使用不同的称呼。如对亲密的人可以称呼小名、绰号等，对不太亲密的人则不适宜。另外，可以根据不同的身份有不同的称谓。对于身份高者，在官方场合可以称其职位，如“王局长”、“李校长”等；对于有学问的人可以称呼其学衔，如“陈博士”等。

第二，称呼要看场合。一般而言，人们根据所处环境的不同，给予他人不同的称谓。例如，当你在工作的场合时，你的下属称你为“赵主任”；跟朋友聚餐时，大家称呼你的名字，或者直接称你的绰号、小名等；在家父母称呼你的乳名，妻子则称你“他爸”、“当家的”等。

第三，称呼和身份、修养有关。称呼还跟称呼者自己的身份、修养有关。如称比自己年龄大的人为“哥哥”、“叔叔”、“姐姐”等，称学问比自己高的人为“前辈”等。

（五）巧妙地使用尊称

在日常的生活当中，如何巧妙地使用称呼来表达对他人的尊重，是一门必修的学问。一般来说，称呼时除了态度谦恭有礼之外，用词要确切、亲切、真切。称呼的用词在我国有敬称、谦称、美称、婉称等。

第一，敬称。敬称，是表示尊敬礼貌的称呼。表现了对他人的尊重，体现着一个人的文化修养。敬称使用的场合有：比较正式的社交场合；与身份、地位高者或尊长交谈时；与初次见面或不甚熟悉的人打交道时；会议、谈判等公务场合等。敬称的类型一般有：

人称敬称：常见的人称敬称有您、您老、君等，多用于对尊长、长辈的称呼，以表明自己谦恭的态度及对对方的尊重。

职业敬称：在比较正式的场合，习惯于使用职业称谓，职业敬称一般指直接称呼在社会上比较受尊敬的职业的称呼，如“博士”、“律师”、“医生”等，可以在这些职业前加上对方的姓氏称呼对方。

职衔敬称：一般指对于职场工作人员职衔颇高的人直接称呼其职衔，以示

尊重。常见的职衔称呼有：董事长、总裁、主席、局长、主任、教授等。这些称谓前可以加上对方姓氏，如："王董"、"钱经理"等，也可不加。

姓名敬称：一般指在正式场合称呼比较熟悉的同级别人士，如：老张、小李等。但年龄小者忌称年长自己者为"老张"等。

家属敬称：家属敬称使用于对对方家属的称呼。如称对方的父亲为"令尊"、"尊父"等，称对方母亲为"令堂"、"尊母"等，称对方儿子为"令郎"，称对方女儿为"令爱"等。

通用敬称：指在各种场合，对各类人士都能使用的称呼。如称男人为"先生"，称女人为"女士"，男女都可称呼的"同志"等。

第二，谦称。谦称，是向人表示谦恭和自谦的称谓。谦称一般用于向人称呼自己或自己的家属。在日常的生活中，如果你能表现出你的谦虚和恳切，一定会赢得他人的尊重。谦称有以下两种类型。

谦称自己：最常见的是"我"、"我们"、"鄙人"等。称自己的见解为"鄙见"、"拙见"；称自己的作品为"拙文"；称自己的住宅为"寒舍"、"陋室"等。

谦称自己的家属：称呼比自己辈分高的人时，前面冠以"家"字，如"家父"、"家母"等；称呼自己同辈的亲属时，有"愚兄"、"愚弟"、"舍妹"等；称呼自己晚辈的有"小儿"、"犬子"等。

第三，美称。指的是对对方表示喜爱或看重的称呼，多用于书面语，如"贤弟"、"贤婿"、"公子"等。

第四，婉称。表示委婉的称谓。如尊称长者用"阁下"，称呼长者容貌时用"尊颜"、"慈颜"等。

（六）使用称呼注意几种关系

由于地域及相互之间的关系不同，在称呼的选择及使用过程中也有不同的讲究，那么在称呼时需要注意哪些关系呢？下面我们就来做简单的介绍。

第一，区域关系。我国幅员辽阔，方言土语繁多，即便是同一称呼，也可能因地区的不同具有不同的意味。比如，北京人爱称人为“师傅”，而在南方人听来，“师傅”就是出家人的意思；山东人爱称人为“伙计”，南方人认为“伙计”就是“打工仔”的意思；中国人常称配偶为“爱人”，而外国人则将“爱人”理解为除配偶之外的情人。

第二，时代关系。有些称呼经过时代的发展，已经被淘汰不用了，如果再使用就显得不合常规，应予以避免。如古时谦称自己为“小的”、“在下”等，尊称对方为“大人”、“老爷”等带有封建等级观念的称呼已被淘汰，不可在今日使用。

第三，上下关系。现实中的称呼尽管不必如封建等级观念那么森严，但是也是不可忽视的。用合适称呼体现出交际双方的上下长幼，以示礼貌，还是有必要的。对上要表现出尊重；对下也应谦虚，不摆架子。

第四，褒贬关系。很多称呼的本身都带有褒贬色彩。如绰号的使用可以根据不同的情景而有不同的意味，有时使用绰号时，给人一种亲昵感，有时却带有轻蔑的意味。

第五，主次关系。与多人同时交往时，称呼他人要注意分清主次，以便以一个合理的顺序来称呼他人。一般的顺序原则有：先长后幼、先上级后下级、先疏后亲、先近后远等。

（七）称呼的注意事项

称呼时需要注意下面几个注意事项。

第一，避免错误的称呼。错误的称呼一般由于误读或误会造成。误读，就是念错他人的姓名，为避免此种情况，可以事先查字典，如事先没有准备，则用其他通用的称呼来代替姓名称呼。误会，主要是由于对被称呼着的年龄、婚否及与他人的关系等做出错误的判断导致比如将未婚女士称为“太太”，在母女两人中将母亲称为女儿的姐姐等，都是由于误会而产生的错误称呼。

第二，避免使用不当的称呼。如称呼一个年轻女子为“大姐”，称呼道士、和尚、尼姑以外的人为“出家人”等，会就是不当的称呼，这会让人产生自己被贬低的感觉，要注意避免使用。

第三，避免使用庸俗的称呼。日常生活中有一些特别通俗的称呼，如“哥们儿”、“姐们儿”、“死党”等，在正式场合上就应避免使用，否则容易让人觉得你庸俗，档次不高，态度随意，不够尊重他人。

第四，慎用外号。对于外号、绰号、小名等，使用时一定要谨慎。在正式的场合更要避免使用他人的外号来称呼他人。对于跟自己不熟的人，不要随便使用外号来称呼对方，免得引人误会。有些外号有贬低人的性质，或者听起来不舒服，即便是十分熟悉的人，也要看对方意愿，来决定使用外号是否恰当。

二、握手礼仪：最初步的身体碰触礼仪

握手是一种使用频率很高的礼仪，握手可以加深双方的理解，增进彼此的信任，表达对对方的尊重、祝贺、鼓励等。

（一）握手需要注意的几个问题

握手是人际间交往中最常见的见面礼仪，握手时，需要注意以下几个方面的问题。

第一，握手的时机。社交场合，什么时机合适握手比较合乎礼仪呢？这是一个复杂而微妙的问题，通常要取决于现场的氛围，交往双方的关系及当事人的个人意愿等因素。有几种情况需要握手：欢迎和道别时、表达祝贺与感谢时、表示问候时、表示理解与慰问时。另外还要注意几种不适合握手的场合：对方手负重伤时、对方忙于他事时、对方距离自己较远时、对方所处的环境不适合握手时。

第二，握手的姿势。握手时，双方距离不可太近也不可过远，一般以相

距一步为宜。握手时上身稍微前倾，伸出右手，拇指张开，其余四指并拢。握手时一般只要伸出一只右手就行，但是若想表达对对方的热烈欢迎或是感谢也可以双手并握，此时要将左手握在自己的右手上。握手时，时间宜短，面带微笑，目视对方，手要热情有力。女子同外国人握手时，手指与肩部要自然放松，以备男宾可能要行吻手礼。

此外，不同的握手姿势蕴含着不同的含义，主要有以下几种情况：双方手掌相握成垂直状态时，表示平等而自然的关系；掌心向上同他人握手时，表示恭敬、谦虚；掌心向下握住对方的手，则是傲慢无礼的表现。

第三，握手的力度。一般相互握一下即可，如果表示热烈、友好，可上下使劲摇晃几下。握手力度要适当，握手过紧或是轻碰对方的手都是不礼貌的行为。男女相互握手时，男士用力要轻点。

第四，握手的时间。握手时间一般以1～3秒为宜，若表示亲近也可以长时间握手。握手时不要长时间握着对方的手问长问短，是不合礼仪的，尤其对待异性，不能长时间握着对方的手不放。

第五，握手时的寒暄。与别人握手时不要默不作声，要适当寒暄几句，以示对对方的关切。

另外，握手时的表情配合。与人握手时，表情要自然、热情，同时必须要将双眼注视对方的双眼，切忌东张西望，心不在焉。

（二）握手顺序不可错

握手是一种社交礼节，正式的场合上，人们对握手的先后顺序是非常讲究的，这种顺序一般要根据当事人的职位、身份、资历，遵循“尊者优先”的原则进行。而在一般的场合这种顺序可根据当事人的年龄、性别、婚否来决定。下面来看看以下几种情况的握手顺序。

第一，两人之间握手的顺序。一般有这几种情况：年长者与年幼者握手时，由年长者先伸出手；长辈跟晚辈握手时，由长辈先伸出手；女士与男士握手时，由女士先伸出手；已婚者与未婚者握手时，由已婚者先伸出手；先到者与后到者握手时，由先到者先伸出手；上级与下级握手时，由上级先伸出手；老师与学生握手时，由老师先伸出手；身份、资历高者与身份、资历低者握手时，由身份、资历高者先伸出手；待客时，由主人先伸出手；客人向主人告辞时，由客人先伸出手。

第二，一人与多人或团体握手时的顺序。一般要遵循“先尊后卑”、“先近后远”、“顺时针方向”的原则进行。“先尊后卑”即握手时讲究由尊而卑的先后顺序，即先年长者后年幼者、先长辈后晚辈、先女士后男士、先已婚者后未婚者、先上级后下级等；“先近后远”即先跟距离自己较近的人握手后跟距离自己较远的人握手，由近而远依次进行，人数很多时，也可以只跟距离自己较近的人握手，而对据自己较远的人可以微笑点头示意即可；“顺时针方向的顺序”即当大家围坐一张桌子时，按顺时针的方向和大家一一握手，这是比较吉利的方向，而逆时针的方向只适合追悼会或遗体告别仪式。

（三）握手禁忌知多少

握手是一个非常重要的社交礼节，每一个细节都要注意。握手礼仪跟其他社交礼仪一样，也有诸多的禁忌，要想在社交场合给人留下一个好的印象，就应了解这些禁忌，并力图避免。以下是需要注意的几种情况。

第一，在任何情况下拒绝他人握手的行为都是失礼的，如果实在不方便也要跟对方说声抱歉，以免引起误会。

第二，握手时不要仅仅握住对方的指尖，这会给人一种距离感，很难让人亲近。

第三，抽烟时，不要手持烟跟人握手，而应先将烟放下，再与人握手。

第四，握手时要用右手而不是左手。

第五，与人握手时不可心不在焉、东张西望。

第六，在正式的场合，不要抢在身份、地位高的人之前与人握手，握手不

能争先恐后。

第七，握手时既不能面无表情、默不作声，也不能长篇大论、过分客套。

第八，握手时，不要戴着墨镜或将另一只手放在口袋里，这是傲慢无礼的行为。

第九，手不干净或患有手疾时，不要与人握手。

第十，握手后不要立即擦拭自己的手。

另外，以下几种握手的方式是错误的，也是要极力避免的。

第一，戴手套握手。社交场合如果你戴着手套不想摘下来时，不要与人握手，点个头、微笑打声招呼就行；如果握手，一定要将手套摘下来。戴手套与人握手是不礼貌的，不合礼仪规范。

第二，击剑式握手，即在与人握手时突然将胳膊伸出，姿势僵硬、挺直，且手心向下。这是粗鲁、缺乏教养的表现，僵硬、掌心向下会给人一种受制约的感觉，令人不快。

第三，死鱼式握手，即握手时手软弱无力，像一条死鱼一样。这种握手方式会让对方以为你态度冷淡或是性情软弱、缺乏自信。

第四，手叩手式握手，即握手者在握手时双手扣住对方的手，这种方式被西方国家称为“政治家的握手”，适用于好友之间或慰问时，表达握手者的真挚、热情。此种握手方式不适用于初次见面者或是异性之间。

第五，虎钳式握手，即握手时拇指和食指像老虎钳子一样，紧紧握住对方的四指关节，这种握手方式令人不悦。

三、介绍礼仪：介绍要得体、合时宜

陌生人之间的初次交往，免不了要相互介绍，相互认识一番。介绍分自我

介绍、介绍他人、集体介绍几种不同的类型，适合在不同的场合里采用。

（一）自我介绍

在社交活动中，自我介绍是人际交往的第一步，也是社交礼仪的重要事项。一个恰当、好的自我介绍能够给人留下良好的印象，有助于开拓人脉，赢得好人缘。那么自我介绍需要注意哪些礼仪呢？

第一，要注意时机：作自我介绍时要抓住最恰当的时机，如周围气氛适宜，对方情绪好时做自己我介绍容易成功。

第二，注意内容：自我介绍的内容一般包括三个方面：姓名、供职单位及部门、职务及具体工作。为节省时间要连续说出，并实事求是。

第三，要注意时间：自我介绍要简洁、言简意赅，尽可能地节省对方时间。作自我介绍时可以利用名片、介绍信加以辅助。

第四，要注意态度：作自我介绍时要做到自然、亲切、友善，要镇定自若、彬彬有礼、落落大方，要真诚、热忱，语气要自然，语速要正常，语音要清晰。

第五，要注意方法：自我介绍时，应先向对方点头致意，得到允许后再进行自我介绍。自我介绍时要善于用眼神来表达自己的诚意、对对方的关心及沟通的愿望。如果想认识某个人，可以预先获知对方的资料，诸如性格及兴趣、爱好等，以便投其所好，赢得对方好感。

（二）介绍他人

在社交场合我们往往有义务为不相识者引见彼此，为他人作介绍。介绍他人需要注意以下几个问题。

第一，介绍人的问题。在公务交往当中，介绍人由公关、秘书担任；在一般的社交场合，介绍人由女主人或是与双方都有一定交情的人担任。

第二，被介绍者的先后顺序问题。根据尊者有权先了解情况的礼仪，男士应被介绍给女士、晚辈应被介绍给长辈、下级应被介绍给上级、客人被介绍给

主人、迟到者被介绍给先到者、熟悉的人被介绍给不熟悉的人、未婚者被介绍给已婚者、家人被介绍给外人等。

第三，介绍的内容问题。为他人介绍的内容大体与自我介绍的内容相仿，作为介绍人，首先要跟双方打声招呼，使双方都有所准备。

第四，介绍的方式问题。根据实际需求一般有：一般式（也称标准式），以介绍双方的姓名、单位、职务为主，适用于正式场合；简单式，只介绍双方的姓名，适用于一般的社交场合；附加式（也称强调式），强调其中一位被介绍者与介绍者之间的关系，以引起另一位介绍者的重视；引见式，介绍者将被介绍者领到一起即可，使用于一般的社交场合；推荐式，介绍者经过精心准备再将某人介绍给某人，使用于比较正式的场合；礼仪式，是介绍他人最正规的方式，使用于非常正式的场合，其语气、表达都更为规范谦恭。

第五，介绍时需要注意的细节问题。如，在介绍之前要先征求被介绍者双方的意见，此时被介绍者一般应欣然接受，如实在不愿意应说明缘由并取得谅解；介绍时，被介绍者双方都应起身站立，面带微笑；介绍完毕时，被介绍者双方礼貌握手并使用“您好”、“久仰”等问候语。

（三）集体介绍

当被介绍者双方不止一人时，可进行集体介绍，一般有一人为多人介绍及多人为多人介绍两种情况。集体介绍需要注意以下事项。

第一，集体介绍的时机：在规模较大的社交聚会；大型的公务活动；涉外交往活动；正式的大型宴会；演讲、报告、比赛；多人的会见、会谈；婚礼、生日宴会；接待、参观、访问等。

第二，集体介绍的顺序：集体介绍的顺序可以参照介绍他人的顺序进行，越正式、大型的交际场合，越要注意介绍的顺序。在介绍他人顺序之外还要注意几点：当被介绍者双方身份地位大致相似时，先介绍人数较少的一方；若被介绍者身份很尊贵，应将其放在最后介绍；在演讲、报告、比赛、会议时，只

将主角介绍给广大参加者；若被介绍者不止两方，需要对被介绍者为此进行排列，其方法是：以各方的负责人身份为准；以单位规模为准；以抵达时间先后顺序为准；以距介绍者远近为准。

第三，集体介绍的内容：使用简称时避免使用易产生歧义的称呼，首次介绍要使用全称；介绍时要庄重、亲切、规范。

四、名片礼仪：用好最简单的社交工具

名片在现代人际交往中必不可少，它是一种具有一定社会性的联络工具，它是个人、单位、集体的信息载体，各种交际场合都离不开它。而能否正确使用名片，已经成为影响人际交往成功与否的一个重要因素。关于名片礼仪需要了解以下几个方面内容。

（一）分清名片的类型

根据名片在社交场合的用途有以下分类。

第一，公务名片。是政府或社会团体对外交往时所用的名片，不以营利为目的。此种名片经常印有标志、对外服务范围等，注重个人头衔、职务等，没有私人信息。名片印刷力求简单实用，没有统一的印刷模式。

第二，集体名片。集体名片是公务名片的一个变种，它通常是指某一个政府部门，主要成员集体对外使用的名片。其基本内容跟公务名片没有区别，特殊之处在于名片按照职务高低的顺序依次由上而下将各成员具体称呼排列印上。

第三，夫妇名片。夫妇名片是社交名片一种特例，夫妇联名印成名片。在社交场合，公务人员往往会携带配偶一起参加交际应酬，此时应使用夫妇名片，若使用其中一人的名片，则有失礼仪。名片一般只印有姓名和联系方式，

或只印姓名也可。夫妇姓名要并行排列。

第四，个人名片。为结识新朋友或朋友间感情交流时所使用的名片。此种名片不使用标志，名片设计可自由发挥，具有个性化特征，可以将个人照片、兴趣爱好、头衔或职位印上，一般含有私人信息。

第五，商务名片。即公司或企业进行商务活动时使用的名片，以营利为目的。此种名片经常印有公司或企业注册商标、业务范围等，没有私人信息，要求使用高档纸张，统一印刷模式。

（二）名片的交换礼仪

名片交换是名片礼仪中的核心内容。在社交场合如何交换名片，反映着一个人的个人修养，也反映着对交往对象的尊重程度等。那么交换名片需要注意哪些规定呢？

第一，携带名片。在正式的交往活动之前，都应随身携带自己的名片，以备不时之需。名片携带需要注意以下三点。

（1）完好无损。人际交往时，所带的名片要保证干净整洁，破损、脏污、涂改的名片不要使用。

（2）足量适用。携带名片的数量要充足，还要根据不同的交往对象准备不同类型的名片，确保名片够用、适用。

（3）放置到位。名片应放在固定的、易于掏出的口袋或公文包内，以便需要时取用。需要名片时东翻西找、手忙脚乱会给人留下马虎大意的印象，引人反感。

第二，递交名片。人际交往中，递交名片时需要注意以下几点。

（1）把握正确时机。发送名片一定注意掌握合适的时机，时机对了，名片才会发挥良好的功效，时机不对，名片就成了一张废纸。名片发送一般应选择在见面或分别之时。不要在餐宴、戏剧、跳舞时发送名片，可以在这些活动开始之前或结束之后。

（2）交际意愿。首先根据自己的意愿，如果自己希望结交某人，可以采用适当的方式将自己的名片传送给某人，如果自己没有意愿结交某人，则可不必向对方传送名片，只需点头、微笑或通过其他肢体语言来传达自己的问候。同时需要观察对方是否有意愿跟你结识，如对方没有意愿，则无须向其传送名片，否则有强加于人或是故意炫耀之嫌。

（3）招呼在前。递送名片之前，应该先向对方打声招呼，让对方有所准备，再递送名片。打招呼时可以先作一下自我介绍，也可以加上“对不起”、“不好意思，打扰一下”等提示语。

（4）讲究顺序。交换名片需要遵循由近及远、按顺时针或逆时针顺序的原则依次发送。另外，如果双方身份地位有落差，应先由位低者向位高者发送名片，再由位高者回复位低者。

（5）态度谦恭。递送名片时，举止一定庄重、郑重其事、谦逊有礼。具体做法是：起身站立、面带微笑、主动走向对方，传递时上身稍稍前倾，以双手或右手持握名片，举至胸前，并将名片正面面对对方，同时说声：“请多多指教”、“欢迎来访”等礼节性用语。切勿以左手持握名片。

第三，接受名片。接受他人名片时，主要应当作好以下几点。

（1）态度谦和。社交场合，当他人向自己递送名片时，要起身站立、面带微笑，双手接过名片，态度要谦和诚恳。

（2）认真阅读。接过名片之后，先向对方表示感谢，然后认真观看名片内容，有时为表示尊重，可轻声读出名片上让对方觉得光荣的职位、头衔等。若对方名片上的内容有所不明，可当场请教对方。

（3）精心存放。接到他人的名片之后，不要将名片随意乱放、乱折，要将其谨慎地放置于自己的名片夹、口袋或公文包内妥善保存，以示对对方的尊重。

（4）有来有往。接受他人名片之后，应回递一张自己的名片，若没有名

片或名片用完，要向对方说明缘由并致以歉意。

第四，索要名片。正式的社交场合，如果他人没有主动给你名片，不要直接开口向人索要。如果实在希望结交某人，可采用以下办法来获得其名片。

（1）互换法。即用自己的名片换取他人的名片。可以先主动向自己希望认识的人递送一张自己的名片，此时据礼节一般对方也会回递一张他的名片。如还是担心对方不回递，也可以添加一句："能否有幸认识您？"

（2）暗示法。即用含蓄的语言暗示对方。如可以说："请问以后怎么跟你联络？"等。

（三）名片礼仪禁忌

名片礼仪很多，名片礼仪禁忌也不少，以下几点需要特别注意。

第一，交换之前先将自己的名片准备好，整齐地置于易于掏出的口袋或名片夹里。忌将自己的名片与其他杂物放在一起，以免掏出时手忙脚乱掏错名片。

第二，出席重大会议时，记住一定要带上名片。交换名片应在会议的前后，忌在会议当中擅自与别人交换名片。

第三，忌在一群陌生人当中传发自己的名片，在商业活动中要选择性地交换名片，以免别人误会你在推销或是搞宣传、拉业务，招致别人反感。

第四，递交名片时采用双手或右手，名片文字正面朝向对方，忌用左手或拿名片姿势不稳。递交时要目光注视对方并面带微笑，顺带一句"请多多光照"，不要面无表情。

第五，接名片时要用双手，并认真看一遍上面的内容。如果接下来与对方谈话，不要将名片收起来，应该放在桌子上，并保证不被其他东西压起来，使对方感觉到你对他的重视。

第六，交换名片时，切不可使用破旧的名片，与其送一张破旧或脏污的名片，不如不送。名片如果用完，可用干净的纸写上个人资料代替。

第七，不要在年长的主管面前主动出示自己的名片，除非对方要求。

第八，无论何种餐宴，不要在用餐当中发送名片。

第九，处在一群陌生人之中时，应让别人先发名片。对于陌生人或巧遇之人，不要在谈话时过早发送名片。

（四）名片管理

名片是人际交往、拓展人脉的重要工具，应该进行很好地管理使用。那么如何对名片进行管理呢？要注意以下几点。

第一，当你和他人在不同场合交换名片时，务必详尽记录与对方会面的人、事、时、地、物。交际活动结束后，应回忆复习一下刚刚认识的重要人物，记住他的姓名、企业、职务、行业等。第二天或过个两三天，主动打个电话或发个电邮，向对方表示结识的高兴，或者适当地赞美对方的某个方面，或者回忆你们愉快的聚会细节，让对方加深对你的印象和了解。

第二，对名片进行分类管理。你可以按地域分类，比如，按省份、城市；也可以按行业分类；还可以按人脉资源的性质分类，比如，同学、客户、专家等。

第三，养成经常翻看名片的习惯，工作的间隙，翻一下你的名片档案，给对方打一个问候的电话，发一个祝福的短信等，让对方感觉到你的存在和对他的关心与尊重。

第四，定期对名片进行清理。将你手边所有的名片与相关资源数据作一个全面性整理，依照关联性重要性、长期互动与使用几率、数据的完整性的因素，将它们分成三堆，第一堆是一定要长期保留的；第二堆是不太确定，可以暂时保留的；第三堆是确定不要的，应销毁处理。

五、电话礼仪：用信号传递形象大有技巧

电话是人际交往中不可或缺的工具，有些人觉得打电话很容易，不像面谈

那样有诸多讲究，其实不然，打电话大有技巧在里面。

（一）打电话的基本礼仪

如何打电话才能文明礼貌呢？这里有一些打电话时的基本礼仪需要注意，主要有以下几点内容。

第一，重视第一声。当我们接起电话时，第一声的语气、语调如何，能马上让人觉出你的态度，从而直接影响他人交谈的意愿。如果一接通电话就让人听到你亲切、友好的问候，对方的心里一定会很愉快，会对你产生良好的印象。

第二，以喜悦的心情交谈。打电话时，即便对方看不见你的真实表情，但是通过说话的特征就能感知到，所以，接电话时，要记住保持愉悦的心情，让双方谈话在友好、愉快的氛围下进行。欢快的谈话，能够为自己的形象加分。

第三，声音要清晰明朗。打电话时不要抽烟、吃零食，以免说话时含混不清，对方理解起来很费力。说话时，含混不清，也很容易让人误解你，认为你不尊重他人，或是故意在隐瞒某些事实，从而失去他人的信任及好感。

第四，接电话要迅速、准确。人际交往中，电话铃声响起时，应该准确、迅速地接起电话，一般要在十秒之内接听。长时间不接电话，让对方久等是很不礼貌的。如果确实有事，没有及时接通电话，拿起话筒时，要先向对方表示歉意，说明原因，赢得他人的谅解。

第五，礼貌地挂掉电话。要结束电话交谈时，一般应当由打电话的一方提出，然后彼此客气地道别，说一声“再见”，再挂电话，不可只管自己讲完就挂断电话。

（二）打电话的注意事项

打电话也是一个人素质的体现，在你所有的电话中，更多的可能是商业电话。这就要求你必须具备一定的商业基本常识和礼节，以下几点是你打电话时

应该考虑的。

第一，理清自己的思路。打电话之前，要考虑一下说话的内容及方式，该怎么说，说什么，要有一个清醒的认识。不要在毫无准备的条件下给他人打电话。

第二，养成随时记录的习惯。要随身携带纸和笔，一边接电话时，随时记录所需信息。

第三，立即表明身份。无论是接电话还是打电话，当电话接通时，首先要向对方道出自己的身份或者自己所属组织的名称。以免接错或打错电话。知晓对方的名字时，要称呼对方的名字，以缩小彼此之间的距离感。

第四，确定通话时机是否正确。当你打电话时，要问明对方是否有时间接你的电话，如果对方正忙于某事，要先表示歉意，再跟对方商量合适的打电话的时间。

第五，表明自己打电话的目的。当电话接通时，要立即向对方讲明自己打电话的目的，然后迅速转入正题。职业专家认为，商场上的机智在于你能否在30秒之内引起他人的兴趣。对于自己不感兴趣的话题，对方是不愿意倾听的。

第六，留出足够的时间让人考虑。打电话时不要连珠炮似的说个不停，要留下足够的时间供他人思考，以便他人对你的谈话有所反应。

第七，避免与旁人交谈。当你正在打电话时，要专心与对话者交谈，不要与身边的其他人说话，这是极不礼貌的行为。如果你确实有紧急事情需要处理，应向对方说明缘由，表示歉意，并以最短的时间处理完那些事情。

第八，事先设想对方的问话。当你打电话时，要事先设想对方将要提的问题，并作出回答。以便在碰到这些问话时，心里有个准备，从而掌握说话的主动权。

（三）打电话要注意场合

打电话要注意场合，不是所有的场合都适合打电话，力避在不适合打电话的场合打电话。那么有哪些不应打电话的场合呢？

第一，在会议中不宜打电话。在会议中间铃声不断响起或者在台下没完没了打电话是大家所深恶痛绝的。在集体场合下，要顾及大部分人的利益，打电话以不干扰他人为前提。

第二，电影院、音乐会、舞蹈演出等场合严禁手机铃声干扰。如果是观看电影、听音乐会、看舞蹈演出等，严禁手机铃声干扰。一般要关机或者将电话设置为振动、静音，当他人打来电话时，也不宜接听或是起身走出去。任何响动都有可能破坏整体气氛，影响其他人的欣赏。

第三，在医院不宜接打电话。医院是一个需要安静的地方，到医院去探访病人，要提前将自己的电话调成振动或者静音，以免电话铃声影响到病人的休息。如果实在有急事需要接电话，也要尽量降低声调，并力求简短。

第四，公务拜访、宴请中不宜拨打、接听电话。在正式的商访或是宴请场合，不宜接打电话。拜访和宴请都是非常隆重的场合，所以行为上要重视、尊重对方。

第五，做客时不宜老打电话。到别人家做客，就是进入他人的私人领地，不可任意而为、随心所欲地打电话，否则会使主人难堪，引起主人反感。

第六，就餐中别对着餐桌打电话。多人进餐时，不要就着餐桌打电话。电话铃声响起时，要先向在座者表示歉意，然后离开餐桌接电话。如果不方便离开餐桌，则在征得他人同意的情况下，侧转身子，用手遮挡一下，防止唾沫溅到饭菜上。

六、拜访礼仪：相互拜访如何让双方都愉快

礼尚往来，相互之间相互拜访也是人际交往的一项重要活动，是搞好人际关系的一个重要手段。

（一）预约的礼仪

拜访他人要事先预约，选定双方都合适的时间、场合。如果不事先预约，仓促决定，则有可能达不成共识，不仅可能使拜访达不到目的，也是不合礼仪的做法。

（二）做客的礼仪

做客是日常生活最为常见的交际方式，也是联络感情、增进友谊的有效手段。做客需要注意以下几个方面。

第一，做客拜访要选对时间。一般要尽可能选择对方方便的时间，拜访他人要事先通知对方，约定一个双方都合适的时段，以免扑空或是打乱对方的日程安排，同时也方便自己安排日程。约定时间后，不要轻易失约或迟到，如遇特殊情况不能赴约时，一定要设法提前通知对方，并表示歉意。

第二，拜访时，应先轻轻敲门，等到应允或是对方出来迎接时，方可入内，切不可擅自闯入。敲门声音不宜太急太重，敲门不要敲得过于频繁，一般两三下就行了。

第三，进门后，拜访者随身带来的外套等物品要放在主人指定的位置，不可随意乱放。与主人寒暄之后，对于室内其他人，即使不认识，也要主动打招呼。和主人交谈时，要注意掌握时间，有要事必须同主人商量时，要尽快表明来意，不要胡说乱侃，浪费大家时间。

第四，离开时，要主动向主人告别，如果主人出门相送，拜访者应请主人留步并道谢，热情说声“再见”。

（三）待客的礼仪

人际交往时如何待客，让客人有宾至如归的感觉，是我们中华民族一项传统的礼节。那么，当客人来访时，都有哪些礼仪需要注意呢？

第一，待客前的准备要到位。客人来访一般都是事先约定好时间的，主人在迎宾之前就应该做好各种准备工作。待客前的主要准备工作有：整理居室，

保持干净整齐；个人仪表修饰；准备好客人的茶具、餐具等，同时准备一定的水果或点心。如果访客没有事先通知就来拜访，也应以最快的速度整理一下居室，并对客人表示歉意。

第二，迎客时态度要热情。客人来访时，要热情相迎，应面带微笑与客人寒暄，与客人亲切交谈，这是对客人来临的欢迎和尊重，使得客人有种宾至如归的感觉，立即消除客人的拘束之感，拉近主客双方的心理距离。

第三，寒暄敬茶。当客人来临时，与客人适当的寒暄客套，是十分必要的。这种寒暄包括与客人进行热情的握手或是拥抱，问候客人或者客人的家人等。客人进门之后要尽快奉上一杯热茶，上茶一般由保姆或是家中女主人来做，如果客人十分尊贵，应由男主人自己上茶。上茶时，一般要用双手，一手执杯柄，另一只手托着杯底，轻轻地向客人奉上，并说声："请喝茶。"

第四，注意谈话内容。一般主客交谈以随意为特色，不拘主题，纵情而谈。交谈时，一般要以客人的兴趣为主，多谈客人熟悉的、擅长的内容。谈话中有不同意见的，不要争论，一笑了之，比直接争论更能赢得客人尊重。如果客人来访属于专题访谈或是为了探讨某一问题的，那么就要避免东拉西扯，浪费彼此时间，大可直入主题。

第五，热情送客。客人离别时，应当立即起身，热情送客。如果客人来时带来礼品，那么客人离开时，可以回赠一些事先准备好的礼品。另外，送客的远近应与客人的身份及与客人的亲疏程度相吻合，有些送到家门口即可，有些则要送到更远的地方，如车站、机场等，然后与客人握手道别，目送客人远去。

七、会议礼仪：圆满会议要注意的礼仪常识

会议是现代商业、公务生活的一项重要活动，会议在员工学习、上级指导方针及任务的传达、业绩汇总等商务、公务中承担着重要的作用。

（一）会前准备礼仪

为保证会议的顺利召开并取得圆满成功，会前一定要精心做一些准备工作。对会前准备工作的要求是：“丝丝入扣，万无一失。”会议准备工作一般有以下几个方面。

第一，确定会议内容。会议之前，要了解会议目的、内容、要求及期望取得的效果，不开没有目的、没有意义的会议。现代快节奏的生活要求人们要加快做事效率，节约时间，因而，会议也要做到以尽可能短的时间来传达尽可能多的会议思想、内容，不要做单调而重复的无用功。召开无意义的会议，浪费与会者的时间，是对他人的不尊重。因此，会前一定要先确定会议内容，对于可开可不开的会议，则坚决不开。

第二，确立会议地址。开会之前，要先选定好开会的地址。会址的确定要本着经济、方便、舒适的原则来确立。会场的布置要与会议的内容相符，会场的大小，要根据会议内容和参加者的多少而定：会场大而参加人员少，会给人一种空荡荡的感觉；会场小而参加者多，又会给人以局促之感。会场布置要和会议内容相称：严肃庄重的公务会议，会场的布置也要庄重、简洁；喜庆热闹的联欢会，会场布置就要喜庆、热烈。大型会议的会场门口，经常张贴“热烈欢迎”的字样。会场不易寻找时，应在附近标上路标作为指引。

第三，确定参会人员。会议召开之前，必须确定参加人员的名单或与会人员的范围。要本着有利于工作的原则，严格控制参会人员范围，杜绝与会议无

关的人员参加会议。邀请与会议无关的人员参加，不仅是对其他代表的不恭，也是对他本人的不敬，同时也会冲淡会议气氛。

第四，寄发会议通知。正常的会议通知一般包含五个要素，即会议的名称、会议的内容、会议的范围、会议的时间、会议的地址等，这五个要素缺一不可。寄发会议通知的时间要早，以便于参加者有所准备；会议通知的内容要细，即会议的内容要具体、详细；会议通知要规范，即会议通知的格式、行文要符合会议通知的规范。会议通知可采用张贴或邮寄的形式，邮寄时最好在信封上写明“会议通知，收到急转”的字样，以免中途耽搁。

第五，其他准备工作。大型会议之前，还有其他的准备工作。如成立会务组、秘书组、文娱组等，并且确定好每个组织的职责范围，做到分工明确。

（二）主持人的礼仪

会议主持人是会议的组织者，是会议的核心人物。主持人在主持会议时，要事先了解对会议内容、进程、时间及与会人员的安排。主持时要认真严谨，根据不同内容及性质的会议灵活变换主持的风格。有的庄重严肃，有的轻松活泼；有的庄严肃穆，有的欢快喜庆；有的隆重，有的简朴。主持人应当把握会议气氛和进行节奏。对于会议主持的具体要求有如下几方面。

（1）主持人的着衣要整洁大方，切忌不修边幅、邋里邋遢。

（2）主持人的步伐要稳健有力，精神要饱满焕发。

（3）主持人言谈时要口齿清楚，思维敏锐，说话内容要简明扼要。

（4）主持人应该根据会议的性质内容来适当调节会议气氛。

（5）主持人要面向全体与会人员，不要只顾着跟熟人打招呼，更不能与他人寒暄、闲谈。

（三）会议发言人的礼仪

会议发言人是会场的中心，发言人说话质量的高低，对会议的质量有着重

要的影响。发言人的发言要言之有理、言之有物、言之有味，使听众能了解主旨，有所收获。发言人要尊重听众，尊重主持人，遵守会议纪律。发言人要注重仪表和举止姿态：着衣整洁、举止庄重、表情自然、精神焕发。发言时，语速要适中，过快过慢都不宜。说话要注意语气、语调：重要的地方，要加重语气，提高音调，形成高潮；如果会场出现松弛、听众精神涣散时，应考虑调整语气，稳定情绪，必要时应调整内容，压缩时间。

（四）与会人员的礼仪

对于所有的参与会议的人员，有几项共同需要遵守的会议礼仪需要注意，大体有以下几项。

第一，守时。守时被认为是参加会议一项最基本的礼仪。一般在参加正式的会议时，要提前几分钟进入会场，不要迟到，免得自己手忙脚乱，影响会议秩序。另外参加会议时迟到，被视为对会议的轻视和对与会人员特别是大会主持者的不尊重。但是，如果确实因为特殊情况而迟到，要向与会者点头致歉，并说明迟到原因。

第二，注意仪表。会议参与人员在参加会议时，要注意穿着和仪容修饰，要根据大会的性质及特点，来选择相应的服装和妆容。正式的会议上，仪容修饰要庄重大方。

第三，注意举止。会议一般是一个相对严肃的场合，因而要十分注意自己的行为举止。参加正式的会议时，男士要举止庄重，有绅士风度，女士要举止端庄，温婉有礼。会议中，坐姿要端正，不可东倒西歪或是随意扭动。如搔首、掏耳、挖鼻、剔牙、剪指甲等不太雅观的动作要避免。若在会议开始前，主席仍未介绍与会人士，你可主动伸手和左邻右舍的人握手，并且进行自我介绍。

第四，避免电话干扰。在比较正式的会议场合，要避免电话干扰。与会人员在参加会议时，应将手机调成振动或者静音，或者关机。如果实在有急事，

不得不接电话时，要在不影响会议秩序的情况下，离开会场接听。

第五，会议发言技巧。在大型会议上发言时，要准备充分，发言内容要求做到中心突出、材料翔实、感情真实。发言者要严格遵守会议组织者的时间规定，在规定的时间之内，结束发言。发言者的态度要谦虚有礼：起身发言时要向听众欠身致意，发言结束后要想听众致谢并欠身施礼。

在会议进行中，与会者如要发言，应先举手示意，得到会议主持者或是正在发言的人认可时，方可起身发言，这是礼貌。发言要注意对事不对人，避免出言不逊，对他人进行人身攻击。发言时，口齿清楚、态度平和、手势得体，不要手舞足蹈、忘乎所以。

别人发言时不要打岔。如有问题可举手，经过会议主持人认可后再发言。如参加小型的座谈会、研讨会。发言要简练，观点要明确。讨论问题，态度要友好，不要随便打断别人的发言。对不同意见，应求同存异，以理服人。

会议结束后，要静等会议主持人说“散场”的时候，再依次有序地离开会场。离开会场时，不要推挤他人、横冲直撞。

八、集会礼仪：大方得体，知礼守礼

集会一般是指除正式的会议以外的群众性的聚集形式，其中晚会、舞会是两个最为常见的集会形式。

（一）晚会礼仪记心上

晚会是社交场合的一种聚会形式，它以文艺演出为晚会主要内容，也可称为文艺晚会。那么，作为观众，参加晚会时，需要注意哪些礼仪呢？

第一，在观看演出之前，观众应该购票人场，要保管好自己的门票，以免丢失。如果邀请人与自己一同观看演出，则一般要提前一周跟人打招呼，约好

时间，票买好后，再次确认时间。

第二，在观看演出之时，衣着总体要整洁、干净、得体。不同的演出性质，对服装的要求也不尽相同。一般来说，观看戏剧、舞蹈、音乐等文艺晚会需要着正装；观看曲艺、杂技、电影等，只要符合日常着装的一般要求即可。

第三，观看演出要准时到场，或者提前几分钟。演出进行当中时，观众不宜进场，如果迟到，要等到幕间停顿的时候再入场，以免干扰他人。入场时，要放轻脚步，旁边观众协助入场时，要礼貌地向对方说声“谢谢”。

第四，观看演出时，观众应自觉将帽子摘下，以免挡住后面观众的视线。观看演出时，坐姿要端正，不要东摇西晃的，影响他人。不要将脚踩在他人的椅子上或是蹬在他人椅子的后背上，以免弄脏他人的衣服。不要在演出现场大吃大喝，不要携带食物、饮料入场。

第五，观看演出时，要保持安静，不要发出响声。在演出过程中，不要交头接耳，不要高声议论。观看演出时，要注意，行为举止要端正得体，不要有过分亲昵的行为。

第六，观看演出时，对于鼓掌也有讲究。一般而言，看戏要在每一幕结束鼓掌；听音乐要在一曲终了之后再鼓掌；看芭蕾可以在芭蕾独舞或是双人舞之后鼓掌。

第七，观看演出时，尽量避免在中途退场，那不仅会影响他人的观赏，也是对演员工作的不尊重。如有急事，也应在幕间停顿或是一个节目结束时退场。演出全部结束后，不要匆忙退场，应当起立鼓掌，或者给自己喜欢的演员送花。

（二）不懂舞会礼仪会出丑

舞会是一个相当不错的社交场合，也是现代人经常使用的一种社交手段。舞会看起来轻松自然，实则有诸多的礼仪规矩在里面，不可忽视。当你要参加

舞会时，下列各项内容可供你作为参考。

第一，确切了解舞会的性质，然后根据晚会的性质来决定着装及妆容修饰，尽可能地使自己打扮与晚会性质相符。

第二，参加舞会时，一般可以自己事先找个舞伴陪自己一起去，如果没有舞伴，可听从舞会主人安排舞伴。

第三，女士如果跟自己的男友或配偶一起参加舞会，那么当有别的男士向你发出跳舞的邀请时，应先征得男友或丈夫的同意。一般情况下，当男士向你发出邀请时，要微笑地站起来，接受对方的邀请，不答应是十分伤人自尊的，也是极不礼貌的行为。如果当别人向你发出跳舞的邀请时，你确实不想跳，可以礼貌地说："不好意思，我有点不舒服。"这样，不仅能很好地拒绝他人，也不会伤人面子，引起尴尬。

第四，跳舞时，不要讨论或争辩；不要晃动自己的身体，以示对所说事情的关注程度。跳舞时，如果对方问你的姓名，而你不想告诉对方，只告诉对方你的姓氏就可以了；如果对方问及你的其他私人情况，而你又不想告知时，可以开个玩笑说："你是不是有个外号叫'包打听'啊？"注意态度要礼貌温和。

第五，舞会正在进行中，不可因音乐、气氛的感染而表现得太过放肆，尤其是在跳舞时，不要闭上眼睛。除非你们已是一对被公认的情侣，不然不要在跳舞时把面颊靠在他（她）肩上。不要与同性共舞，以免发生误会。

第六，舞会中途休息时，要随时注意自己的坐姿，保持优美的姿态。当一个人时，不要做出傻里傻气的动作。

第七，无论参加何种性质的舞会，在服饰及妆容修饰上都不要过分张扬，以免给人留下庸俗的印象。

第八，舞会中，如果想提前离场，悄悄向主人打声招呼即可，不要在大众面前言明要走之意，以免扫他人兴致，破坏会场氛围。

第九，即使有别的男士要送你回家，而你又是和另一位同伴前来，请注意：不要撇下他不管。假如没有男伴同行，而在舞会中有男士要送你回去而你又不愿意时，大家若是相熟很久的，可用半开玩笑的方式去回绝对方；如果是新交的，应该礼貌地说声对不起，并告诉他你已经有人送了。记着，说话时要婉转、得体些。

第三章　说话礼仪：言辞表达得体，不同场合说恰当的话

一、话题选择：聪明地选择恰当的话题

俗话说："酒逢知己千杯少，话不投机半句多。"说的就是话题选择的重要性。话题选择得好，能够打开双方的"话匣子"，开怀畅谈；话题选择得不好，可能会让彼此无话可谈，甚至引发尴尬。聪明人应该学会选择话题。

（一）用寒暄引出话题

当我们去拜访他人时，首先要跟主人寒暄几句，说几句客套的话，如果开门见山地提出到访目的，则会给人"无事不登三宝殿"之嫌，给人留下不好的印象，引人不快。寒暄是引出话题的前奏，好的寒暄，能拉近主宾之间的距离，让主人倍感亲切。寒暄可以根据具体的情况选择，如天气不错时可以说："今天天气真好！"如果看见主人的孩子，可以说："你儿子都长这么大了？"也可以夸赞主人的房屋："房子布置得真不错！"然后在宾主相谈甚欢的氛围下，适时地提出将要谈论的话题，不至于显得突兀。

（二）因人而异选择话题

在人际交往过程中，每个交往对象都有各自不同的性格特征，在社会上扮演着不同的角色。因而，与不同的人交往时，谈话的内容不同，话题选择也不

同。如何正确地选择话题不仅反映着谈话者品位的高低，也能反映一个人交际能力的高低。因此，与人交谈要因人而异地选择话题。如，当我们遇到一个热爱学习并且成绩较好的同学时，可以以学习作为谈话的话题；当我们跟一个时尚、爱美的女士交谈时，可以将美容知识作为谈话的话题；当我们遇到一个虔诚的基督徒时，可以讲圣经作为话题来讨论等。总之，选择话题要因人而异。

（三）选择对方感兴趣的话题

要想将话题持续顺利地进行下去，就要找到双方都感兴趣的话题。如果双方中有一方对谈论的话题不感兴趣，交谈就变得消极乏味。有的时候，为了更好地处理人际关系，赢得他人的友谊，就要选择对方感兴趣的话题，迁就他人的兴趣。比如，你对国画情有独钟，而对方则爱好足球，对国画一无所知时，最好以足球比赛作为话题，如果你不懂比赛，可以谦虚地向对方请教，相信对方一定会热情地为你讲述。一个话题只有让对方感兴趣，交谈才有可能深入下去。例如记者采访，若能够找到对方感兴趣的话题作为切入点，就比较容易达到预期的目的。

（四）引发陌生人话题的方法

与陌生的人交往，如何打开“话匣子”，引发话题，纵情畅谈呢？这里有几个引发陌生人话题的方法，大家可以参考。

第一，选择中心话题。中心话题即大家都知晓或都关心的话题，围绕这个中心，引出许多的议论，让各方都有话要说，从而将谈话的序幕拉开。

第二，引入即兴话题。即借用彼时、彼地、彼人的某些材料为话题，从而引发交谈。如，当对方穿一件非常时尚的外衣的时候，你可以说：“你的外衣真漂亮，在哪买的？”这样，对方可能就会跟你谈论穿衣话题，从而将谈话进行下去。

第三，投石问路。与陌生人交谈，可以先向对方提一些试探性的问题，在略有了解的情况下，再有目的地交谈，从而使交谈变得轻松自如。如在集体宿

舍生活，一个陌生人来访时，先问明身份，再决定谈话的内容。

二、交谈艺术：细节中把握谈话效果

成功的交谈艺术，不仅是让双方彼此有话可谈，还要让对方产生愉悦感，并能达到自己所想要的谈话效果。这就要注意一些交谈中的细节问题。

（一）提问的礼仪技巧

谈话是一门艺术，提问也要讲究技巧。提问要因时、因地而异，并且要注意提问的方式方法问题。

第一，因人设问。因人设问，即所提问题要符合被问者的年龄、身份、性格特征、文化素养等。被问的人有的热情爽快、有的性格内向、有的大大咧咧、有的审慎多疑、有的傲慢自信、有的狡黠刁钻，性格不同，气质迥异，如果不顾这些特点，随便发问，可能会引发误会、尴尬等不必要的麻烦。

第二，因时设问。因时设问，即所提问题要符合情境。一个人在即兴演讲的时候，旁人最好不要提问，以免打扰演讲者的思路。老师讲课或者听大师讲座的时候，适时提问有助于听说者的互动，提升说者积极性。

第三，要讲究提问的语言模式。一般来说，最佳的提问模式就是陈述句加疑问句。试比较下面两种提问："你能提出这个意见不错，想必也有解决问题的方案了，能否跟我们说一下呢？""你有解决问题的方案了吗？怎么提出这个意见？"显然，第一个问题能够引起对方回答的积极性，而第二个方案则打击了他人的自信心，招人反感。对于如何更好地提问，美国的明尼苏达大学拉尔夫尼科尔博士总结了一套提问技术要点，相信对我们会有所帮助。要点有：忌提明知对方不能或不愿意回答的问题；使用对方能够接受的提问方式提问，不可故作高深、卖弄学识；适当使用幽默语，一开始提问时，不要限定对方的

回答，不要随意扰乱对方的思想；避免提出引发对方“对抗性”选择（要么避而不答，要么拂袖而去）的提问。

（二）插话的礼仪技巧

交谈是沟通思想、表达意愿、传递信息的重要手段。在交谈中，倾听的一方需要跟说话者进行互动，这种互动除了表情、手势、点头之外，还有语言。倾听者根据情境适时地提出问题或者发表自己意见的行为，就是插话。插话得当，可以调剂谈话的氛围，推进谈话的进程，表明自己的专注态度，提高说话者的说话热情。但是如果插话不当，则会取得相反的效果。其实，插话同其他事物一样，有其规律性，也应遵循一些基本的原则和方法。在交谈中需要注意以下基本原则。

第一，灵活把握插话时机。在交谈过程中，首先，要寻找插话的时机。与人交谈时，除了要做一个好听众，还要积极主动地置身于语言交流之中，随时捕捉信息，关注谈话动态，寻找需要插话的时机。其次，要抓住插话时机。与人交谈时，要注重对交谈过程的分析，从言谈中了解对方的性格特点和思想倾向及说话者的目的。随时准备运用恰当的语言来感受和评判表达者的心声，以形成融洽的交流气氛。再次，要迅速组织插话内容，及时就对方观点做出自己的判断，简明扼要地表达赞同、反对或做出补充说明等，让整个谈话过程呈现出互动性和有序性，取得比较好的谈话效果。

第二，巧妙运用插话方式。插话没有固定的格式，针对不同的谈话对象、不同的交谈内容时，可采取灵活的插话方式。

顺水推舟法：一般我们在交谈过程中，首先要仔细聆听他人的谈话，努力弄清楚对方谈话的中心议题以及谈话的目的，然后才能有的放矢、顺水推舟地接上话茬。

见机行事法：插话要见机行事，不要在别人谈性正浓、滔滔不绝时，打断他人的谈话，以免扰乱他人思绪，引人反感，并且此时插话非但得不到对

方正确的回应，达不到插话的目的，还会得罪于他人。插话要静待时机，一般在转换话题时插话比较合适，也可以插在说话者短暂停顿时，但要视具体情况而定。

避其锋芒：谈话时，如果碰到与对方的观点不一致的情况时，不要针锋相对地反驳对方，可以在不直接否定对方的同时，委婉地表达自己的观点。这样不仅会避免不必要的“口水”战争，也会让人因为你的谦恭态度而赢得他人的尊重。多人交谈中，如果碰到意见相左的两种观点，而你赞成其中的一个观点时，不要反驳一方，偏袒一方。

第三，合理选择插话语言。由于插话的方式、场合、对象不同，选择的插话的语言类型也不相同。但总体来说，插话语言应具备自然、灵活、准确、通俗、简明等特点。

自然：即插话的语言要亲切、自然，贴合说话双方的身份、切合时境，呼之欲出、不做作。

简明：即插话时语言要简洁明了，干脆利落，不拖泥带水。要求在具体的谈话过程中，要仔细倾听他人谈话内容，迅速反应、组织插话内容。

准确：由于交谈中可供插话的时间比较短，因而插话的语言一定要准确，一语中的，让对方马上知晓自己的观点。

通俗：交谈中，插话一般都是口头表达，这就要求插话语言的通俗、易于理解。日常生活中的俚语、俗语皆可运用于插话中。

灵活：在准确表达观点、意图时，插话的语言可以灵活多样，不拘一格，以创造一个轻松愉悦的交谈氛围，这也是插话者机智敏捷的表现。

（三）巧妙地说服他人

说服是一门艺术，更是一门技术，它不是雄辩，却更胜于雄辩。交谈中如何说服他人，需要掌握一定的技巧。

第一，用事实说话。事实胜于雄辩。说服的前提是以大量的事实为依据。

说话时，可以列举出双方共同认可的事实，组织共同认可的事实以及社会共同认可的事实。不管事实是以什么样的媒介存在，但它必须是事实，而且是经得起推敲的事实。事实摆在面前，别人想反驳都难。

第二，用道德来评价。当一个事实被表述清楚之后，接下来就要很好地分析、解释、评价这个事实。那么从哪个角度来分析、解释、评价这个事实易于被人接受呢？这里唯一的选择就是道德。从道德角度来评价一个事实，是整个社会公认的标准。那么就要挖掘这些事实背后的道德因素，从而给予恰当的评价。

第三，以情感为纽带。中国有句古话，“动之以情，晓之以理。”晓之以理的前提是动之以情，如果不懂得动之以情，就不存在晓之以理了。所以，感情是说服的唯一纽带，如果不能投入感情，整个说服过程就显得干巴巴的，让人听得很不舒服。所以，说服的过程中，要注意情感的投入。

第四，以公理为标准。公理是众所周知的，颠覆不了的真理。它浅显易懂，便于为他人理解、接受、达成共识，因而就会很快达成说服的目的。因为颠覆不了，所以大家不会做无谓的反驳，不会纠缠不休，不会钻牛角尖，很容易得出共同的判断结论。

另外，说服中常用的技巧还有：不断重复、不断回顾、前后呼应、善于总结等。

（四）学会聆听的礼仪技巧

在人际交往中，我们不仅要学会交谈，还要学会倾听。倾听是一门艺术，反映了一个人的涵养，体现出对他人的尊重与重视。怎样才能掌握倾听的艺术呢？须注意以下几点。

第一，专注有礼。当他人与你交谈时，应该做到专注有礼。眼睛正视对方的眼睛，适时点头或做手势表示赞同或者表示愿意倾听，希望对方继续讲下去，这对说话者是一个鼓励，引发说话者的热情，从而也能让彼此更好地沟

通。一个出色的听者，具有一种强大的感染力，使说话者感觉到自己的重要性。一个出色的听者，一定是专注的。

第二，有所反应。听话者除了要专心静听之外，还要与说话者有恰当的互动，这种互动可以通过表情、手势、点头的方式来进行，依次来表示你对说话内容的兴趣及认真倾听的意愿。如果对方知道你很愿意听他的讲话，那么他便会更加卖力地讲，会更高兴地将谈话进行下去。

第三，有所收获。谈话是传递信息的过程，而听人说话则是接受信息的过程。倾听者在听人谈话时要学会捕捉信息、处理信息、反馈信息，以提高自己接受信息的能力。一个好的倾听者应当善于通过交谈捕捉到自己需要的信息，听者在聆听的空隙时间里，应思索、回味、分析对方的话，从中得到有效的信息。

第四，察言观色，揣摩意图。在人际交往时，很多人不喜欢采用直接的方式来表达自己真正的意愿和真实的想法，因而听话者就要注意察言观色，自己琢磨对方话里的真实含义，揣摩说话者说话过程中微妙的感情变化。

俗话说："说三分，听七分。"西方有句谚语："上帝赐给人一张嘴和两只耳朵，就是为了让你少说多听。"可见聆听在口语交际中的重要性。善于说话的人，同时也应该是一个善于倾听的人。因为只有会听，才能真正会说；只有会听，才能真正了解对方，促成有效的交流。

（五）交谈的十个禁忌

与人交谈时，要想树立好自己的形象，拓展人脉，赢得好人缘，除了要掌握一些必要的交谈技巧之外，也应注意交谈中的禁忌，避免犯错。

第一，忌居高临下。无论你的身份、地位有多高，学识有多渊博，专业技能多么强，都应该放下架子，平等地与人交谈，切不可有"高高在上"的感觉。身居高位，依然谦恭待人，更能赢得他人的敬重。

第二，忌自我炫耀。与人交谈时，不要一味自夸，炫耀自己的长处及取得

的成绩，更不要或明或暗、拐弯抹角地为自己吹嘘，以免使人反感。

第三，忌心不在焉。与人交谈时不要心不在焉，左顾右盼，尤其在听人说话之时。态度要端正，思想要集中，神情要专注。如果神情木然、无动于衷，让人觉得扫兴。

第四，忌口若悬河。说话时不要口若悬河，特别是当他人对自己的谈话内容不甚理解或是不感兴趣时，不要不顾别人的情绪，说个不停。

第五，忌用不良动作。指指点点、挤眉弄眼、挖鼻掏耳等行为，给人以轻浮或缺乏教养的印象，应该避免。

第六，忌挖苦嘲弄。与人交谈时，尽量不要采用挖苦嘲弄的语言，尤其在人多的场合。这会让人觉得你涵养不够，格调不高。

第七，忌言不由衷。当谈话的意见不一致时，不要言不由衷地附和他人，也不要胡乱赞美、恭维别人，否则别人会觉得你不真诚。

第八，忌故弄玄虚。对于习以为常或是他人急于了解的事情不要故弄玄虚，让人捉摸不透，那是很让人反感的。

第九，忌冷暖不均。当几个人一起交谈时，不要只跟一部分人交流，而忽视另一部分人。更不要按他人的身份、地位来区别对待。不公平的交谈是不会令人愉快的。

第十，忌短话长谈。几句话就能表述清楚的事情，不要长篇大论，更不要没事挖掘鸡毛蒜皮的小事海侃，浪费大家的宝贵时间。

三、说话方式：把话说得让人爱听

说话是一门艺术，好的说话方式应该是能够让对方愉悦、让对方喜欢的。那么如何说话能够让他人更喜欢呢?

（一）练就优雅的谈吐

语言是社会交际的工具，是人们表达意愿、思想感情的媒介和符号，也是一个人道德情操、文化素养的反映。在与他人交谈时，如果能做到言之有礼，谈吐文雅，就会给人留下良好的印象；相反，如果满嘴脏话，甚至恶语伤人，就会令人反感讨厌。言之有礼，谈吐文雅，主要有以下几层含义。

第一，要注意说话态度。说话本身就是向他人传达感情思想的过程，因而说话时你的神态、表情等都要运用得当。表情、神态反映一个人的态度，态度诚恳、亲切，才能取得他人的信任，也能使交谈在友好、和谐的氛围下进行。

第二，要注意用语。用语能够体现一个人的文化修养，反映一个人的品位、格调。说话时，如果用词文雅，则会给人一种有文化、有水平、有深度的感觉；反之，如果用词庸俗甚至满嘴脏话，则会给人一种缺乏涵养、趣味低级的感觉。另外文雅的用词，也是尊重他人的表现，反映一个人的道德水平。

第三，要注意声音、语调。说话时，声音要大小适度，以对方听清楚为准，切忌大声说话；语调要平和、沉稳，切忌浮躁。无论是普通话、方言还是外语，都要咬字清楚，音量适度。这就需要我们平时多加学习，加强修养。

（二）善用赞美的语言

如何巧妙地使用赞美，让他人更加喜欢你？这里有几点建议。

第一，赞美他人时，态度要真诚。赞美他人时，态度一定要真诚，不妨在说话时加上发自内心的微笑，还要注意说话时的语调，让别人听出你是在发自内心地赞美他，而不是假意敷衍。另外，要真实地表达你的赞美，拍马屁不是赞美，如果你经常说些违心的话，当你严肃时，别人也很难再相信你了。

第二，赞美他人时，要赞美事实而不是人。赞美他人时，要将赞美的焦点放在别人所做的事情上，而不是他人本身，这样他人会更容易接受你的赞美，而不会引起尴尬。例如，“你真有能力！”“这件事办得漂亮！”显然后者更

实在，更易于被他人接受。

第三，赞美要具体。当你的赞美对象越具体时，你的赞美越有力量；赞美的对象越空泛，赞美的力量就越薄弱。例如，“他写的字很好。”“他这幅字写得真好。”后者显然比前者更好。

第四，将赞美他人当做一种习惯。当你赞美他人的时候，不仅会让他人快乐，也能赢得他人的好感，自己也会更加快乐。另外，如果你经常留意身边美好的事物，留意那些可以让人赞美的人和事，也会增强你的积极心态，自己也会越来越快乐。所以说，赞美别人是处理好人际关系的技巧，更是一个使我们快乐的习惯。

（三）学会说“客套话”

客套话里是指在交际场合中用于应酬、表示客气的话。中国有句古话，叫做“礼多人不怪”，说话时常用客套话，体现一个人的文化修养，及对他人的尊重。常用的客套话有：

请人原谅说“包涵”；请人收礼说“笑纳”；

表示歉意说“不安”；不能相陪说“少陪”；

招待不周说“怠慢”；礼貌不周说“少礼”；

晚上道别说“晚安”；仰慕已久说“久仰”；

请人相见说“有请”；好久不见说“久违”；

请求接受说“赏脸”；受到指教说“叨教”；

请人帮忙说“偏劳”；受到款待说“叨扰”；

辞谢馈赠说“心领”；因事不陪说“失陪”；

请人做事说“劳驾”；祝贺人家说“恭喜”；

回答问候说“托福”；对人有愧说“对不起”；

得人好处说“叨光”；要人不送说“留步”；

征求意见说“不吝”；谢人代劳说“难为”；

过失很重说“死罪”；记人不清说“眼拙”；

请人不计较说“恕”；说人长胖说“发福”；

与人较艺说“领教”；答谢恭维讲“好说”；

向人发问说“动问”；向人询问说“借光”；

请人批评说“指正”；领受情谊说“承情”；

耗费精神说“费神”；耗费心思说“费心”；

请人指瑕说“指教”；责己不周说“失敬”；

让人花钱说“破费”；未能迎接说“失迎”；

请人任职说“屈就”；委屈他人说“屈尊”；

受人教益说“见教”；请人赴约说“赏光”；

得到关照说“承蒙”；别人谦让说“承让”。

四、日常说话：养成良好的说话习惯

日常生活中我们也要注意说话时的礼仪，从身边开始，从小事做起，养成良好的说话习惯，日积月累，整个人的格调就慢慢提升了。

（一）主动并且巧妙地安慰他人

说话是一门艺术，如何安慰他人，更是一门技术。如何在他人心情低落、处于低潮时安慰他人，并取得预期的效果，需要注意一定的方式、方法。下面有几种方法供参考。

第一，感同身受、设身处地。当我们试图安慰他人的时候，他人也会感觉到我们内心真实的想法和感受，尤其是当我们在面对面地安慰他人的时候。安慰的效果如何，跟我们内心的真实状态有关系，当我们能够感同身受地体会他人的心情，也就更容易恰当地表达我们的安慰。例如，当你的朋友失恋了，你

可以说："我能理解你的感受，我失恋的时候也很痛苦，但是……"

第二，长期守候，不厌其烦。当一个人情绪低落时，必定是他现有的状态被打乱，或是预期的目标没有完成。这是一个长期而持续的过程，很难有人能够迅速适应，人们需要时间去调整、去检讨、去反思，此时，人们的思维是混乱的，感觉是孤独无助的。如果这时有一个人能够长期地守候在他的身边，不厌其烦地给予安慰，效果可能不错。

第三，挺身而出。当别人情绪低落，而自己很想帮助，却不知道该说什么话才能让对方的心情好起来时，可以老实地说："我虽然不能体会你的感觉，也不知道该怎么帮你，但是我真的很关心你。"虽然这种表达方式显得有点傻气，但是能够让别人感受到你的关心，对他人也是一种安慰。

（二）要善于表达感谢

仅仅在自己心里感激、赞赏别人是远远不够的，应把你的这种感激、赞赏的感情向值得你感激的人表达出来。如果你得到他人的帮助时，能够适时、恰当地向对方传达你的感激之情，那么，下次对方会更加乐于给你帮助；如果你不能恰当地表达自己的感激之情，那么，以后对方会不情愿再给予你帮助，你得到的帮助也会越来越少。当受惠于人时，感谢别人不仅要适时，还要注意技巧。

第一，真诚的态度。当你向他人致谢时，态度一定要真诚。态度真诚，别人能够感觉到你真心实意的感激，以后还会真心实意地回报你；态度不真诚，别人也能够感觉到，会感觉自己的帮助不被看重，以后就不会尽力帮助你了。

第二，表达要自然、清晰。向人致谢时不要含糊其辞、吞吞吐吐，那会让人觉得你的感激不真诚。致谢时，要吐字清晰、干脆响亮，让别人听出你高兴、快乐的心情。

第三，致谢时要说出对方的名字。致谢时，是否附带说出对方的姓名，效果是完全不同的。如"谢谢您的帮助。""张先生，谢谢您的帮助。"前者感

谢的力度明显比后者轻，后者显得更加郑重其事一些。

（三）用幽默语言为自己加分

幽默是社会与文化发展自然形成的一门艺术，是出于智慧与文化修养而造成的巧妙语言方式，并暗藏超脱的人生观。说话时，如何巧妙地使用幽默，为你的形象加分呢？有以下几点需要注意。

第一，说话幽默要善用修辞。会幽默的人，必善于修辞。同样的一件事情，用不同的语言表达出来，会有不同的效果，如，“我今天摔了一跤”和“我今天跟大地来了一次亲密接触”显然后者比前者的表达效果幽默得多。

第二，说话幽默要表达真诚。说话幽默，还要表达自己的真诚，没有人会对没有事实根据的事情感兴趣，那么幽默就失去了它应有的作用。

第三，说话幽默要贴近生活。生活是大家都关注的事情，更能引发他人的共鸣和兴趣，贴近生活的幽默，会给人一种亲切感，在让人感同身受的同时，幽默便发挥了他的作用。

第四，说话幽默要敢于自嘲。如果将自己作为幽默的对象，时不时自我嘲笑一番，会让人觉得你为人谦虚、平易近人，也表明了一种乐观积极的生活态度，给自己的形象加分。

第五，说话幽默要注意场合。酒桌上可以显示出一个人的才华、常识、修养和交际风度，有时一句诙谐幽默的语言，会给客人留下很深的印象，使人无形中对你产生好感，而在严肃的追悼会上开玩笑，则会让人觉得不尊重、不重视他人，没有同情心，让人反感。所以，一定要注意场合，要看看是否适合使用幽默的语言。

（四）掌握不尴尬的拒绝方式

拒绝，就是不接受。在语言方面来说，拒绝既可能是不接受他人的建议、意见或批评，也可能是不接受他人的恩惠或赠予的礼品。从本质上讲，拒绝亦即对他人意愿或行为的间接性否定。在人际交往当中，拒绝是经常会遇到的一种情况。拒绝不当会伤及他人的面子，破坏人际关系。学习并正确地运用拒绝的表达技巧，是人际交往中必须掌握的一门课程。从说话礼仪来说，拒绝有以下几个语言技巧。

第一，直接拒绝。直接拒绝就是当场表明自己的态度，将自己的拒绝之意清楚地表达出来。采用这种方式拒绝他人时，要特别注意，态度不能够过于强硬，说话用词不要太难听，并且尽量使用委婉的语气。一般在直接表明拒绝时，要首先表达自己的歉意或谢意，说明缘由，然后再拒绝。例如，在商务活动中，如果他人向你赠送礼金，但公司规定不允许时，可以委婉地说："非常感谢您的美意，但我们公司规定，员工在商务活动中不能接受他人馈赠。对不起了，您的美意我心领了。"这样，既不至于损害他人的面子，又明确地表明了自己的观点。

第二，婉言拒绝。婉言拒绝就是采用曲折的语言，温和地表达拒绝之意。它在更大程度上，保全了被拒对方的面子，更易于被他人接受。例如，当一个自己不喜欢的人向自己表明爱意时，可以这样说："很荣幸能够被你喜欢，你是一个很不错的人，但我目前不想谈感情，好好工作几年，以后的事情，以后再说。谢谢你的抬爱。"

第三，沉默拒绝。谈话中遇到自己难以回答的问题，或者自己不愿意回答的问题时，可以采用沉默的方式来应对，暂时中止你的谈话。这种无声的拒绝有时候有一种极强的威慑力，使得提问一方不得在这个问题继续纠缠，但是注意方式，如果运用不当，是很伤人的。

第四，回避拒绝。回避拒绝就是避实就虚、转移话题、顾左右而言他等，对于对方的请求或者提问，既不肯定，也不直接否决，只将此事暂时搁置，转而谈论其他的事情。遇上他人过分的要求或难答的问题时，可以试试这种拒绝的方法。

无论是何种拒绝方式，都要注意拒绝他人时要做到：态度诚恳、不要伤害

他人的自尊心、给对方留一条退路等，以赢得他人的尊重和理解。

（五）道歉的语言技巧

每个人都会犯错，犯了错之后，就要努力改正。人际交往当中，如果自己的言行有失礼之处，及时向对方道歉是一个比较明智的方法。

首先，我们要知道道歉应该包含哪些内容。

第一，表达歉意。道歉，就是要他人道出自己的歉意。所以，道歉的内容就是要表达出自己的歉意。当你伤害了别人时，可以说："对不起，我不是故意的。"当你拒绝他人时，你可以说："对不起，谢谢你的好意。"总之，要让他人感受到你的歉意。

第二，承认过错。当我们由于自己的言行而伤害了别人时，要勇于承认自己的错误。一句"对不起，我错了"并不是那么难以讲出口。有时候，我们如果彼此都有错，当一个人先开口承认错误的时候，另一方也会主动承认错误，双方冰释前嫌，皆大欢喜。当你向别人承认错误的时候，别人可能已经原谅了你，所以，要勇于说"对不起，我错了。"

第三，弥补过失。任何的过错其实都需要付出一定的代价，所以人们应该为自己的过错做出补偿。当你伤害了他人时，除了说："对不起，我错了。"后可以加上一句"我可以做些什么来补偿你吗？"

第四，真诚悔改。受害一方不仅希望听你说"我错了"更希望你以后不要那样做了。因而道歉时一定要说"我下次不会再犯了""我会努力不让此类事情发生"等。

第五，请求宽恕。道歉时，请求对方宽恕，已经向对方表明了道歉的诚意，更容易赢得对方的谅解，从而能够很快修复彼此的关系。所以，在说"对不起""我错了""以后不会再犯同样的错误"时，还要说"望您谅解""请求你的原谅"等语句。

其次，道歉要注意一些语言技巧。

第一，道歉时，用语要文明规范。当你对他人有愧时，可以说“非常惭愧”“深感抱歉”等，渴望他人原谅时说“多多包涵”“请您海涵”等。

第二，道歉时，用词应当直接大方。道歉并不是一种耻辱，故而要彻底直接，大大方方的。不要遮遮掩掩，那会让人觉得你的道歉并非发自内心。不要过分贬低自己，那会让人看不起。

五、说话场合：不同场合恰当的表达方式

不同的场合，说不同的话，讲究不同的说话方式，这是说话时的一种基本常识。那么，在不同的场合说话，要注意哪些说话的技巧呢？

（一）主持会议的说话技巧

主持人是大会的核心人物，他要组织群众、调整会场氛围、控制大会进程等。因而说话时要讲究技巧。大会主持人的说话技巧一般有以下几个方面。

第一，设计出色的开场白。一个好的开场白通常包括以下两个任务：首先要引发与会者的共鸣；其次，要打开场面，正式入题。这就要求大会主持人应根据演讲人讲话的内容、特点、会议要求、听众情绪、会场情况等，灵活地设计开场白。

第二，采用巧妙的连接词。好的连接词就像一条线一样，将整个会议的内容完整地串联起来。连接词还应注意用词，幽默的用词会让人在笑声中消除疲劳；富于文采的连接词，会让人听着如沐春风，非常享受。好的连接词还应在解说中使他人得到收益，获得启发。连接词还要起到承上启下的作用，既要对上面的发言画龙点睛，又要巧妙地引出话题，渲染气氛。

设计连接词时，有两点需要注意：首先，要了解情况，巧妙安排。比如，要弄清楚所有发言者的情况、特点、发言内容，精巧地安排各个发言者的顺

序，将整个大会组织成一个有机的整体，使得层次清楚、中心明确、重点突出。其次，要随机应变，灵活串联。要根据会场情况的变化，临场发挥，选择合适的连接词语，比如，根据某一个发言者一句精辟的话或者前后发言者题目、内容的某些联系，巧妙生发出连接词。再次，所用词汇要丰富多变，出口成章。主持人平时多读、多听、多记，积累文学语言和群众词汇，到时自能信手拈来，恰到好处。

第三，发表新颖的结束语。大会结束后，主持人的结束语也应新颖别致，而富于概括性。

（二）工作汇报的语言技巧

在对上级汇报自己工作成绩时，除了实事求是之外，还要注意一些语言方面的技巧，主要有以下几个方面。

第一，控制语气、语调。控制语气、语调，就是指在说话时，要控制自己的口气和腔调。在语气上，谦虚沉稳；在语调上，介绍者最好少用高亢、激昂的语调，不要抑扬顿挫、富于表情。介绍者的语调，以轻松而又平和为宜，给人一种自然、谦逊的感觉。

第二，提供的信息要适量。即该说的话就要把它充分地说出来，不该说的话尽量不要说。介绍者要根据要求来进行介绍。如教师晋级时介绍情况，可谈政治思想、教学工作量、工作态度、教学效果、科研成果等情况，而且每一项都应该进行充分的介绍，不可偏废。而关于中国教育制度的问题，虽然也跟教学有关，但不是晋级时应该讨论的话题，说话时，不必提及。

第三，掌握好时间。说话者在介绍自己的工作情况时，要把握好时间。不管有没有要求，介绍者自己都要有个时间观念，不要将时间拖得过长，以免浪费大家的时间，或者让人误会你是在借机表现自己，引发反感。另外，要事先对自己的说话内容进行精心的准备，对语言逻辑乃至词语进行反复推敲，做到条理清晰，重点突出，语言简洁明了，防止面面俱到。

第四，巧妙运用谦辞。谦虚是一种美德，也是对他人的一种尊重，在介绍自我的工作情况时，尤其需要使用谦辞。当然，谦辞也不要过多，两三句即可。

（三）开玩笑的分寸拿捏

开玩笑本来是一件令大家高兴的事，但是要注意技巧，把握分寸。开玩笑要分人、分时、分场合，还要掌握好开玩笑时的用词、语气、语调、表情等。总之，玩笑不可随便开，要掌握一定的技巧。

第一，开玩笑时用词要文明礼貌。粗俗，甚至带有侮辱性的词语要避免使用，免得引人不快，引起不必要的麻烦，也可能会让人怀疑你的人品及文化修养。

第二，开玩笑要看对象。每个人的性格不同，不是每个人都能接受别人的“开涮”，而且每个人对于玩笑尺度的接受程度也不相同。一般女士对玩笑的接受程度比男士低，所以跟女士开玩笑时，要适可而止。

第三，开玩笑要注意场合时机。在图书馆、医院、博物馆等需要保持严肃安静的场合，不要开玩笑，在追悼会等悲伤的场合更不宜开玩笑。开玩笑最好选择在对方心情好的时候，开玩笑可以调节气氛，如果对方正因某件事而生气苦恼，则某些触动他人痛处的玩笑不要开。

第四，开玩笑要注意内容。开玩笑要建立在对他人尊重的基础上，不要将别人的缺陷或者对方忌讳的事情拿来开玩笑。玩笑的内容要健康，情调高雅，风趣幽默。

（四）访友拜客时询问的技巧

询问是人际交往中相互学习、交流信息和感情的重要方法。这里谈一下关于访友拜客时应掌握的技巧，一般有以下几方面内容。

第一，从小问题入手。访友待客的交谈一般都是临时性的交谈，事先大多没有什么准备。所以问问题的时候，以小问题为宜，不要涉及较大的话题，以

免让人答不上话来，引发尴尬。

第二，从熟悉的问题入手。任何人都不可能精通百科，知晓各业，应该问对方熟知的某一领域或某一专题的问题，择其所长，进行交谈，一定会使对方谈兴大发。

第三，从最近发生的事情入手。多问对方的近况和新近发生的事情，对那些久远的或难以估量的问题少问，这样更有利于交谈的顺畅进行。

（五）谈判时的说话技巧

谈判是公务场合必不可少的一个活动，那么谈判时，要注意那些说话的技巧呢？

第一，制订灵活的谈判策略。谈判时制订的策略一定要灵活，谈判的内容要有弹性，不要死咬住一点不放，以便在看清楚情势时，灵活提出有创见的新方案。策略对头，技巧才能够充分发挥作用。采用先发制人或是后发制人的战术，采用速战速决还是迂回战术，都要视具体环境而定。

第二，投石问路。谈判时，为了能够获得对方的情报，可以主动抛出一些带有挑衅性的话题，刺激对方表态，然后再根据对方的反应，判断其虚实。

第三，绕圈子搞清对方的情况。有些情况对方不会直接告诉自己，这时就要通过绕圈子，巧妙探得对方的底牌。

第四，避免言行不一。言行不一，会失去对方的信任，当对方不信任你时，你们的谈判就无法再进行下去，所以谈判时要做到言行一致。另外，不做夸张动作，或露齿强笑，使人有矫揉造作、虚假的感觉。

第五，注意倾听。认真倾听对方的话，仔细分析对方话中的潜台词跟真实意图，然后再针对性地提出你们的方案或要求。谈判时，避免打断谈判对方的谈话，或同他们唱反调，使得谈判陷入僵局。

第六，用词准确。谈判是一项非常严谨的活动，因而要注意用词，特别是在庄重的外交谈判上，一句话不当，都有可能使对方乘虚而入，使自己处于不

利的位置。

（六）寒暄的技巧

寒暄是人际交往中的一种手段，是沟通彼此之间感情、创造良好和谐氛围的一种应酬语言。与人见面时，先说几句寒暄的话，会拉近彼此之间的距离，增进彼此之间的感情。寒暄时，要体现出坦率、真诚、热情的态度，不要刻意恭维或冷淡。说话时要做到委婉而恰到好处，言语不宜过多。熟人之间，应注意长幼之分、男女之别，以及各自熟识的程度。如果同长辈相遇，应表示谦恭；见到同辈可以随便些，但不能让人感到虚伪；碰到晚辈可以等晚辈先说话，并应言而答；与相熟的同志朋友相见，应主动先说话，以体现出尊重和热情；与同志寒暄，应该庄重而不呆板，热情而不轻佻。

（七）应酬中的说话技巧

应酬是人际交往中非常重要的一环，那么应酬语言有哪些技巧呢？

第一，以社会热门、焦点话题入手。应酬交际的时候，谈话的内容非常宽泛，没有什么固定的话题。话题无所谓好坏，关键要根据对方的情况，因时、因地恰当选择。一般，大家可以选择社会上人们比较熟悉的热门话题或者大家比较关注的焦点话题，来作为交谈的开始。时令、气候、环境及时事新闻，是人们比较熟悉的客观事实，由此引出话题比较自然、贴切，引起对方的交谈兴趣，还可从中发现对方的一些独特见解，增长知识。

第二，从对方的兴趣爱好入手。对方感兴趣的事情，一般是对方比较精通的事情，也是对方乐于与人谈论的事情。应酬时，可以从对方的兴趣爱好入手，将话题打开，适当地掺入自己的见解，使得对方与自己产生感情上的共鸣，无疑会使对方对你产生信任与好感。

第三，以对方的职业及发展方向为话题。人人都关心自己的前途，那么每个人的职业及发展都是最易触动对方神经的敏感话题。以此作为切入点，将会引发对方无数的遐想，如果你与他谈论这个话题，对方便会视你为同盟，十分

乐意你交流意见。

第四，用疑问表示关切与问候。要根据对方的实际情况与特定的环境场合来嘘寒问暖，表示关切与问候。如“最近工作怎么样？”“家里都还好吗？”等，这些带有疑问的问候都能使人倍感亲切。

第五，用肯定语言夸赞对方。每个人都希望得到他人的认可，适度的赞美会让人如沐春风，使得谈话的氛围变得和谐友好。应酬中，我们应该多用肯定的语言来夸赞对方，满足对方期望得到肯定与承认的心理需求。如“你工作能力很强！”“你长得好漂亮！”等，会让人心里美滋滋的。

在应酬中主动、诚恳、热情、友好地与人交谈，让自己在各种应酬场合游刃有余。

（八）借东西时的说话技巧

生活中难免会有缺东少西的时候，需要向他人求助。那么，借东西的时候需要注意哪些说话技巧呢？

第一，要用商量的语气。向别人借东西时，说话语气一定不要太硬，而要用商量的语气，这样才能让对方知晓你有求于他并且尊重他，对方才会乐意帮助你。

第二，要说明归还时间。向别人借东西时，一定要说明归还时间，并且要准时归还给人家。比如，你向同学借笔记，可以说：“可以借你的笔记用一下吗？我明天就还你。”这样，人家就会心里有数，才会放心地借给你。

第三，说话要诚实。当你向别人借东西的时候，说话要诚实，不要编假话骗人。否则到时候谎言被揭穿了，人家会把你看成不守信用的人，下次再借就难了。另外借东西时不要随便改嘴，开头说“明天归还”，别人答应之后又说“过几天还”，这会让人很反感。

第四，借不到时，不要说气话。向人借东西，不会每次都能如愿，如果别人不借给你，也要保持风度，不可说气话甚至恶语伤人，可以适当安慰：“没

关系，我看看其他人有没有。”这样不仅化解尴尬，给他人台阶，也给自己台阶下。

（九）新老邻居之间的说话技巧

新老邻居的第一次交谈很重要，双方会在第一次交谈中形成对彼此的印象。良好的第一印象会给日后的交往创造有利的条件，而不良印象，则会给日后的交往蒙上阴影。那么新老邻居在相互认识、搭讪时的方法有哪些呢?

第一，寒暄式。当新邻居搬来时，彼此都不认识，老住户可以说：“您是新搬来的吧？”新住户可以说：“我们是新搬来的，以后请多多关照。”这样主动的打招呼会使人倍感亲切，感情的纽带便开始建立了。

第二，介绍式。新老住户间一般没有第三者作介绍，双方可自我介绍，说说姓名、工作单位、住几楼几室等。要简单，明白爽朗。这样，就便于称呼和交往了。

第三，讨教式。新住户可主动讨教，问问孩子入托，买菜打油、道路交通等问题，请老住户参谋指导。“讨教”、“请您帮助”、“请您指导”等言辞，激发对方自尊心，使对方产生好感。

第四，探询式。“您在这儿住了多少年了？”“您高寿？”等这样的探询能使双方较快地熟悉并融洽起来。但是要注意方式，不要连珠炮似的咄咄追问。彼此陌生的两个人，双方在心理上都有距离，这类问题问多了会使双方交谈陷于尴尬局面，也会引起他人厌烦。

（十）孩子间吵架、打架后家长的说话技巧

当自己的孩子与别人的孩子吵架、打架后，家长在说话时一般应分三步进行：

第一，表示自责。当自己的孩子与他人吵架时，不要偏袒自己的孩子，在对方家长的面前，要表示自己的歉意，批评自己的孩子。

第二，慰问。即安慰邻家的孩子，向家长致歉。

第三，给予必要补偿。如果孩子在吵架时，伤害了对方孩子，要及时予以补偿。补偿有物质补偿和情感补偿等，物质补偿即付给相应的赔偿金；情感补偿就是要向对方孩子道歉或者说一些温暖的话来安慰对方孩子。

（十一）劝架的说话技巧

劝架如果劝得好，可以化解矛盾、平息战火，如果劝得不好，不仅不能缓和矛盾，甚至可能会引火烧身。劝架时，要掌握技巧，注意以下几点：

第一，要了解情况。劝架之前，首先要了解情况，将双方矛盾的根源搞清楚，然后有针对性地劝解，力求把话讲到当事人的心坎上。盲目劝架，讲不到点子上，非但无效，有时还会引起当事人的反感。

第二，要分清主次。矛盾有主次之分，要找出争吵双方的主要矛盾，来尽力劝解，吵架时不要平均用力，否则会削弱说话的力量，让人觉得没说到点子上。对措辞激烈、吵得过分的一方要重点做工作。这样做就比较容易平息纠纷。

第三，要批评婉转。劝架时，要态度温和、语气委婉、措辞恰当。好言相劝，更能使被劝者乐于接受你的劝告。当然，在某些特殊情况下，如吵架双方矛盾白炽化，甚至拿刀使棍动起武来，就须高声断喝，使当事人清楚事态发展的严重性，阻止他下手。

第四，要风趣幽默。吵架时，气氛紧张，双方都剑拔弩张。这时，用一两句风趣幽默的话，就像一剂润滑剂，可以“降温”、“放松”，缓和紧张气氛，使吵架人想发火也发不起来。

第五，要客观公正。劝架时要分清是非，客观公正，才能让人心服口服，达到劝架的效果。劝架时，分析要中肯，批评要合理，劝说要适当。不能无原则地“和稀泥”，更不能笼统地对双方都批评，要实事求是，恰如其分，既分清是非，又团结一致，端平一碗水。

（十二）吊唁的说话技巧

参加追悼会，进行吊唁时，要注意一下方式。

第一，使用委婉语。追悼时，要使用委婉词语，如用“逝世”、“仙逝”、“去世”、“走了”等代替“死”字；用“遗体”代替“尸体”；用“后事”代替“丧事”；用“临终前”代替“临死前”等，这些委婉用语要了解并记住。

第二，语调亲切、语气和婉。说话时，不能粗声粗气，大声嚷嚷，而要轻言细语，温和关切。

第三，要注意仪态。吊唁时，态度要严肃庄重，感情诚恳真挚。对死者要充满哀悼，对死者家属要满怀同情。服饰要素净、庄重，跟追悼仪式严肃的氛围和丧家悲痛的情绪相适应，否则会有失礼节，引起反感。交谈时间的长短应视情况而定，如吊丧者络绎不绝，说话就要简短，及时告辞；如丧家很冷清，不宜匆匆告别，而应适当多谈一会儿，以示安慰。

第四章　餐饮礼仪：吃饭是门艺术，切莫见食忘礼

中国人喜欢享用中餐，现在越来越多的外国人也喜欢享用中餐。中餐菜肴品类丰富，样式精美，口感多样，味美营养，成为各种酒宴的首选。然而在正式场合当中，中餐宴请有颇多讲究，无论是席位安排、点菜顺序、餐具使用以及用餐时的着装跟语言都包含着诸多的礼仪规矩在其中。所以，要想成功举办一场宴请活动，或者想在这种宴请中游刃有余，就要熟悉这些礼仪规矩，做一个合格的东道主或者宾上客。

一、宴请门道：宴请礼仪和宴请对象的饮食特点

“青菜萝卜，各有所爱”。在请客之前必须弄清客人的饮食习惯和饮食特点，才能做到有的放矢。宴请对象的身份、职位有别，品位也有高低之分。宴请是一副调节人际关系的良药，但是，假如对象有别，需要选择的应对策略却大不相同。

（一）不同人群的饮食差别

1. 男性饮食区别

不同的性别会产生不同的饮食消费心理及行为，这些是由两性饮食消费者在记忆、思维、情绪、个性等心理方面存在的差异决定的。比如，在点菜行

为上，男性一般较粗略迅速，对食物的奇特性、古怪性往往要求较高，而且男性一般都有个人的某个特殊嗜好。女性点菜时往往选择多，挑选细，反复咨询，占用时间长，具有较强的求全心理。在饭量上，男性比女性顾客的食量大，胃口佳。在口味上，男性一般喜欢富含脂肪、蛋白质及碳水化合物的食物；女性则一般喜欢清淡不油腻的菜，素食蔬果尤佳。在需求上，男性顾客重“量”，女性顾客重“质”，对环境较为敏感，重视服务细节。

2. 老幼饮食区别

不同年龄的人，在赴宴时的欲望和心理方面有着明显的差异。一般来说，年纪较长者，讲究食物的营养卫生，能节制不良的饮食习惯，特别强调养生之道；而青年人易挑食、暴饮暴食，全凭个人喜好，常无节制地吃喝。

（1）少年儿童的饮食特点：低龄儿童对食物的注意和兴趣一般来自于食物的外观因素影响，如食物的图案、包装、色彩、造型等。另一方面，少年儿童对食物的认识带有很大的模糊性，他们往往以“好看”“我要”、感兴趣等情绪因素为主，凭直观、直觉、直感来决定饮食消费。随着年龄的增长，尤其进入初中以后，开始对食物的品牌、知名度、风味和流行情况等表现出关心和兴趣，至此少年儿童对食物认识的直观性、模糊性开始下降。

（2）青年人的饮食特点：青年是人生中从少年向中年过渡的阶段。一般来讲，青年通常是指18～35岁的人，处于这一时期的人往往是新食物、新的饮食消费行为的追求者、尝试者和推广者。在饮食消费时的表现是反应灵敏、决定果断，在认为合意、值得的心理支配下，感情的作用超过计划的预算，特别是在一些新潮、时尚、紧俏等食物的购买上，冲动性购买多于计划性消费更为明显。

（3）中年人的饮食特点：在我国，中年饮食消费者一般指年龄在35～55岁的人。中年人注意食物的实用性，不像青年人那样更多地追求食物时尚，而是对食物的实用性及价格给予更多的关注，表现出计划性强，具有较强的求实心理和节俭心理。

中年人在外用餐时，要控制自己的饮酒量，尤其是已经有高血压的人；不吃或尽量少吃脂肪含量高的食品，如：动物内脏，蟹黄，蛋黄，肥肉及煎炸和甜点奶油食品；多吃蔬菜、水果，维生素、矿物质和微量元素有利于新陈代谢，调节人体内的平衡状态，同时钾有助于血压控制，水果和蔬菜还可以饱腹，有利于控制高热量的鱼肉进食量；吃适量的鱼和瘦肉。

（4）老年人的饮食特点：老年人一般指男60岁以上、女55岁以上的人。他们要求吃松软易消化、富有营养的食物，他们最为关心的是延年益寿、身体健康和晚年生活丰富。由于感知能力的衰退和体力不足，在饮食活动中希望得到更多的关怀和照顾。请老年人吃饭最好选老字号饭店，点传统的名菜、名点和名酒，以满足老年人的饮食惯性心理的需要，同时也能唤起一些人对过去岁月的回忆，使其感到亲切、自然。

（二）不同地区的饮食特点

1. 华东地区的饮食特点

华东地区位于我国东南部，主要包括上海市、浙江省、江苏省、安徽省、江西省、福建省、台湾地区等。以大米为主食，偶食面粉，杂粮很少，擅长炊制糕、团，其中宁波汤圆（元宵）颇具特色。一日三餐，有荤有素，干稀调配。口味大多清淡，略带微甜，一般少吃或不吃辣椒、大葱、生蒜和老醋；有生食、冷食之古风，炝虾、醉蟹、生鱼片都受欢迎。家庭饭菜丰俭视经济状况而定，一般是菜、汤、主食结合的格局，饭碗小而菜盘大，餐具精致。

2. 华南地区的饮食特点

华南地区主要包括广东、广西、海南及港澳地区。该地区居民几乎不忌嘴，食性普遍偏杂。在膳食结构中，每天必食新鲜蔬菜；水产品所占比重较高，尤为喜爱淡水鱼品和生猛海鲜；饮食开支大，烹调审美能力亦强。由于早起晚睡、午眠和生活节奏紧张，不少人有喝早茶与吃夜宵的习惯，一日三至五次。这一带“吃”具有比较丰富的社会意义，是人们调剂生活、社会交际的重

要媒介。它不仅体现人与人之间的情感，有时还是身份、地位、财富的象征，故尚食之风甲于全国。

3. 华北地区的饮食特点

华北地区位于我国的中北部，包括北京市、天津市、河北省、山东省、山西省、内蒙古自治区。民风俭朴，饮食不尚奢华，讲求实惠。多数地区一日三餐，以面食为主，小麦与杂粮间吃，偶有稻米；馒头、面条、玉米粥、烙饼、素饺子、窝窝头，是其常餐。

4. 华中地区的饮食特点

华中地区位于我国中部偏南主要包括湖南省、湖北省、河南省，主食多为大米，部分山区兼食番薯、木薯、蕉芋、土豆、玉米、小麦、高粱等。鄂、湘的小吃均以精巧多变取胜；壮、苗、黎、瑶、土家等族，善于制作粉丝、糌粑和竹筒饭，京族习惯用鱼汁调羹。

5. 西南地区的饮食特点

西南地区位于我国西南边陲，主要包括四川省、重庆市、贵州省、云南省、西藏自治区。主食大米和糯米，兼食小麦、玉米、红薯、蚕豆、青稞、荞麦、大豆、红稗和高粱。米制品小吃很有名气，米线鲜香，糌粑特异，糌粑、粽粑、荷叶包饭都用于待客。普遍嗜辣，大多喜酸；肴馔具有平民的饮食文化色彩，价廉物美，“杂烩席”“火锅席”风靡南北。

6. 西北地区的饮食特点

西北地区位于我国西北边陲，包括甘肃省、陕西省、新疆维吾尔自治区、宁夏回族自治区以及青海省。与其他大区相比，西北一带的食风显得古朴、粗犷、自然、厚实，主食是玉米和小麦并重，也吃其他杂粮，小米饭香甜，油茶与莜麦等。家常食馔多为汤面辅以蒸馍、烙饼或是芋豆小吃，粗粮精做，花样繁多。在饮食风味上，这里的肉食以羊、鸡为重，间有山珍野菌，而淡水鱼和海鲜甚少，果蔬菜品亦不多。

7. 东北地区的饮食特点

东北地区位于我国的东北部，主要包括吉林、辽宁、黑龙江等省。东北地区一日三餐，杂粮和米麦兼备，高粱米饭和黏豆包最具特色。主食还爱吃窝窝头、饺子、蜂糕、冷面、豆粥和面包；蔬菜以白菜、土豆、大豆、粉条、黄瓜、菌类为主。爱吃白肉、鱼虾和野味，嗜肥浓，口味重油偏咸。制菜习惯用豆油与葱蒜，或是紧烧、慢煮，使其酥烂入味，或是盐渍、生拌，取其酸脆甘香。

黑龙江待客吃饭时，酒必先上，菜必双数。因为按其习惯，只有死去父母时，招待送葬人的丧葬席，才上奇数。上菜顺序一般是先凉后热，先大件，后一般，先熘炒后煎炸，先咸后淡，先菜后汤。最后一道菜，严禁上丸子。人们认为，上丸子有“滚蛋”意，饭间，主人必须频频向客人敬酒、劝酒。

（三）不同民族的餐饮风俗

中国是一个多民族国家，各民族饮食消费风俗习惯各异，如蒙古族、满族、朝鲜族、回族、维吾尔族、藏族、苗族、壮族等。

1. 蒙古族的饮食特点

蒙古族主要聚居在内蒙古自治区，其余多分布在新疆、辽宁、吉林、黑龙江、青海等省区。蒙古族日食三餐，每餐都离不开奶与肉。肉类主要是牛肉、绵羊肉，其次为山羊肉、骆驼肉和少量的马肉，在狩猎季节也捕猎黄羊。最具特色的菜肴是剥皮烤全羊、炉烤带皮整羊，最常见的是手扒羊肉。蒙古族吃羊肉讲究清煮，煮熟后即食用，以保持羊肉的鲜嫩。喜食炒米、烙饼、面条、蒙古包子、蒙古馅饼等食品。每天离不开茶，除饮红茶外，几乎都有饮奶茶的习惯。多数蒙古族人能饮酒，多为白酒、啤酒、奶酒、马奶酒。

2. 满族的饮食特点

满族主要居住在东北三省、河北省和内蒙古自治区。一般以稻米和面粉为主粮。饽饽是满族的特色食品，各种黏饽饽是用黏高粱、黏玉米、黄米等磨成

面制作而成的。含糖、油较重的“萨其玛”是满族人尚食的特色点心。肉食以猪肉为主，部分地区的满族禁食狗肉。满族许多节日与汉族相同，逢年过节，均要杀猪。农历腊月初八，要吃腊八粥。

3. 朝鲜族的饮食特点

朝鲜族主要居住在东北三省、内蒙古等地。他们喜食米饭，善做米饭。常食用大米面制成的片糕、散状糕、发糕等。肉类以猪、牛、鸡和各种鱼类为主，普遍喜食狗肉。朝鲜族最具代表性的食品是“克依姆奇”，即朝鲜族泡菜和冷面、打糕、狗肉汤。注重根据不同季节调整饮食，如春天食用“参芪补身汤”，清明节必食明太鱼，伏天食用狗肉汤，冬天食用野味肉、野味汤和用牛里脊肉与各种海鲜制成的“神仙炉”。一年四季喜欢一种以糯米饭酿成的酒“麻格里”。

4. 回族的饮食特点

回族在宁夏、甘肃、新疆、青海等省区较为集中，全国各地均有分布。由于宗教信仰，回民禁食忌食猪、马、驴、骡、狗和一切自死动物、动物血，禁食一切形象丑恶的飞禽走兽，无论牛、羊、骆驼及鸡、鸭，都要经阿訇或做礼拜的人念安拉之名后屠宰，否则不能食用。常食的面点有馒头、烧锅、花卷、面条、烧麦、包子、烙饼及各种油炸面食。油香、馓子是各地回族喜爱的特殊食品，也是节日馈赠亲友的礼品。肉食以牛、羊肉为主，有的也食骆驼肉，食用各种有鳞鱼。回族讲究饮料，凡是不流的水、不洁净的水不饮用，并喜欢饮茶和以茶待客。

5. 藏族的饮食特点

藏族主要聚居在西藏自治区，还分散居住在青海、甘肃、四川、云南等省，一般以糌粑为主食，食用时，要拌上浓茶，有时还加上奶茶、酥油等。

藏族饮茶和饮酒礼俗很多。若客人到来，女主人会取出珍藏的擦拭得光亮照人的瓷碗摆放于客人面前，端起茶壶轻轻摇晃数次（壶底须低于桌面），斟

满酥油茶后双手端碗躬身献给客人。客人接茶后不能急匆匆张口就饮，而是缓缓吹开浮油，饮啜数次后碗内留下约一半，将茶碗放于桌上，女主人会续满，客人不能立刻端起就饮，而是在主人一次次敦请下边同主人拉话边慢慢啜饮。客人至，一般需饮茶3碗，只喝一碗就不吉利，藏谚道："一碗成仇！"

藏族饮酒的礼仪和习俗极为丰富。每酿新酒，必先以"酒新"敬神，然后依循"长幼有序"的古训首先向家中的长才敬酒，其后家人才能畅饮。在弹酒敬神后，受酒者应先饮一口，敬酒者续满酒杯，受酒者第三次饮一口斟满后将杯中酒一饮而尽。滴酒不剩者，才是最有诚意的。

6. 维吾尔族的饮食特点

维吾尔族主要居住在新疆，饮食以面食为主，喜食牛羊肉。常食的主食有馕、羊肉抓饭、包子、面条等，烤羊肉串、烤全羊等菜品颇具地方特色。用小麦粉或高粱粉等制作的各种形状、风格的馕是维吾尔族最具民族特色的食品。羊肉抓饭维语称"普劳"，主要原料有大米、羊肉、胡萝卜、洋葱、葡萄干、清油等，因其营养丰富、色泽悦目、气味诱人，被俗称为"十全大补饭"。吃饭时，客人不可随便拨弄盘中食物，不可随便到锅灶前去，一般不把食物剩在碗中，并应注意不让饭屑落地。

（四）和同事共餐的注意事项

一般邀请同事进餐比较随便，不必过于正式，开开玩笑，聊聊家常，做做游戏，哪怕是打打闹闹、开怀大笑等，都是允许和被同事们乐于接受的。但是，应严格区分同事聚餐的不同形式或者场合，在一些正式的宴会或比较正式的场合，聚会时也应该注意形象与礼仪的基本要求。

1. 邀请同级同事进餐

（1）市场经济迅速发展，同事关系在人们的日常工作和生活中日益重要。很多公司有不成文的习俗，升迁者要请大伙儿吃饭。身在其中，当然要入乡随俗，不然显得过于小气。请客吃饭要注意：第一，量入为出，计划开支；

第二，注意身份。如果身份级别不高，不要动辄邀请同事去高级的餐厅，否则可能被认为过于招摇。

如果相反，同事要请你吃饭，当然也要答应了，否则有摆架子的嫌疑，被人误认为不赏脸。何况，这正是与同事增进感情的好机会。如果周围同事关系很好，而你长久不能融入这个圈子，会感觉到非常被动。

（2）公司举行的正式聚会，可以不必着盛装出场。但是，也不能不拘小节，注意仪表要整洁大方。如果是同事的邀请则可随意一点，但也应该考虑同赴邀请的人有没有陌生人的情况，如果有的话，切忌穿着随便，否则会让同事很掉面子的。

（3）话题的选择一定要把握住“火候”。和同事之间的话题最好选择与工作无关的轻松话题，像与老朋友那样的调侃式的对话在同事聚会时要小心使用，不要无形中得罪了同事。也不谈同事的隐私，即使是闲聊，如被心怀不轨的同事听到，很可能会加油添醋地到处宣扬。因此，有关同事的隐私和秘密，最好不说为佳。

（4）不要在同事面前批评上司。有人在白天被上司没道理地骂一通之后，喜欢晚上约个同事喝一杯，然后对着同事发牢骚。认为同事既然和自己喝酒了，应就是站在自己的这一方，借着酒气，对上司大肆批评起来。这种事情一定要避免。不论多么值得信赖的同事，当工作与友情无法兼顾的时候，朋友也会变成敌人。在同事面前批评上司，无疑是自丢把柄给别人，有一天身受其害都不自知。就算这位同事和自己肝胆相照不会做出出卖自己的事情，但也得小心“隔墙有耳”！所以，当你要向同事吐苦水时，不妨先探探对方的口气，看其是否同意自己的看法。如此用心，是在社会上立足不可缺少的条件。

（5）邀请与你有个人关系的同事，可带配偶在餐厅吃午餐；单身或已婚的妇女，单独应邀与一位单身或已婚的经理共进午餐，是很正常的。然而，两位结了婚的异性不要单独共进晚餐。即使他们在晚餐只谈公事，但别人却不一

定那么想，谣言可能毁人。

2. 与下级同事进餐

要想当好上司，就一定要善于笼络下属。你要鼓励你的团队成员努力工作，在他们取得成绩时还要给予奖励。如果公司不能为他们提薪，你不妨掏掏自己的腰包请大家出去吃一顿午晚或晚餐。不要摆出一副施恩者的样子，要把你的下属想成跟你一样有价值、有智慧的人，他们只是目前的资历不如你，或者具有不同的优势。

要注意的是，三杯酒下肚，你可能管不住自己，或者不经思考给下级许下加薪之类的承诺。所以，酒不能喝得太多，要管得住自己。否则，假如下属是个不值得信任的人，第二天一定会搞得满城风雨。千万不要让那些觊觎你的人有可乘之机。即使在你酒后迷蒙的眼神里，他看起来似乎顺眼多了，也不能允许有什么事情发生。

（五）宴请客户不能“一视同仁”

客户是上帝，搞好同客户的关系，宴请是免不了的。成功的商务人员会记住客户的资料，对重点单位关键人士的各方面资料作统计、研究，分析其喜好。邀请客户进餐，其中，对待不同类别的客户有不同的讲究：

1. 对待重要的客户要“讲究档次”

重要客户是那些对公司生存和持续性发展起决定性作用的人，他们是公司利润的主要来源，更是公司稳定发展的基本保障。宴请这些重要客户时，东西好不好吃不是那么重要，重要的是，吃东西的环境和档次一定要高，要足够地讲究排场和面子。因为讲究排场才能说明对客户有足够的诚意和重视。邀请重要客户吃饭，首选是“大腕餐厅”或四星级以上的饭店。而一般来讲，最先考虑的选择可能是海鲜类餐厅、日本料理、法式大餐等。在国内，这些字眼儿几乎就代表了餐厅的高档和菜品的考究。

上述饭店通常环境相当高雅，装修得豪华气派、富丽堂皇，足够讲“排场”。而且，这些地方还有很多舒适的单间、雅座，保证你与客户的沟通不会受到外界的干扰。

2. 对待未来客户要“讲究舒适”

未来客户是生意场上的潜在客户，他们可能今天还不是你的财富来源，但是明天很有可能会让你赚到钱。对于潜在客户来说，接触、交往和交流显得更为重要。比如通过商务宴请，让双方放下戒备，敞开心扉。所以，定期宴请未来客户可能是最好的选择。

对于未来客户，尤其是不了解他对你将会有多大的价值时，你可能不大愿意为宴请而抛重金，如对待重要客户一样讲究档次和排场。但是，在宴请的安排上，档次也不能过低，或者为了节约而选择环境差、卫生标准低、交通不便的场所。所选餐厅的位置最好有利于客户出行，不太好找的地点最好就不要去了。对于菜品要求可以不太贵，但力求做到新鲜和独特，比如尝试一下新开的风味餐馆，新推出的菜品，都是经济实惠的选择，不能过于流于俗套。

3. 对待老客户要“讲究情绪的渲染”

对待“朋友”客户一般来讲，跟他们吃饭没有那么多的讲究，一般选择中档餐厅就可以了，但务必要口味地道、环境卫生。同时，毕竟是生意上的合作伙伴，所以，在宴请上仍然要给予对方足够的尊重。如果双方关系足够亲密，不妨邀请他到自己家中，体验一下西方人的“家宴”，既经济实惠，环境肯定比餐厅要自由放松得多。对于双方来说，“家宴”更能加深了解，深入友谊，是简单却绝好的选择。

4. 与客户进餐的注意点

（1）邀请：尽量不要邀请你的爱人，因为他或她不是所有人都认识，你会整晚都夹在他们之间。如果你跟你的爱人并非从事同一个职业，还是不要带他或她去了。

（2）迎客：如果你先到，那就应该让客户感到宾至如归，把他们引荐为

重要人物。进入酒店要以目光和手势示意客户，请他走在前面，同时可以配合语言提示："刘经理，您先请！"

（3）点菜"客随主便"：客人一般不了解当地酒店的特色，往往不点菜，那么，你可以请服务生介绍本店特色，但切不可耽搁时间太久，过分讲究点菜反而让客户觉得你做事拖泥带水。点菜后，可以请示"我点了菜，不知道是否合二位的口味"，"要不要再来点其他的什么"等。如果事前能与酒店打过电话联络，提前拟定菜单，那就很周到了。

（4）结账：此时，不要让客户知道用餐的费用，否则也是失礼的。因为无论贵贱，都是主人的心意，特别是工作餐，是为了沟通感情而已。

（六）与女友约会进餐的礼仪

吃饭是热恋中的男女最经常做的事情，吃不是目的，而是方式。在吃饭的时候，可以谈论很多话题，可以对视，可以交杯换盏……反正是什么都好吃，因而热恋期间可以光顾任何餐厅，作为一名文明食客，不仅要有良好的卫生习惯，更要注意行为举止的文雅有礼，在餐馆与女性约会共餐时，应了解和讲究进餐常识及礼仪：

（1）在初恋时期，男孩邀请女孩吃饭，最好选择大众化的餐厅。因为刚开始双方对于对方的口味也不是很了解，大众餐厅一般人也都不会排斥。

（2）第一次请女方吃饭一定要选人多的、明亮的地方，这样女方才会有安全感，才会愿意接受你的第二次邀请。不过，如果女方对你本来有意的话，不妨专挑人少的、昏暗的、边上都是情人的餐厅，这样更可事半功倍。当然，要注意找一个角落的位置，这样可避开众人的目光，减少女方的心理紧张，而且，你还要请她坐在背向门口的位置，如此她的视线便会以你为中心，同时你自己则可看到整个餐厅的情形，能够在平静的气氛中引导谈话内容。但如非特别有趣或必要，切忌在餐厅的人群中找话题。

（3）档次品位不能太差，要安静人少，同时要有朦胧的曲子，好留待日后回忆起你们第N次约会的感人情调。一般来说女孩子会喜欢格调高雅而整洁的小餐厅、有异国情调的西餐厅，或者，也可以到高楼大厦的顶楼餐厅去，可一边进餐一边饱览都市夜色。

（4）与女性约会共餐时，要注意遵守约定的时间。如果让女性在公共场合等5～10分钟还勉强可以接受。超过的话，就是没有礼貌。这时候应用电话事先告知，以免影响对方的情绪。

（5）男性在女性来到餐桌边时要站立，即使在混杂的餐厅，也要稍稍提起上身，直到女士入席或者邀请她坐下为止。在女性离开桌子时，男性也要站起来。但当女性是你的妻子或接待的主人，她来收拾餐具时，就不必站立。

（6）在用餐时万一吃到砂子或异物，不要将食物吐到桌子上，最好悄然起身去卫生间处理，回来也不必声张。当然，也可以把服务员请来，平心静气地指出饭菜中的质量问题，而不要出言不逊，大吵大闹。

（7）在餐厅用餐完毕，如何大大方方地结账，留给你的同伴和服务人员一个好印象，也是重要的餐饮礼节之一。用完餐结账有一点需要注意，那就是结账的工作，绝对是男士的专利。即使你们这次是由女士请客，或男女平均分摊消费额，女士亦应将钱交给男士，由男士招请服务人员结账。通常说来，用餐完毕准备离去时，要利用服务人员经过你身边的机会，轻声唤住他，很有礼貌地告诉他："请帮我们结账。"如果一时没有服务人员走近，不妨耐心地多等一两分钟。因为跑到柜台前面掏出钱来结账，既不雅观，也不合乎餐厅礼节的规定。

（8）与异性朋友进餐还要注意：

a. 不要拿女人的事当话题，也不要在他人面前表现出怀疑她的道德。

b. 应避免不必要地接触女性的身体。

c. 不要谈让女性尴尬的话题。

d. 要用比平常音量稍大的音量和女士说话，不要亲昵得近乎猥亵地说话，

也不要越过大厅，大声呼叫女士的名字。

（七）让男友心动的赴约礼仪

爱情发展的初级阶段，请客吃饭是主修的课程。男人跟女人一起，刚开始在一起最好的办法就是靠吃饭来拉近彼此的距离。曾有聪明人提出这是因为胃是离心脏最近的地方，把两个人的胃的距离拉近了，心灵的距离也就自然近了。

沈宏非在《写食主义》中写道："正常男女凡在一个正常年代谈一场正常的恋爱，很难绕过餐桌而行。"不得不承认，餐桌是恋爱中人最好的道具，是个用餐和用情皆宜的好地方，也是考察对方生活细节最有效的手段。恋爱双方在同一张餐桌吃饭，不仅嘴忙手也忙，还可以近距离观看对方的各种动静，看他起筷，看她喝汤，看他掏钱，看她补妆，就差没看到他卷起袖子洗碗。你要恋爱，就离不开饭桌。

1. 赴约时的礼仪

（1）答应对方的邀请后如果临时有事要迟到甚至取消约会，必须事先通知对方。赴约时稍迟是可以接受的，但若超过15分钟便会给对方不重视约会的坏印象。

（2）进入餐厅后男士通常会让女士先行，这时不妨自信地跟着侍应到预订的座位，不要坚持做他"背后的女人"。来到座位后无须第一时间拉椅就座，因为对方可能已准备好为你拉开椅子，不妨给他一个表现绅士风度的机会。

（3）坐在椅子上时应坐直，不要紧靠在椅背上，以眼正视前方，别只顾垂头逃避对方的视线。手腕可自然地放在桌子边缘上。椅子离桌边的距离不宜太远，否则进餐会增加身体移动的机会。

（4）等对方拿起餐巾后，你便可把它放在大腿上。如果餐巾很大可对折成长方形或三角形，较小的则可直接把餐巾放在大腿上，以防用餐时汁液弄污衣服。

2. 点菜时的心意

约会中的两个人进入餐厅后，当餐厅侍者送上菜单时，女方不可径自点菜。合理的作法，是女方请男伴建议，或向男伴透露自己想吃些什么，然后再由男方向服务人员点取。女士不宜径自点菜的理由，最重要的是让男方有充分的主动权来掌握自己的预算。因为有时候男方口袋中并未准备太多的钱，女士径自点了自己想吃而价格昂贵的菜，万一结账时男方付不出来，场面岂不尴尬万分？另外，由男士负责安排约会用餐的内容，亦可突显女方是受尊重、被照顾的一方。这样强调了他主人家的角色，并暗示你对他的信赖。

许多女性在被男性问及想吃什么的时候，惯常以“随便”作答，这在约会中是相当不好的。为了表现自己有主见，女方应该说明自己想点的是什么，即使其价格超过了男士的预算，男士也会利用其他的建议，很技巧地掩饰过去的。

3. 用餐时的细节

（1）开始用餐时，一个气质高雅、仪态端庄的淑女，不应该为男士倒酒或做拿毛巾、夹菜一类的服务。因为在西餐厅中这些工作应该全由服务人员来做；而中餐厅中，则是男士向女方献殷勤的机会，女方如果反其道而行，非但不能赢得赞美，还会引起男伴的尴尬。

（2）用餐前以餐巾角轻印嘴唇，可减淡唇膏留在杯上的痕迹。喝水、酒时尽量固定一个位置喝，以免整个杯口都布上唇印。

（3）如嘴里有东西要吐出来，应将叉子递到嘴边接出，或以手指取出，再移到碟子边沿。整个过程要尽量不要引别人注意，之后自然地用餐便可。

（4）若需要调味料但伸手又取不到，可要求对方递给你，千万不要站起来俯前去取。喝汤时身子要坐直，头不能低下去就汤匙，而要把汤匙送到嘴边。所以汤不要太热，每匙也不要太满，更重要的是喝时不能发出声响。喝到最后，可把碗子稍向外倾出。

（5）嘴角或手指上沾上污渍，可用餐巾的角落轻印几下，但不要大力擦

拭。如中途要离席，可将餐巾对折两下，整齐地放在椅上，谨记弄污了的一方应折向内，别让人看到你“战绩斑斑”的餐巾。

4. 结账时的诀窍：

一般而言，约会的主导权在男性，而约会的费用一般也都是由男性负责。另一方面，男性偶尔也会希望，女性在约会时也该分摊一些费用。这个时候女性就要注意了，千万不要让他感到难为情才好。所以，告诉他“最近报上说南京路开了一家川菜馆，里面做的‘水煮鱼’很好吃。我们一起去吧！今天由我负责买单”，这么一来就可以皆大欢喜了。而下次的约会也就顺理成章订下来了。

二、成功邀约：宴请邀约的礼仪诀窍

宴请作为生意场中的一种礼节性行为，发出邀请是第一个步骤，恰当的邀请可以为交际的成功提供条件、奠定基础。这就使邀请需要一定的技巧性。对邀请者而言，邀请技巧绝对不可以掉以轻心。要寻找最为实用的宴请理由、对待不同的邀请对象实施不同的策略。一顿饭局能够打开职场上的尴尬局面，而恰当合理的理由是一顿宴请的开端。有时候，为了达到宴请的目的，甚至需要自己创造理由。如果邀约遭到拒绝，也应该保持冷静和理性的态度坦然面对。成功邀约需要我们注意把握好请柬上措词的使用是否得当，以及时间安排是否合适等一系列因素。只有把这些因素把握好了，才有更大的可能不会让受邀者找到拒绝的机会或理由。

（一）发出邀请的几种形式及书写规范

商务人员必须对一定的交往对象发出要求，邀请对方出席某项活动，或是前来我方作客。这类性质的活动，被商务礼仪称之为邀约。在民间，邀约有时

还被称为邀请。

在一般情况下，邀约有正式与非正式之分。正式的邀约既讲究礼仪，又要设法使被邀请者记住，故此多采用书面的形式。正式的邀约有请柬邀约、书信邀约、传真邀约、便条邀约等具体形式，它适用于正式的商务交往中。非正式的邀约也有当面邀约、托人邀约以及打电话邀约等不同的形式，它多适用于商界人士非正式的接触之中。

1. 正式邀约

（1）请柬邀约：在正式邀约的诸形式之中，档次最高、也最为商界人士所常用的当属请柬邀约。凡精心安排、精心组织的大型活动与仪式，如宴会、舞会、纪念会、庆祝会、发布会、单位的开业仪式等，只有采用请柬邀请宾客，才会被人视之为与其档次相称。

请柬的基本格式和写法

请柬从形式上分为横式写法和竖式写法两种。竖式写法从右边向左边写。但从内容上看，作为书信的一种，请柬又有其特殊的格式要求。

请柬正文要写清活动内容，如开座谈会、联欢晚会、生日派对、国庆宴会、婚礼、寿诞等；写明时间、地点、方式；如果是请人看表演还应将入场券附上。若有其他要求也需注明，如“请准备发言”、“请准备节目”等。主人姓名放在落款处。

请柬示例：

谨订于2007年5月18日下午14时整于本市海马大酒店水晶厅举行五环集团公司成立十周年庆祝酒会，敬请届时

光临

联系电话6332866

备忘

注意以上范文，您可能会发现其中邀请者的名称在行文时没有在最后落

款，而是处身于正文之间。其实，把它落在最后，并标明发出请柬的日期，在商务交往中也是允许的。

另外，被邀请者的“尊姓大名”没有在正文中出现，则是因为姓名一般已在封套上写明白了。要是“不厌其烦”地在正文中再写一次，也是可以的。在正文中，“请柬”二字可以有，也可以没有。

被邀请者与邀请者名称单独分列的请柬范例：

尊敬的马晓旭先生：

2006年8月6日下午19时为王越女士饯行，席设本市测汀江路8号清风路茶社，恭请

光临

王守成谨订

2006年7月 28日

（2）书信邀约：用来邀请他人的书信，内容自当以邀约为主，但其措辞不必过于拘束。它的基本要求是言简意赅，说明问题，同时又不失友好之意。可能的话，它应当打印，并由邀请人亲笔签名。比较正规一些的邀请信，有时也叫邀请书或邀请函。

邀请信范文：

尊敬的奥海公司负责人：

“2005北京新文化产品技术展销会”定于今年6月8日至28日在北京国际展览中心举行，欢迎贵公司报名参展。

报名时间4月1日至20日

报名地点花园路乙20号

联系电话256188

组委会敬邀

2005年3月16日

在装帧与款式方面，邀请信均不必过于考究。其封套的写作，与书信基本上相同。

（3）传真邀约：指的是利用传真机发出传真的形式，对被邀请者所进行的一种邀约。在具体格式、文字方面，其做法与书信邀约大同小异。但是由于它利用了现代化的通讯设备，因而传递更为迅速，并且不易丢失。此外，还有一种电子邮件邀约，其做法基本与传真相似。

（4）便条邀约：在某些时候，商界人士在进行个人接触时，还会采用便条邀约。便条邀约，即将邀约写在便条纸上，然后留交或请人代交给被邀请者。在书面邀约诸形式之中，它显得最为随便。然而因其如此，反而往往会使被邀请者感到亲切、自然。

便条邀请的内容，是有什么事写什么事，写清楚为止。它所选用的纸张，应干净、整洁为好。依照常规，用以邀请他人的便条不管是留交还是代交对方，均应装入信封中，一同送交。

便条邀约的示例：

刘晓航先生：

兹与远大集团公司林海董事约定，下周六中午12时在四川酒家共进工作餐。敬请光临。

杨光留上

7月2日

2. 非正式邀约

非正式的邀约通常是以口头形式来表现的，相对而言，要显得随便一些。非正式的邀约也有当面邀约、托人邀约以及打电话邀约等不同的形式，它多适用于商界人士非正式的接触之中。

（1）当面邀约：比较自然，常用于互相比较熟悉的亲朋同事之间。这种方式，不但可以让被邀请者了解赴宴的目的，而且当时就可以知道被邀请者是

否有空和乐意接受。

（2）打电话邀请：比较灵活，不论什么时候，只要主人有空就可以邀请客人。采用这种方式既可以节省亲自去邀请的时间，也可以马上知道对方的意见。

（二）宴会请柬的正确使用方法

正式的书面邀请称为请柬，也叫请帖，是为邀请而发的社交文书。请柬一般由正文与封套两部分组成。在请柬的行文中，通常必须包括活动形式、活动时间、活动地点、活动要求、联络方式以及邀请人等项内容。

1. 横式请柬和竖式请柬

从写法或印刷格式看，请柬又可分为横式和竖式。竖式是传统的，与传统的竖行书写方式相应；横式则与横行书写的方式相应。现在，横、竖两种形式通用，但适当作一些选择也还是十分应该的，这种选择可以从四个方面考虑。首先从邀请对象考虑，若邀请港台朋友，则以竖式为要，而一般大众化的，尤其是以集体名义发出的，则以横式为佳；其次要看邀请的内容，具有传统、民族特色的活动可用竖式，现代、西方特色的活动可用横式：再次还要因文字而定，如果是纯外文（除日文等）或中外文并写的，则以横式为宜；此外，专门设计也必然决定请柬的书写方式。

目前，在商务交往中所采用的请柬，基本上都是横式请柬。它的行文，是自左向右、自上而下地横写的。竖式请柬的行文，则是自上而下的、自右而左地竖写的。作为中国传统文化的一种形式，竖式请柬多用于民间的传统性交际应酬。

2. 请柬的写法

请柬正文的用纸，大都比较考究。它多用厚纸对折而成。以横式请柬为例，对折后的左面外侧多为封面，右面内侧则为正文的行文之处。封面通常讲究采用红色，并标有“请柬”二字。请柬内侧，可以同为红色，可采用其他颜色。但民间忌讳用黄色与黑色，通常不可采用。在请柬上亲笔书写正文时，应采用钢笔或毛笔，并选择黑色、蓝色的墨水或墨水汁。红色、紫色、绿色、黄

色以及其他鲜艳的墨水，则不宜采用。

对于一般的邀请来说，从文化商店挑选来的请柬一般就可以了。但如果是大机构的大型活动，或是极富特色的专门活动，这显然是不够的。这时最好是自己设计、自己印制。比如举办大型活动，要邀请好多人参加，一一填写地址、时间等是比较困难的，印刷则可以解决这些问题；如果是画展、音乐会等独具特色的活动，就可以专门设计请柬的封面，这样就会取得独特的效果。

3. 请柬在使用上应注意以下问题

（1）如举行正式的宴会，一定要提前发出请柬，并注明“敬请准时入席”。并且宴会时间的选定应避开被宴请人的忌讳。例如，宴请西方人，要回避13日，尤其是13日与星期五同一天；在斋月宴请穆斯林，宜在日落之后进行。

（2）一般的请柬都应该加封，邮寄的更应如此，当面递交的则可不封口。如果这方面草率对待，就会给对方以不庄重的感觉。

（3）无论是递交还是寄交，都应该把握请柬发出的时间。递交的可比寄交的稍迟一些，寄交的则必须考虑到足够的投递时间，否则可能会出现被邀人接到请柬时，活动日期已经过了或是根本来不及准备的情况。对于有回执的请柬来说，发出时间更应该提前，以便给被邀人留出足够的回复时间。需要对方准备的邀请，也应如此。宴会请柬一般应在两三周前发出，至少亦应提前一周（有的情况须提前一个月），太晚了不礼貌，有的人甚至因此拒不应邀。不过，请柬也不可过早发出，如果发出时间与活动时间相隔过长，则可能让人淡忘，起不到预期的效果。

（4）有的请柬是不能随便发出的，即这种请柬只能在对方同意赴约的前提下才能发出。比如请人讲学、作报告或作主持、发言、作表演等，请柬应在征得对方同意的前提下发出，否则就是“先斩后奏”、“下命令”式的强加于人，显然是不礼貌的。

（5）重大的活动还要注明着装的要求及其他附加条件。口头约妥的活

动，仍应补送请柬，并在请柬右上方或左下方注上“备忘”字样。需要安排座位的宴请活动，为确切掌握出席情况，以便做好准备，还要求被邀请者答复是否出席，请柬上一般注明“请答复”字样。如需要不出席者答复，则注明“如不能出席请答复”字样，并注明电话号码，以备联系。

（6）请柬发出后，也可以用电话询问对方能否出席。主办方要及时落实出席情况，以调整安排好的席位。

（7）在对外交往中使用的请柬，应采用英文书写。在行文中，全部字母均应大写，应不分段，不用标点符号，并采用第三人称。这是其习惯做法。

（8）在请柬的封套上，被邀请者的姓名要写清楚，写端正。这是为了对对方示敬，也是为了确保它被准时送达。

（9）如邀请夫妇二人，国际上通常做法，是合发一张请柬。我国国内有些场所需凭请柬入门的，要夫妇各发一张。请柬的格式与行文，中文本与外文本不完全一致，可以各按其习惯办事，不必强求一致。

（三）与邀请礼仪有关的注意事项

请柬是用于邀请有关单位或个人参加某种活动而发出的礼仪文书。按篇幅大小、文字多少、内容简繁可分为两种形式。篇幅大、文字多、内容繁可称为邀请信、邀请书。文字较少，内容相对简单，印制较为精美的称为请柬。请柬也称为“请帖”、“柬帖”，形式上有横竖之分。请柬既是我国的传统礼仪文书，也是国际通用的社交联络方式。

1. 托人转递请柬是不礼貌的

请柬的递送方式很有讲究。古代无论远近都要登门递送，表示真诚邀请的心意；现当代亦可邮寄。但一定注意不能托人转递，转递是很不礼貌的。请柬如果是放入信封当面递送，要注意信封不能封口，否则造成又邀客又拒客的误会。

2. 请柬的正文中有三个基本要素不可缺少

事由，时间，地点。邀请对方参加自己举办什么活动的缘由，这部分必须书写清楚，给被邀者决定是否参加提供依据。举办活动的准确时间，不但要书写年、月、日、时，甚至要注明上下午。如果活动地点比较偏僻，或者对于部分人来讲不熟悉，还要在请柬上注明行走路线、乘车班次等。

某单位为销售额突破百万元举行庆功联谊会，给一些单位发送了请柬，邀请大家参加，并准备了精美的礼品，用来感谢平时对自己单位的帮助。结果有些单位没有接受邀请，活动不太成功。单位主要领导很困惑，经和有关人士接触，方知所送请柬有问题。一是落款时间用阿拉伯数字写，中间用顿号来代替年、月、日的汉字，给人以活动不正式、主人本身就不够重视的感觉。二是请柬中的事由没有表达清楚，使人误以为是该单位的内部活动，别人可有可无，当然就不肯应邀前来了。

3. 请柬中应避免出现“准时”两字

在正文后可根据不同的情况采用“敬请光临”、“恭请光临”、“请光临指导”等结语。在一些请柬上我们时常可以看到“请届时光临”的字样，“届时”是到时候的意思，表示出邀请者的诚意。但是有些请柬把“届”改成了“准”字，这样就成了命令式，体现了邀请者的高高在上，对被邀请者的不尊敬，在请柬中我们应该避免出现这样的结语。

在当代的请柬中一般用“此致、敬礼”的祝颂语作最后致意。在文面的右下角签署邀请人的姓名。如果是单位发出的请柬，要签署主要负责人的职务和姓名，以主邀请人的身份告知对方。发文日期最好用汉字大写，以示庄重正式。

有些舞会、音乐会、大型招待会的请柬还写有各种附启语，如“每柬一人”、“凭柬入场”、“请着正装”等，通常写于请柬正文的左下方处。

4. 能否赴约都应以书面形式告知

应邀信是被邀人接到主人的邀请信后，同意赴约而给主人的复函。应邀信的发出，体现了被邀人对活动的重视和对主人的尊重。应邀信一般由称谓、正文、祝颂语、署名落款四部分组成，表明接受邀请的态度。最后以“我将准时出席”

做结语。最后的祝颂语可用“祝活动圆满成功”等词语。谢绝信是被邀请人收到邀请信后，因为某种原因不能应邀赴约而写给邀请人婉言谢绝的礼仪文书。从礼仪上讲，不管何种原因不能应邀赴约，一定要以书面形式及时告知邀请人，以体现尊重他人。从信中文字讲，更要字字讲究，句句谨慎，避免产生误解。

某次，著名的数学大家苏步青先生收到邀请出席某位教授教学五十年纪念会的函件，因为工作繁忙，实在没有时间赴会，于是请秘书拟一份谢绝电文。秘书起草的电文是：“欣闻某某先生教学五十周年纪念会召开，特驰电祝贺。因事不能前往，请谅解。”苏先生修改为：“欣闻某某先生教学五十周年纪念会召开，特驰电祝贺。因事未能躬临盛会为歉。”苏先生将“不能”改成“未能”，体现了本来想去，但未能如愿的心情；将“请谅解”改成“为歉”，就由要求对方原谅理解变成了自己向对方致歉。几个字的修改，表现了苏步青先生敬人谦己的社交原则理念。

（四）周全地应对邀请的礼仪

任何书面形式的邀约，都是在邀请者经过慎重考虑、认为确有必要之后，才会发出。因此，在商务交往中，商界人士不管接到来自任何单位、任何个人的书面邀约，都必须及时地、正确地进行处理。自己不论能不能接受对方的邀约，均须按照礼仪的规范，对邀请者待之以礼，给予明确、有礼的回答：或者应邀，或者婉拒。置之不理，厚此薄彼，草率从事，都有可能自作自受，自找麻烦。

1. 尽快答复

任何被邀请者在接到书面邀请之后，不论邀请者对于答复者有无规定，出于礼貌，都应尽早将自己的决定通知给对方。所有的回函，不管是接受函还是拒绝函，均须在接到书面邀约之后三日之内回复，而且回得越早越好。

2. 尽可能参加

当收到别人正式寄来的邀请函时，若没有特别重大或临时突发事故，你应该尽可能地参加，因为信函邀请要比电话邀约正式得多，在考虑是否出席方

面，前者应优先考虑。即使临时有其他人以电话约你，你也要先出席此宴会，再和其他人约定时间。

3. 回函是必要的

许多邀请者在发出书面邀约时，就对被邀请者有所要求，请对方对能否到场必须作出答复。通常，类似的规定往往会在书面邀约的行文中出现。例如，要求被邀请者“请予函告”、“敬请答复”等。

某些商务往来中所使用的正式邀约，尤其是请柬邀约，依照国际惯例，在正文之中行文时，对被邀请者所作的要求答复的请求，通常都采用英文或法文的专用词组和缩写来表示。例如：“Toremind”意即“备忘”。用在书面邀约中，带有提醒被邀请者务必注意勿忘之意。

在行文时，这些外文词组与缩写一般应当书写在正文的左下方。有些善解人意的商界人士为了体谅被邀请者，在发出书面邀约时，往往同时附上一份专用的“答复卡”。上面除了“接受邀请”“不能接受”这两项内容外，再没有其他任何东西。这样，被邀请者在答复时，只需稍费“举手之劳”，在以上两项之中，作一回“选择题”，在二者之一划上一道勾，或是涂去其一，然后再寄回给邀请者就行了。没有在接到书面邀约的同时接到“答复卡”，并不意味着不必答复。答复是必要的，只不过需要自己亲自动手罢了。

接受邀约的回函范例：

宏达公司董事长兼总经理王兴先生非常荣幸地接受环宇影视广告公司总裁刘伟先生的邀请，将于10月12日上午9时准时出席环宇影视广告公司开业仪式。

谨祝开业大吉，并顺致谢意。

4. 客气谢绝

任何性质的正式宴会，受邀者在接到主人寄来的邀请卡时，若因事不能参加，必须事先向主人作礼貌性的说明。拒绝邀约的理由应当充分，比如，自己

有病在身或家人得了重病，必须予以照顾；在同一天的同一个时段，已经有了其他的正式约会，不能分身参加此约会；在宴会当天或前几天，自己正好有事要出国等。在回绝邀约时，切勿忘记向邀约者表示谢意，或预祝其组织的活动圆满成功。

拒绝邀约的回函范例：

尊敬的李嘉先生：

我深怀歉疚地通知您，由于本人明晚将乘机飞往美国华盛顿洽谈生意，故而无法接受您的邀请，前往富豪饭店出席贵公司举办的招待会。恭请见谅，谨致谢忱。

此致

梅婷敬上

5月18日

（五）成功邀约的“八种计策”

一顿饭局能够打开职场上的尴尬局面，而恰当合理的理由是一顿宴请的开端。有时候，为了达到宴请的目的，请动你想邀请的人，甚至需要自己创造理由。比如：你若邀请“D总”吃饭，就有多种“奇妙”的说法：

D总，昨天朋友从国外旅行回来，送我一瓶洋酒和一些外国名产，想请您来，品尝……

D总，上次听说您到我们这儿出差，时间忙也来不及到我们公司看看，这次无论如何得让我补一补地主之谊……

D总，今天实在感谢您对我们公司产品的指教，晚上我来做东……

D总，听说这儿新开了家海鲜店不错，我自己去吃公司当然不能报销，您就牺牲一次，让我沾回光吧……

D总，我刚预订了王朝酒店的一个海鲜浓汤，按规定要煲三天。您三天后有时间吗？无论如何给个面子……

实际上，成功邀请的方法很多，没有绝对的招数和固定模式。

1. 开门见山

直接对他（她）提出邀请，说出自己的目的。例如：“喂，赵经理吗？我们现在在朝阳酒楼吃饭，过来认识几个朋友吧，我们等你来啊。”“小妹啊，我在东海大酒店和几位老板吃饭呢，你一起过来吧，都等你呢，快点啊！”

2. 借花献佛

以自己有什么喜庆作为“花”来借一下“佛”。例如：“王科长，今天足球彩票公布了，我中奖了！一等奖（虽然全国人民这期都中，奖金可能就20元）！走吧，我们到东方海鲜楼去庆祝庆祝！”

3. 喧宾夺主

事先调查一下要邀请人所在的环境，就近选择一家有特色的酒店，然后开始发出邀请。例如：“张主任，中午有空儿吗？一起吃饭好吧？我在你这边发现了一家烤味店，就在对面小巷中，距离你这里走路也就三分钟就到了，那里的烧烤真的是一流，而且环境也不错……真的是休闲吃饭的好地方……哦，你中午没有时间啊？没有关系，这样吧，下午我去定个位置，然后晚上你带上××，然后我们一起去吃怎样啊？晚上我给你电话哦！”

4. 暗度陈仓

先用其他的东西来吸引住他（她），然后借口作出邀请，例如：“张主任，这份文献不错吧？昨天我在一家专业网站上还看到了一份更加权威的文献！只是昨天太晚了，没来得及下载……这样吧，我现在就下载那份文献，晚上我们一起吃饭，然后我再把那份文献交给您？”

5. 声东击西

故意拖长拜访时间，然后再发出邀请。例如：“张主任，您的观点对极了，我真的是对您佩服得五体投地！看这时间，也不早了，这样吧，我们找个地方，一起吃饭，然后您再把这个观点继续给我细说一下。对面的绿蔷薇西餐

馆环境棒极了，极其适合聊天！走吧！我们现在就过去？”

6. 步步为营

这是第二次邀请的时候，最好采用的招数。例如：“张主任，怎么样啊？上次给你介绍的那家海鲜楼不错吧？现在该承认我是寻找美食的专家了吧？最近我又发现了一家川菜馆，里面做的‘水煮鱼’真的是一流，今天晚上我们一块儿品尝品尝吧！”

7. 诱敌深入

先对他（她）做一些无关紧要的问话，然后再提出邀请。例如：“孙经理，你是东北人吧？”……“我就喜欢东北人，直爽！哦！还特别喜欢吃你们那里的菜！那个大骨头蒸出来吃，一股酱味道，叫什么来着？”……“对！就是‘酱骨架’！我特喜欢吃！我知道一个地方，有家东北菜馆，他们那里厨师地道，酱油地道，做出来的‘酱骨架’真的是一流，想着就掉口水……这样吧，现在我们就去吃吃？”

8. 擒贼擒王

解决问题要抓住主要矛盾，不能乱弹琴。其实，吃饭也是一个道理。请客的时候，也许只请一个关键人物，他会帮你带来相关的人，总比你盲目地请上许多人好得多！

（六）巧妙处理邀请遭拒

请客吃饭，有些时候在邀请时会吃“闭门羹”，被拒绝是一件令人沮丧的事情。一些人经不住屡遭拒绝的打击，最终放弃了宴请。如果邀约遭到拒绝，也应该保持冷静和理性的态度坦然面对。必要时可以给予适当的反思。

谁都知道，办宴容易请客难。请客吃饭不是一件容易的事，其难点主要在于三个：如何请出来，吃什么，和如何边吃边工作。这三个步骤中，难度最大的是如何请出客户，因而也常常遭到拒绝。原因很多，略举几点如下：大多数人会留恋家中的饮食，不愿费时费力去应付一桌动机明确的饭，假使我们自己是客户，这种事多了，也不会感兴趣的；宴请的理由不当，比如，你想和某人处朋友，开门见山立即对他（她）提出邀请，说出自己的目的，人家肯定不去；与被宴请者的关系一般；陪客中有与对方有矛盾的人；认为请客吃饭有贿赂之嫌疑，认为“吃人嘴软，拿人手短”。

其实，宴请被拒绝并不可怕，关键是要有一个正确的态度，并掌握一些克服沮丧情绪的心理技巧。

1. 正视拒绝

正视拒绝，要有心理准备，要确立宴邀成功的自信心，在被拒绝时也能泰然处之，妥善处理。不要把失败看成是失败，而要把它看成是一次学习的机会，一次发挥幽默感的机会，一次实践和完善素质的机会。相信自己，一定能请出对方。

2. 反躬自省

邀请被拒绝肯定令人沮丧，对于商务宴请的邀请者来说，被拒绝可能意味着商机的丧失，为买卖成交而付出的大量前期准备和说服工作很可能功亏一篑。

这时候，要记住不能气馁。首先要细心倾听。我们必须根据对方的需要以及他的言辞来判断他们的心理状况。判断出他们不能赴宴的真实原因，是出于工作繁忙脱不开身，还是根本不想赴宴，以便做出相应下一步的安排，再找机会发出邀约。

如果宴请被拒绝，最应当做的是查找自己被拒绝的原因，反省失败的理由时，问自己下面几个问题：

在宴请之前，我有明确的目的吗？

在宴请之前，我了解对方吗？

在邀请时，我有足够的诚意吗？

我宴请的理由（说法）充分吗？

对方拒绝的理由能驳倒吗?

我注意到对方有意赴宴的信号了吗?

我做最后的尝试了吗?

如果你在回答这些问题中，发现了自己的失误，很有可能失败的原因就在这里。倘若，你发现对方并没有完全回绝邀请，或者你感觉还有尝试邀请的余地。那么，重新鼓起勇气，再尝试一次，这没什么丢脸的，毕竟生意做不成功才是更丢脸的。

3. 以诚动人

所谓诚意，是一种百折不挠，是一种坚持、耐心、毅力的混合物。简单地说，一个客户很难请出来，你可以不停地邀请。每次出差到了该地，都第一个电话打给他："赵总，今天我又来出差了。上次您正好有事，今天方便吗?大家一起聚聚?"如果遭到婉拒，你再着手安排别的事情。一年里你出了十趟差，有多少人忍心拒绝十次诚意的邀请?

如果邀请单独的客户，建议让他带上家人，来不来是他的事，但是至少你的诚意到了。

三、赴宴礼仪：打造为你增值的良好社交形象

在社交活动中，人们常常根据对方的外貌、举止、谈吐、服饰和应对进退等表面特征，给对方做出初步的评价和形成某种印象，即第一印象。这种人际认知的第一印象对人际交往的成败和人际关系融洽与否起着重要作用。在你踏进宴会场合的那一步，别人就已经开始对你进行评判，着装是否得体、见面礼是否诚挚、赠送礼品是否够档次，都成为别人给你打分的标准。在商务交往中，外在形象至关重要，个人的外在形象代表了企业的品牌形象，形象佳的人

往往更容易受到重视和尊重。不管以什么身份，只要具有良好的餐饮礼仪，应对进退，表现不俗，自然会塑造出良好的个人形象或组织形象。

（一）赴宴服饰的搭配礼仪

收到邀请并决定赴宴后，选择和宴会相匹配并得体的衣服会为你提供一些交谈和拉近距离的话题，因为在赴宴者的视野之中，衣服或者饰品的搭配是他们在宴会上能够看到的风景之一，对衣物和饰品的欣赏，都会使感官引起多重反应，故而对宴会的举行可能会起到锦上添花的作用，机智的赴宴者也许就会以此为契机，增进彼此了解，加深合作关系。

1. 服饰的色彩

从视觉效果上讲，服装的色彩在人们的直觉中是最领先、最敏感的。服饰的色彩主要包括：

（1）白色——白色是一种纯净、祥和、朴实的色彩，给人以明快、无华的感觉。

（2）红色——红色最能引起人们的兴奋和快乐情感，对人的感官刺激作用十分强烈。它使穿着者更显朝气、青春与活力。

（3）紫色——紫色是一种华贵、充盈的色彩，它给人以高雅脱俗的感觉。

（4）橙色——橙色是一种明快、富丽的色彩，它能引起人们的兴奋和欲求，让人与阳光产生联系。

（5）黄色——黄色是一种过渡色，能使兴奋的人更兴奋，活跃的人更活跃。同时，也能使焦虑、忧郁者更加焦虑、忧郁。黄色对人感官刺激作用也十分强烈。

（6）灰色——灰色是一种柔弱、平和的色彩，给人以平易、脱俗、大方的感觉，是服装色彩中最文雅、最能给人以平易近人印象的色彩之一。

（7）蓝色——蓝色是一种比较柔和、宁静的色彩。它对人的眼睛的刺激作用较弱，由于它能使人联想到天空和海洋，因而会给人以高远、深邃的感觉。

（8）绿色——绿色是一种清爽、宁静的色彩，它能使人联想到青春、活力与朝气，使穿着者更显年轻、更加朝气蓬勃。

（9）黑色——黑色是一种庄重肃穆的色彩，它能使人产生凝聚、威严、阴森、恐怖等不同感觉。

色彩不仅能给人以不同的联想，有不同的象征意义，而且能让人从色彩的感觉产生冷暖、轻重等感觉。例如，红、黄、橙等能让人产生温暖的感觉，蓝、绿、白等色彩能产生冷的感觉。于是，人们利用这种现象，习惯在冬天穿暖色调的衣服，夏天穿冷色调的衣服。而且暖色调的衣服具有扩张的特性，冷色调的衣服具有收缩的特性，因此，体形瘦小的人喜欢穿着色彩明度较高的浅色服装以显得丰满，而体形肥胖的人则乐于选用色彩明度较低的深色服装以显得苗条。

2. 色彩的搭配

如今的服装很少是由单一色彩构成的，而是采用多种颜色相互交错，辅助、点缀等方式搭配而成。搭配之后的色彩对观察者引起的心理效应，与单色有明显不同，服装的色彩搭配是很有学问的，掌握色彩搭配的方法对于参加宴会的人是大有裨益的。色彩搭配的基本方法有以下3种：

（1）主辅搭配的方法：是以一种色彩为整体的基调，在适当辅之以一定的其他色彩的搭配。运用这种搭配法首先应充分考虑主辅关系，不能“喧宾夺主”；其次，要考虑主辅色调的对比效果，鲜明而又不要过于刺眼；最后，辅助色彩的位置安排要充分顾及自己的体形、长相的优势，要考虑扬长避短。

（2）同色搭配的方法：是把同一种颜色按深浅不同进行搭配，以造成一种统一、和谐的审美效果的方法。这种方法应掌握的原则是同色间的过渡要自然，不要太生硬，明度差异不要太大，以免给人以断裂失衡的感觉。

（3）相似搭配的方法：是指用色谱上相邻的颜色进行搭配的方法。这种搭配色彩差异较大而富于变化，使服装显示出动感与活泼之气。但是，搭配的

难度比较大，讲究更多一些。

和谐是美，以上搭配都应把握住一种和谐的尺度。赴宴者和宴请者都应该考虑到这些因素，以达到合乎餐桌礼仪的要求。

赴宴者和宴请者选择服饰应考虑到自己的肤色，选择适当的服装色调，以达到让服装色调与肤色相映生辉的效果。

3. 服饰的款式造型

服饰的视觉效应，除了色彩外，最主要的就是款式造型。服饰款式造型的原始结构也是由点、线、面立体综合演化而成。色彩各异的点，能引起人视觉感受的奇异效果。用于服装点缀、装饰、搭配的各种点能起到突出重点的结果。赴宴者和宴请者在选择服饰上，应该对服装造型给予必要的考虑。

（二）男士赴宴的着装及搭配重点

在正式的场合中，服饰被赋予了更多的内容。它不仅是一块“遮羞布”，而且传达着很多的信息，比如个人的品位、内涵、态度。商务宴请当然不是为了吃饭而吃饭，它作为人际交往的平台，是展现个人修养的舞台，服饰可以看作舞台上的“戏服”，如何着装直接对你的角色进行了定位。作为一位男士，如果应邀参加一次商务宴请活动，你将如何着装？

1. 西装

西装是当今最常见、最标准、男女皆用的礼服。选择西装以宽松适度、平整、挺括为标准。西装最大的特点是简便、舒适，能使穿着者显得稳重高雅、自然潇洒。西装与衬衫、领带、皮鞋、袜子、裤带等是一个统一的整体。只有以上彼此间统一、协调，才能衬托出西装挺括、飘逸、光彩夺目的美感。西装在大多数情况下成为赴宴者和宴请者参加宴会的第一着装选择。

西服上衣一般不与其他裤子搭配着穿。颜色的选择上，藏青色、灰色和铁灰色是象征权力的颜色。普蓝色意味着友善，精致的细条纹图案可以为你的服装增添一些情趣和变化。

2. 领带

领带的下端应长及皮带上下缘之间或不短于皮带的上缘。领带与西服的颜色要互相衬托，而不要完全相同，暗红色、红色和藏青色可以用作底色，主要的颜色和图案要精致，不抢眼。最好选择真丝面料，优雅且四季皆宜。图案可选择小巧的几何印花和条纹，带有柔和图案的涡旋纹面料也是不错的选择。与西装、衬衫搭配时，应选择一种单色或有两种图案、或两种单色和一种图案的领带。

衬衫、领带与西装三者之间要和谐、调和。西装和领带的花纹不能重复；如果衬衫是白色的，西装是深色的，那么，领带就不能是白色的，而应是比较明快的颜色；如果衬衫是白色的，西装的颜色朴实淡雅，领带就必须华丽、明快一些。当然，除了衬衫、领带、西装的色彩协调应充分考虑外，这三者的色彩关系还应该结合穿着者的肤色、年龄、职业、性格特征等。

3. 腰带

腰带应是真皮制成的，颜色应为黑色、棕色或暗红色。皮带的颜色应与鞋相配，皮带扣要简洁。背带裤子是可接受的。

4. 袜子

赴宴穿着深色西装，袜子选择深色为宜，或者是西装和皮鞋之间的过渡色，穿黑皮鞋一般选择黑色袜子，而且袜子应长一点。袜子要长及小腿中部，尼龙袜或薄棉袜均可。如果穿着棉毛裤应该用袜子覆盖住可能会露出来的部分，防止看上去邋里邋遢。袜子应为黑色、棕色或藏青色。袜子的颜色宜选与长裤相配或相近的。而穿黄褐色裤子时例外，这时袜子应与鞋相配。

5. 鞋

“西装革履”常用来形容一个人的正装打扮，一般出席宴会都应该穿皮鞋，皮鞋要光亮洁净，不能穿凉鞋球鞋、或旅游鞋，除非请柬上有服饰指示是便服。常言道：“脚上无好鞋，显得穷半截。”可见，鞋的选择的重要性。选

择皮鞋以黑色系带的为上乘；其次，可以选择深色咖啡色皮鞋。最后必须提醒的是，皮鞋的鞋面一定要整洁光亮。鞋的颜色不应浅于裤子。黑皮鞋可以配灰色、藏青色或黑西服，深棕色的鞋配黄褐色或米色西服效果也是不错的。

6. 手表、手帕

手表是衣着的重要饰品之一，出席宴会穿着西装时，一般佩戴方形手表较为适宜。西装手帕是正式场合的装饰之物，男士的装饰手帕一般是白色的。

7. 手提箱和钱包

手提箱应是皮质的，颜色为棕色、黑色或暗红色均可。最好把钱包放在西服上衣前内侧的口袋里。如果钱包放在裤子后面的口袋里，会影响西服的穿着效果。

（三）女士赴宴需注意的着装细节

着装是餐桌礼仪中的重要一环，像婚宴、机关单位的内部聚餐活动，以及参加商务活动的宴请等不同类型的活动，都有特别的着装要求。选择合适的符合宴会形式和活动主题的服饰是餐桌礼仪的要求之一，而过分随便或过于造作都是不合时宜的。

女性一般比男性注重外表的修饰，尤其在正式场合，基本的搭配无须多言。但是女士在商务活动中，在仪容仪表方面有哪些需要特别注意的细节呢？

1. 服装

若是有公司同事参加的晚宴，除了参考邀请函上是否有服装要求外，尽可能了解主人的衣着品位层次，是正式晚礼服，或小礼服。还有参与宴会上司的可能穿着。如此，自己才可做适宜的打扮，千万别随兴而至，很可能抢到主人身份或上司们的风采，或因太随便而失礼了。

若是一般朋友聚餐或普通邀宴，可以穿着较柔和的套装或亮丽浪漫的洋装，再搭配合宜而具女性风格的手提包，将能营造温馨亲切的聚餐气氛。

如果是参加喜宴，新人当然应以大礼服的主角身份出席，而双方父母，则

是第二主角的身份，自然也应以正式宴会服出现。女士以中式袍装和组合式长裙式的宴会装为主，由于须佩戴主婚人的胸花，所以，其他饰品的装饰，须以造型简单、多不如巧为原则。若平时非常喜欢穿暗色或中性色彩服装，此时就要特别挑选一些具有喜气的暖色调衣服，例如枣红或砖红，既不会喧宾夺主，又非常适合当时的气氛。

女士商务着装时，需要注意的细节是：干净整洁。女士在着装的时候需要严格区分女士的职业套装、晚礼服及休闲服，它们之间有本质的差别。着正式商务套装时，无领、无袖、太紧身或者领口开得太低的衣服应该尽量避免。衣服的款式要尽量合身。

裙子长度适宜；穿与肤色相仿的丝袜，无破洞（要有备用袜）；女士在选择丝袜以及皮鞋的时候，丝袜的长度一定要高于裙子的下摆。皮鞋应该尽量避免鞋跟过高或过细；全身衣服和配饰颜色限制在三种以内。

无论天气如何炎热，不能当众解开纽扣脱下衣服。小型便宴如主人请客人宽衣，男宾可脱下外衣搭在椅背上。

2. 发型

女士的发型应该保持高雅、庄重，梳理整齐，长发要用发夹夹好，不扎马尾辫，需要特别注意的一点是，在女士选择发卡、发带的时候，式样应该庄重大方。

3. 饰品

对女士来说，除了合宜的服装、适当的彩妆之外，整体的饰品搭配也是相当重要的。例如皮包是时常被人忽视的重点，皮包应精致、小巧一点。

在年末的Party季节，除了美丽的衣裳，宴会包的巧妙搭衬，绝对是增添整体魅力不可缺的重点，然而各式各样炙手可热的包款该如何选择呢？

犹如糖果一般的亮丽银色，花瓣在包面盛开，奢华中带着性感的可爱氛围；大蝴蝶结装饰成礼盒式包身，丝绒包袋配上流星般的包链，呈现出不一般

的华丽感；黑色漆皮提包，简约流畅的线条和质感，呈现优雅别致的时尚美感，非常具有品位；华丽的金色，复古的水晶装饰包身，呈现出一派高贵典雅的风情。

4. 化妆

女士参加宴会要做适当化妆，这样显得隆重、重视、有气氛。因为酒席多半是在晚上举办，最好是浓妆比较适合。女士在正式的商务场合面部修饰应该以淡妆为主，不应该浓妆艳抹，也不应该一点妆也不化。头发要梳理整齐；不宜涂过浓的香水，以免香水味盖过菜肴味道。

（四）宴会着装需要照顾到五个方面

着装，即指服装的穿着。严格地说，它既是一门技巧，更是一门艺术。站在礼仪的角度上来看，着装是一门系统工程，它不仅仅单指穿衣戴帽，更是指由此而折射出的人们的教养与品位。

依照社交礼仪，着装要赢得成功，进而做到品位超群，就必须兼顾其个体性、整体性、整洁性、文明性、技巧性。对这五个方面，一点都不能偏废。

1. 个体性

正如世间每一片树叶都不会完全相同一样，每一个人都具有自己的个性。在着装时，既要认同共性，又绝不能因此而泯灭自己的个性。着装要坚持个体性，具体来讲有两层含义：第一，是着装应当照顾自身的特点，要做到“量体裁衣”，使之适应自身，并扬长避短。第二，是着装应创造并保持自己所独有的风格，在允许的前提下，着装在某些方面应当与众不同。切勿刻意追求时髦，随波逐流，使个人着装千人一面，毫无特色可言。

2. 整体性

正确的着装，应当基于统筹的考虑和精心的搭配。各个部分不仅要“自成一体”，而且要相互呼应、配合，在整体上尽可能地显得完美、和谐。若是着装的各个部分之间缺乏联系，它哪怕再完美也毫无意义。着装要坚持整体性，

重点是要注意两个方面。其一，是要恪守服装本身约定俗成的搭配。例如，穿西装时，应配皮鞋，而不能穿布鞋、凉鞋、拖鞋、运动鞋。其二，是要使服装各个部分相互适应，局部服从于整体，力求展现着装的整体之美，全局之美。

3. 整洁性

在任何情况之下，人们的着装都要力求整洁，避免肮脏或邋遢。着装要坚持整洁性，应体现于下述四个方面：首先，着装应当整齐。不允许它又折又皱，不熨不烫。其次，着装应当完好。不应又残又破，乱打补丁。至于成心自残的“乞丐装”，在正式场合亦应禁穿。再次，着装应当干净，不应当又脏又臭，令人生厌。以任何理由搪塞应付而穿脏衣，都没有道理。最后，着装应当卫生，对于各类服装，都要勤于换洗，不应允许其存在明显的污渍、油迹、汗味与体臭。

4. 文明性

在日常生活里，不仅要做到会穿衣戴帽，而且要努力做到文明着装。着装的文明性，主要是要求着装文明大方，符合社会的道德传统和常规做法。它的具体要求，一是要忌穿过露的服装。在正式场合，袒胸露背，暴露大腿、脚部和腋窝的服装，切应忌穿。在大庭广众打赤膊，则更在禁止之列。二是要忌穿过透的服装。倘若使内衣、内裤“透视”在外，令人一目了然，昭然若揭，当然有失检点。若不穿内衣、内裤，则更要禁止。三是要忌穿过短的服装。不要为了标新立异，而穿着小一号的服装。更不要在正式场合穿短裤、小背心、超短裙这类过短的服装。它们不仅会使自己行动不便，频频“走光”、“亮相”，而且也失敬于人，使他人多有不便。四是要忌穿过紧的服装。不要为了展示自己的线条而有意选择过于紧身的服装，把自己打扮得像“性感女郎”，更不要不修边幅，使自己内衣、内裤的轮廓在过紧的服装之外隐隐约约。

5. 技巧性

不同的服装，有不同的搭配和约定俗成的穿法。例如，穿单排扣西装上衣时，两粒钮扣的要系上面一粒，三粒钮扣的要系中间一粒或是上面两粒。女士穿裙子时，所穿丝袜的袜口应被裙子下摆所遮掩，而不宜露于裙摆之外。穿西装不打领带时，内穿的衬衫应当不系领扣，等等。这些，都属于着装的技巧。

着装的技巧性，主要是要求在着装时要依照其成法而行，要学会穿法，遵守穿法。不可以不知，也不可以另搞一套，贻笑大方。

（五）商务宴会对仪表的特殊要求

仪表，即人的外表，包括容貌、举止、姿态、风度等。在政务、商务、事务及社交场合，一个人的仪表不但可以体现他的文化修养，也可以反映他的审美趣味。穿着得体，不仅能赢得他人的信赖，给人留下良好的印象，而且还能够提高与人交往的能力。相反，穿着不当，举止不雅，往往会降低你的身份，损害你的形象。由此可见，仪表是一门艺术，它既要讲究协调、色彩，也要注意场合、身份。

服装不是一种没有生命的遮羞布。它不仅是布料、花色和缝线的组合，更是一种社会工具。它向社会中其他的成员传达出信息，像是在向他人宣布说："我是什么个性的人？我是不是有能力？我是不是重视工作？我是否合群？"随着社会经济、文化的发展，如何得体、适度地穿着已成为一门大有可为的学问。同时，它又是一种文化的体现。那么，在仪表方面，我们应该注重些什么呢？

1. 注重仪表的协调

所谓仪表的协调，是指一个人的仪表要与他的年龄、体型、职业和所在的场合吻合，表现出一种和谐，这种和谐能给人以美感。从年龄上来说，不同年龄的人有不同的穿着要求，年轻人应穿着鲜艳、活泼、随意一些，体现出年轻人的朝气和蓬勃向上的青春之美。而中、老年人的着装则要注意庄重、雅致、整洁，体现出成熟和稳重。对于不同体型、不同肤色的人，就应考虑到扬长避短，选择合适的服饰。职业的差异对于仪表的协调也非常重要。比如，教师的仪表应庄重，学生的仪表应大方整洁，医生的穿着也要力求显得稳重而富有经

验。当然，仪表也要与环境相适应，在办公室的仪表与在外出旅游时的仪表当然不会相同。

2. 注意色彩的搭配

暖色调（红、橙、黄等）给人以温和、华贵的感觉；冷色调（紫、蓝、绿等）往往使人感到凉爽、恬静、安宁、友好；中和色（白、黑、灰等）给人以平和、稳重、可靠的感觉，是最常见的工作服装用色。在选择服装外饰物的色彩时，应考虑到各种色调的协调与肤色，选定合适的着装、饰物。

3. 注意根据不同的场合

喜庆场合、庄重场合及悲伤场合应注意有不同的服装着装要求，要遵循不同的规范与风俗。

4. 不恰当的女性着装

成功的职业女性应该懂得如何适宜地装扮自己。但在日常生活中，职业女性的着装常会出现以下问题。

（1）过分时髦型：现代女性热爱流行的时装是很正常的现象，即使你不去刻意追求流行，流行也会左右着你。但有些女性几近盲目地追求时髦。例如，有家贸易公司的女秘书在指甲上同时涂了几种鲜艳的指甲油，当她打字或与人交谈时，都给人一种厌恶的压迫感。一个成功的职业女性对于流行的选择必须有正确的判断力，同时要切记：在办公室里，主要表现的是工作能力而非赶时髦的能力。

（2）过分暴露型：夏天的时候，许多职业女性便不够注重自己的身份，穿起颇为性感的服装。这样你的才能和智慧便会被埋没，甚至还会被看成轻浮。因此，再热的天气，也应注意自己仪表的整洁、大方。

（3）过分正式型：这个现象也是常见的，其主要原因可以说是没有适合的服装。职业女性的着装应平淡朴素。

（4）过分潇洒型：最典型的就是一件随随便便的T恤或罩衫，配上一条泛

白的“破”牛仔裤，丝毫不顾及办公室的原则和体制。这样的穿着可以说是非常不合适的。

（5）过分可爱型：在服装市场上有许多可爱俏丽的款式，也不适合工作中穿着，这样会给人轻浮、不稳重的感觉。

（六）赴宴时饰品的选择原则

赴宴者应当根据宴会的基本性质、宴会场合的情感需要以及自我身份、职业、形体等美感需要选择合乎礼仪的着装，选配适当的饰品，进行必要的美容化妆。

现代饰品主要有戒指、耳环、项链、帽子、墨镜、小型手袋等。合适的饰品、正确的佩戴对于表现赴宴者的个性特点、增添个人魅力发挥着重要的作用。

1. 帽子的选择与佩戴

帽子是现代女性的主要饰物，选择帽子要注意款式，但也应该注意色彩、大小、高矮与自己肤色、体型、身材的关系，以让帽子帮助赴宴者达到扬长避短的效果。

一般来说，参加各种宴会及上门做客，进人会场或主人家里都应该脱帽，并放在合适的位置，而不应该随意乱放。

2. 墨镜的选择与佩戴

在参加宴会的人中，有的赴宴者习惯戴墨镜。戴墨镜可以抵挡阳光，保护眼睛不受伤害，而且会平添几分神秘感和魅力，给人以严肃、神气、深沉之感。颜色款式适宜的墨镜对人的脸部肤色有很强的烘托作用。

在参加室内宴会活动或室外宴会活动，都不适宜佩戴墨镜。如有特殊情况需佩戴墨镜，比如，赴宴者患有眼病的情况，赴宴者应该向主人或客人说明并致歉意，在与人握手、交流时，应将墨镜摘下，离别时再戴上。

3. 耳环的选择与佩戴

耳环是女性的重要饰并品之一。美观大方的耳环对人的气质、风度有很大

影响。耳环的种类有很多，常见的有钻石、金银、珍珠等。其形状也是各异，有圆形、方形、三角形、菱形以及各种异形。耳环的大小不一，色泽也是五颜六色。

需要戴耳环的赴宴者选择耳环主要应当考虑自己的脸型、头型、发式、服饰等方面。比如，长脸形，特别是下颚较尖的脸型应配面积较大的扣式耳环，以便使脸部显得圆润丰满。另外，耳环的色彩应与服饰色彩相近。同时，要考虑两者之间色彩的适当对比。

4. 戒指的选择与佩戴

戒指既可以女性佩戴，也可以男性佩戴。戒指不仅是重要的饰物，且所带的手指不同，所表示的信息也有差别。

戒指就质地而言，有钻石、珍珠、金银等多种；形状、大小色彩也各异。佩戴戒指时最需要注意的是弄清楚应将戒指戴在哪只手的哪根手指上。一般无论男女，戒指在相同手指上的含义是：戴在中指上，表示已正式订婚或已结婚；戴在小指上，则表示誓不婚恋，笃信独身主义；偶尔也可见有人中指和无名指同时戴着戒指，则表示已婚并且夫妻关系很好。

据此，赴宴者一定要注意严格区分，以便正确把握餐桌礼仪，了解其他赴宴者，以避免失礼。

5. 项链的选择与佩戴

项链可以装饰女性的颈项、胸部，使女性更具魅力和性感，而且它能使佩戴者的服饰更显富丽。

制作项链的原料很多。按其质地、价值和审美效果而言，有名贵、高雅的珍珠，富贵华丽的金银，古朴神秘的景泰蓝，妩媚柔美的玛瑙、象牙，以及朴实活泼的贝壳等。选配项链，首先要考虑的是自己的经济实力，还要考虑自己的体型、脸型、脖子的长度以及衣服的颜色等。

6. 女性手提包的选择与携带

女性手提包是女性出席宴会的重要饰物，精美的手提包使人赏心悦目，可以在动态中显示出独特的魅力，自古以来就受到高雅女性的青睐。手提包的面料很多，有金属、漆皮、塑料、串珠、刺绣、抛光的布制品等。其款式应是可以拿在手中的小皮包型或手提型，选择的原则是小巧、新颖、别致、协调、装饰性强。

轻便手袋与小手提包的区别是稍微大一点，带子长一点，可以挂在肩上，是女性出席一般宴会的饰物之一，携带起来既美观又实用。选择时应以轻便、灵巧、与衣饰色彩调和以及有一定的实用性为原则。

（七）宴请中的“体态语言”礼仪

仪态亦称为体态，是现代商务宴请中最基本的礼仪行为。仪态包括人的站姿、走姿、坐姿、手势及表情等，即人们除了用语言表达思想感情外，还要用人体本身的行为作出种种说明活动。在人类社会活动或商务交往中，有很多情感和心理是通过这种最基本的礼仪行为表现出来的。在餐厅，这种行为语言的效果是其他语言艺术无法比拟的。

1. 站姿

是日常生活中正式或非正式场合中第一个引人注目的姿态。优美、优雅的站姿能衬托出人本身的良好的气质和风度。站姿的基本要求为：抬头，两眼平视前方，嘴唇微闭，面带微笑，下颌微收；放松双肩，稍向下压；挺胸、收腹、立腰；双臂自然下垂于身体两侧，双腿直立，膝和脚后跟要靠紧。一个人站立时不良的姿态表现为：身体僵直，胸部外凸，板腰；垂肩，脊柱后凸，腹部鼓起；胸部下凹及垂肩，脊柱侧凸。此外，缩头探脑、佝偻双肩或双腿弯曲颤抖等，这些站姿都会给人留下不良印象。不良站姿无法显示出一个人的朝气及活力。

无论男性还是女性，站立姿势表现出挺、直、高，那他（她）便是具有了基本的美感。就男性来说，站立时身体各主要部位舒展，头不下垂，颈不扭

曲，肩不耸，胸不含，背不驼，髋、膝不弯，这样他就做到了“挺”。站立时脊柱与地面保持垂直，在颈、胸、腰等处保持正常的生理弯曲，颈、腰、背后肌群保持一定紧张度，这样他就做到了“直”。站立时身体重心提高，并且重点放在两腿中间，这样他就做到了“高”。就女性来说，站立时头部微低，显示了她的温柔之美；挺胸，不仅使她显得朝气蓬勃，而且让人觉得她是个自信的人；腹部微收，臀部放松后突，表示她很在意女性曲线美。

2. 坐姿

正确的坐姿给人以端庄、稳重的印象，使人产生信任感。入坐时要轻要稳。走到座位前，转身后，轻稳地坐下。人的正常坐姿，在其身体背后没有任何依靠时，上身应正直而稍向前倾，头平正，两臂贴身自然下垂，两手随意放在自己腿上，两腿间距和肩宽大致相等，两脚自然着地。背后有依靠时，在正式社交场合，也不能随便把头向后仰靠，显出很懒散的样子。

为了促进交谈，坐椅子时可稍往前坐一点，身体前倾，采取这样的姿势，便于将身体前后摇动，以对对方的谈话内容表示肯定，同时还可以促使对方做决定。如果背部靠在沙发上，则给人以傲慢的印象，同时身体后仰，会使下巴突出，这样容易暴露自己的想法，被对方掌握主动权。其次，交谈时可以采取稍微侧身的姿势，会产生一种易于接近的作用。

“坐如其人”，一个人的坐姿也是他的素养和个性的体现。得体的坐姿可以塑造社交者的良好形象，而错误的坐姿，则会给人一种粗俗、没有教养的印象。

在正式场合，不应出现下列姿势。一是双腿过度分开，二是高架“二郎腿”或“4”字形腿，三是腿脚抖动摇晃，四是左顾右盼、摇头晃脑，五是上身前倾后仰或弯腰曲背，六是双手或端臂、或抱脑后、或抱膝盖、或抱小腿、或放于臀部下面，七是双腿长长前伸、或脚尖指向他人，八是双手撑椅，九是又跷脚又摸脚，十是坐下后随意挪动椅子。

3. 走姿

走姿是站姿的连续动作，是在站姿的基础上展示人的动态美的极好手段。优美的走姿会使身体各部位都散发迷人的魅力。走姿的具体要求是：直，两眼平视前方，精神饱满、面带微笑；跨步均匀，步伐稳健、自然、有节奏身体重心稍向前倾，两手前后自然协调摆动，但幅度不宜过大。

正确的步态表现出一个人朝气蓬勃、积极向上的精神状态，呈现出一种健美的姿态，行走出一阵疾风，给人留下美好的印象。

四、交谈礼仪：餐饮中注意说话的礼貌分寸

“介绍”是人与人之间相互交往的第一座桥梁，是拓展人际关系的第一步。从认识、握手到交换名片，如果每一个细节都能确实掌握好，将会使你在任何餐饮场合中，都能更好地展示良好的交际风度。商务礼仪中的称呼是至关重要的，它是进一步交往的敲门砖。握手是日常交往中最常用的礼节，虽然只有几秒钟的时间，但却决定了别人对你的态度，因此忽视不得。交换名片虽是人际交往中的小细节，但也有一些必须遵循的礼节，否则你给人的第一印象就会大打折扣。馈赠是社交活动的重要手段，只有在明确馈赠目的和遵循馈赠基本原则的前提下，才能真正发挥馈赠在交际中的重要作用。

（一）称呼要体现礼貌和尊重

无论是商务交往还是日常交往中，正确称呼别人是起码的交往礼仪。称呼，也叫称谓，指的是人们在日常交往应酬之中，所采用的彼此之间的称谓语。在人际交往中，选择正确、适当的称呼，反映着自身的教养、对对方尊敬的程度，甚至还体现着双方关系发展所达到的程度和社会风尚，因此对称呼不能随便乱用。

商务礼仪中的称呼是至关重要的，它是进一步交往的敲门砖。使用称谓，

应当谨慎，稍有差错，便会贻笑大方。恰当地使用称谓，是商业交往顺利进行的第一步。称呼的基本规范是要表现尊敬、亲切和文雅，使双方心灵沟通，感情融洽，缩短彼此之间的距离。

称呼要正式、规范，分为以下几种：

1. 中国人的习惯称呼

（1）职务性称呼：对于具有职称者，尤其是具有高级、中级职称者，在工作中直接以其职称相称。以示身份有别、敬意有加，这是一种最常见的称呼方法。这类称呼分为三种：直接称呼职务、在职务前加上姓氏、在职务前加上姓名（适用于极其正式的场合）。例如，“教授”、“律师”、“工程师”等；可以在职称前加上姓氏。例如，“张教授”、“王研究员”、“刘工程师”，当然有时可以简化，如将“刘工程师”简化为“刘工”，但使用简称应以不发生误会、歧义为限；可以在职称前加上姓名，适用于十分正式的场合。例如，“赵仲三编审”、“吴少平教授”等。

（2）行业性称呼：在工作中，有时可按行业进行称呼。对于从事某些特定行业的人，可直接称呼对方的职业，如老师、医生、会计、律师等，也可以在职业前加上姓氏、姓名。

（3）性别性称呼：对于从事商界、服务性行业的人，一般约定俗成地按性别的不同分别称呼“小姐”、“女士”或“先生”。“小姐”是称未婚女性，“女士”是称已婚女性。

（4）姓名性称呼：一般的同事、同学关系，平辈的朋友、熟人，均可彼此之间以姓名相称，例如，“王小鸭”、“李永”等。长辈对晚辈也可以如此称呼，但晚辈对长辈却不可这样做。为了表示亲切，可以在被称呼者的姓名前分别加上“老”、“大”和“小”字相称，而免称其名。例如，对年长于己者，可称呼“老周”、“大李”；对年幼者，可称“小邢”、“小刘”，这种称呼在职业人士中常见。对同性的朋友、熟人，若关系极为亲密，可以不称其姓，而直呼其名，如“艾民”、“天天”等。对于异性一般则不宜这样做，因为若如此，那不是其家人，就是其配偶了。

2. 西方人的习惯称呼

在国际交往中，因为国情、民族、宗教、文化背景的不同，称呼就显得千差万别。一是要掌握一般性规律，二是要注意国别差异。

（1）认识之人的称呼：对于自己已经认识的人多以“Mr”“Ms”或“Mrs”等加在姓氏之前称呼，如Mr. Chang、Mrs. Huang等，千万不可以用名代姓。以美国国父乔治·华盛顿为例，人们称之为华盛顿总统、华盛顿先生，因为这是他的姓。

（2）重要人物的称呼：对于重要人物最好加上他的头衔，如校长、大使、参议员、教授等，以示尊重，当然也如前述，是以头衔之后加上其人之全名或姓氏称呼之。

一般而言，有三种人在名片上和头衔上是终身适用的。这三种人是：大使（Ambassador）、博士（Doctor）以及公侯伯子男皇室贵族爵位。在称呼他们时一定要加头衔，否则表示十分不敬，甚至视为羞辱，务必谨慎小心。

（3）不认识之人的称呼：可以“Sir”和“Madam”称呼之。国人有不少人一见外国人就称“Sir”，这是不对的。只有对看起来明显十分年长者或是虽不知其姓名但显然是十分重要的人士方才适用之，当然面对正在执行公务的官员、警员等也可以“Sir”称呼以表尊敬。而相对于女士则一律以“Madam”称呼之，不论她是否已婚。

（4）年轻人的称呼：年轻男孩可以称之为“Young Man”，年轻女孩则称为“Young Lady”，小孩子可以昵称为“Kid（s）”，较礼貌地称之为Young Master。在此，“Master”并非主人之意，有点类似国语的“小王子”之类的称呼法。

（二）打招呼时要注意的礼仪

打招呼就是向对方表示一些良好祝愿或欢迎的话。对人亲切地问候，是增加生活乐趣的一种礼仪形式；对熟人不问候，或者不回答别人对你的问候，都是很失礼的行为。在餐厅见面，打招呼最简单的话是一声“早上好”、“上午好”、“晚上好”或“您好”等。对不熟悉或者匆匆而过的人，都可以这样打招呼。打招呼时，应注意以下事项：

1. 初次见面更要注意称呼

初次与人见面或谈业务时，要称呼姓加职务，要一字一字地说得特别清楚，比如：“王总经理，你说得真对……如果对方是个副总经理，可删去那个‘副’字；但若对方是总经理，不要为了方便把“总”字去掉，而变为“经理”。

2. 关系越熟越要注意称呼

与对方十分熟悉之后，千万不要因此而忽略了对对方的称呼，一定要坚持称呼对方的姓加职务（职称），尤其是有其他人在场的情况下。人人都需要被人尊重，越是熟人，越是要彼此尊重，如果熟了就变得随随便便，“老王”、“老李”甚至用一声“唉”、“喂”来称呼了，这样极不礼貌，是令对方难以接受的。

3. 称呼对方时不要一带而过

在交谈过程中，称呼对方时，要加重语气，称呼完了停顿一会儿，然后再谈要说的事，这样才能引起对方的注意，他会认真地听下去。如果你称呼得很轻又很快，有种一带而过的感觉，对方听着不会太顺耳，有时也听不清楚，就引不起听话的兴趣。相比之下，如果太不注意对方的姓名，而过分强调了要谈的事情，那就会适得其反，对方不会对你的事情感兴趣了。所以，一定要完整地称呼对方，很认真很清楚很缓慢地讲出来，以显示对对方的尊重。

4. 避免错误称呼

在社交活动中要避免称呼中常见的错误，禁用不恰当的称呼。这样才能做到交往有礼。常见的错误称呼有以下两种：

（1）误读：一般表现为念错被称呼者的姓名。比如“仇（qiú）”不能读（chóu）、“查（zhā）”不能读（chā）等，这些姓氏极易弄错。要避免犯此类错误，就一定要做好先期准备，必要时不耻下问，虚心请教。

（2）误会：指对被称呼的年纪、辈分、婚否以及与其他人的关系作出了错误判断，从而使用了错误性称呼。

5. 避免禁用称呼

在社交场合禁用的称呼有以下几种：过时的称呼；不通行的称呼；不当的行业称呼；庸俗低级的称呼；绰号作为称呼等。

（1）过时的称呼：有些称呼具有一定的时效性，一旦时过境迁，若再采用，难免贻笑大方。比方说，法国大革命时期人民彼此之间互称“公民”。在我国古代，对官员称为“老爷”、“大人”。

（2）不通行的称呼：有些称呼具有一定的地域性，比如，北京人爱称人为“师傅”，山东人爱称人为“伙计”，中国人把配偶、孩子经常称为“爱人”、“小鬼”。但是，在南方人听来，“师傅”等于“出家人”，“伙计”是“打工仔”。而外国人则将“爱人”理解为“第三者”，将“小鬼”理解为“鬼怪”、“精灵”。

（3）不当的行业称呼：学生喜欢互称为“同学”，军人经常互称“战友”，工人可以称为“师傅”，道士、和尚可以称为“出家人”，这无可厚非。但以此去称呼“界外”人士，并不表示亲近，反而令人产生被贬低的感觉。

（4）庸俗低级的称呼：在人际交往中，有些称呼在正式场合切勿使用。例如“兄弟”、“朋友”、“哥们儿”、“姐们儿”“死党”、“铁哥们儿”等一类的称呼，就显得庸俗低级，档次不高。

（5）绰号作为称呼：对于关系一般的人，切勿自作主张给对方起绰号，具有明显的侮辱性的绰号，例如，“拐子”、“秃子”、“罗锅”、“四眼”等，更不能说出。另外，还要注意，不要随便拿别人的姓名乱开玩笑。

6. 避免尴尬的称呼

人们常常在初识时闹点称呼上的笑话。比如，对女人的婚姻状态把握不准，夫人称小姐倒无妨，若把小姐称为某夫人岂不尴尬。在社交场合中，一般男子称先生，对女子称夫人、女士、小姐。已婚女子称夫人，未婚女子统称小姐，对婚姻状况不明的女子可称女士。

称呼对方时，还要遵循先上级后下级、先长辈后晚辈、先女士后男士、先疏后亲的礼遇顺序进行。

（三）自我介绍需要注意的事

在许多社交场合，为了多结交一些朋友或有意接触某人，需要主动上前介绍自己，这就是自我介绍。第一印象是黄金。在社交活动中，如欲结识某些人或某个人，而又无人引荐，如有可能，即可向对方自报家门，自己将自己介绍给对方。

在宴会接待中，恰当的自我介绍不仅可以扩大自己的交际圈，广交朋友，而且有助于对自己进行必要的自我展示和自我宣传，有利于自己在人际交往中消除误会，减少麻烦。但进行自我介绍时必须注意以下几个方面。

1. 自我介绍要有特色

富有特色、生动形象的自我介绍能够强化别人对你的印象，让人过耳不忘。你可以设计一套美丽生动的说辞，再通俗的名字，都可以化腐朽为神奇。利用名言、诗词，比单字的解释要传神如姓何，说“人可何”太简略俗气，不如说“天涯何处无芳草”的“何”，既谐趣又生动有情。此外，如故乡的介绍、年龄的透露等都应利用特色多加发挥，生在重庆的，可说“我的故乡是潮湿多雾的雾都”，年龄30岁，可说“已届而立之年”，如果只粗略交代，平淡无奇，实在很难给人留下深刻的印象。

2. 仪态大方，表情亲切

自我介绍时，介绍者就是当事人，基本程序是先向对方点头致意，得到回

应后再向对方报出自己的姓名、身份、单位及有关情况。进行自我介绍时，必须举止、仪表庄重大方，表情坦然亲切，面带笑容。介绍时语言要热情友好，充满自信，眼睛要注视对方。讲到自己时可将右手放在自己的左胸上，切忌慌慌张张、不知所措或满不在乎。语气要自然，语速要正常，语音要清晰。

3. 选准时机

当你进入新环境的时候，与陌生人初次见面时，必须及时、简要、明确地做自我介绍，说明来历，让对方尽快了解你。相反，见面时，相互凝视半天，你仍沉默或前言不搭后语，对方会很不愉快，甚至会产生许多疑问，使对方不愿意与你交往。当然若对方正与他人交谈，或大家的精力正集中在某人、某事上，则不宜作自我介绍；而对方一人独处，或春风得意时，进行自我介绍则会产生良好效果。为了节省时间，作自我介绍时，还可利用名片、介绍信加以辅助。

4. 自我介绍要繁简适度

作自我介绍，根据不同的交往对象，内容应繁简适度。自我介绍总的原则是简明扼要，不要长篇大论，一般以半分钟为宜，情况特殊也不宜超过3分钟。如对方表现出有认识自己的愿望，则可在报出本人姓名、工作单位、职务的基础上，再简略地介绍一下自己的籍贯、学历、兴趣、专长及与某人的关系等。

如果已经引起谈话的兴趣，那么，不妨多谈别人，少谈自己。而把对自己的详尽介绍留在以后，留在双方已经建立了良好的友谊，对方有兴趣、有需要对我们作更进一步了解的时候。

5. 把握分寸

自我介绍时措辞要适度，既不要过分炫耀自己的部门和本人，也不要过分自我贬低，而应实事求是、恰如其分地介绍自己，给人诚恳、坦率、可以信赖的印象。介绍用语要留有余地，不宜用“最”、“极”、“特别”、“第一”等表示极端的词语。另有一些人正相反，喜欢作一番自我贬低式的介绍，以示自己很谦虚。这两种做法，要么让人觉得你大吹大擂；要么让人觉得你很虚

假，不诚实。只有实事求是、恰如其分地介绍自己，才会给人以诚恳、坦率、可以信赖的印象。总之，自我介绍既要表现友好、自信和善解人意，又应力戒虚伪和媚俗。

（四）为他人作介绍的礼仪原则

在餐饮礼仪当中，介绍的礼仪是相当重要的一环。因为我们在任何场合、任何餐厅用餐，都有可能接触到一些素昧平生的人。通过他人介绍，可以结识新朋友和新的合作伙伴，也可以为谋求新的职业打开门路，开始新的里程。

1. 介绍的顺序

（1）先将男士介绍给女士：在介绍一男一女互相认识时，是把男士介绍给女士，在介绍过程中，女士的名字应先提，然后再提男士的名字。如，“李小姐，我来为你介绍一位朋友，这是陈先生。”有时亦有例外。如果你要介绍一男一女认识，而男的年纪比女方大很多时，则应该将她介绍给这位男士，以示尊敬长者之意。如，“张先生，让我介绍我的外甥女给你认识。”

（2）先将年轻者介绍给年长者：把年轻者引见给年长者，以示对前辈、长者的尊敬。比如：“李阿姨，这是我的表妹艳红。”“张伯伯，我请您认识一下我的朋友付廷民。”在介绍中，应注意有时虽然男士年龄较大，但仍然是将男士介绍给女士。

（3）先将职位低的介绍给职位高的：介绍职位有高低差别的两个人互相认识时，应突出职位高者的地位。先介绍职位低者，再介绍职位高者。比如：“王总，这位是××公司的总经理助理刘女士。”注意，这里我们先提到的是王总经理，这是因为我们把王总经理的职位看做高于刘女士，尽管王总经理是一位男士，仍不先介绍他。

若职位高低与年龄、性别有冲突情况，那么介绍规则仍应以职位为优先。亦就是即使职位低者为女性或年龄较长，亦应成为先被介绍的一方。

（4）先将未婚女子介绍给已婚女子：比如：“郑太太，让我来介绍一下，这位是李小姐。”注意，当无法辨别被介绍者是已婚还是未婚时，则不存在先介绍谁的问题，可随意介绍，如，“张女士，我可以把我的女朋友杨小姐介绍给您吗？”

2. 介绍的姿势

（1）作介绍时，介绍人应起立，行至被介绍人之间。在介绍一方时，应微笑着用自己的视线把另一方的注意力吸引过来。手的正确姿势应为手指并拢，掌心向上，胳膊略向外伸，指向被介绍者。作为介绍人，在为他人作介绍时，态度要热情友好。认认真真，不要敷衍了事或油腔滑调，也不要用手指对被介绍者指指点点。

（2）作为被介绍的一方，在被介绍时，应起立，用柔和、真诚、专一的目光注视对方；随介绍人的介绍，热情地与对方握手，点头致意，并用“您好”、“认识您很高兴”等语言来表示问候和真诚的态度。

（3）别人介绍一位女士与你认识，你如果原先是坐着的，则应该立刻站起来。而女方被人介绍认识男士，则可坐着答礼，不一定要站起来。

（4）别人介绍一位年长者或职位高者与你认识时，你也应该立刻站起来，但年长者或职位高者被人介绍认识年轻者、职位低者，则可以坐着答礼。

3. 介绍的内容

（1）在给他人作介绍时，首先要实事求是、简明扼要地介绍双方各自的情况，如姓名全称、职位、与自己的关系以及认识对方的目的等，令双方知道如何称呼彼此、明白双方交流的意义。

（2）在介绍对方时切忌厚此薄彼，不可以对一方介绍得面面俱到，而对另一方只用寥寥数语。也不可以对一方冠以“这是我的好朋友”，而不给另一方以“同等待遇”。

（3）介绍两位素昧平生的人互相认识，不要只是寥寥数语道出各人的姓名便算完成，而应该尽量让他们多知道一些对方的事。一来使气氛轻松；二来亦可为

他们之间的交谈先铺一条道路。如："小敏，这位是张惠平。我知道你正好要找个名摄影家学习摄影技巧，而惠平正是高手，他是很乐意帮助别人的。"或是："海明，惠平上星期从谷关度假回来，你以前不是也去过谷关吗？"主人如此起了穿针引线的作用之后，便可以"功成身退"，让他们自己谈话了。

4. 介绍不必太过拘束

在家庭宴会场合，介绍不必过于拘泥礼节，倘若大家又都是年轻人，就更应以自然、轻松、愉快为宗旨。介绍人说一句："我来介绍一下"，然后即作简单地介绍，也不必过于讲究先介绍谁、后介绍谁的规则。最简单的方式恐怕莫过于直接报出被介绍者各自的姓名。也不妨加上"这位是"、"这就是"之类的话以加强语气，使被介绍人感到亲切和自然。在把一个朋友向众人作介绍时，说句"诸位，这位是玛丽"也就可以了。

另外，作介绍前，应考虑被介绍人双方有无相识的必要与愿望，故可事先询问被介绍人的意见，以防作介绍时冷场。如"请允许我介绍你们认识一下"，然后再把双方的情况一一介绍。

（五）集体介绍的注意事项和顺序

集体介绍，是指为一个以上的人所作的介绍。也就是说，被介绍者不止一人，甚至是许多人。集体介绍分为集体和个人、集体和集体两种情况。一种是介绍两个集体，同样要把地位低的一方先介绍给地位高的一方，所谓地位低的一方一般就是东道主，所谓地位高的一方一般就是客人。还有一种就是介绍集体和个人，一般先把个人介绍给集体，因为个人比集体人少，地位比较低。然后介绍集体，这叫做单项式介绍。

进行集体介绍的顺序，若有可能，应比照他人介绍的顺序进行。若实难参照，则可酌情参考下述顺序。应当强调的一点是，越正式、大型的交际活动，对集体介绍的顺序就越是不可马虎。

1. "少数服从多数"

“少数服从多数”的原则，是指当被介绍者双方地位、身份大体相似，或者难以确定时，应当使人数较少的一方礼让人数较多的一方，一个人礼让多数人，先介绍人数较少的一方或个人，后介绍人数较多的一方或多数人。

2. 强调地位、身份

若被介绍者双方地位、身份之间存在明显差异，特别是当这些差异表现为年龄、性别、婚否、师生以及职务有别时，则地位、身份为尊的一方即使人数较少，甚至仅为一人，仍然应被置于尊贵的位置，最后加以介绍，而先介绍另一方人员。

3. 单向介绍

在演讲、报告、比赛、会议、会见时，往往只需要将主角介绍给参加者，而没有必要一一介绍众多的参加者。

4. 人数较多一方的介绍

若需要介绍的一方人数不止一人，可采取笼统的方法进行介绍，例如，可以说：“这是我的家人”，“他们都是我的同事”，等等。但是最好还是要对其一一进行介绍。进行此种介绍时，可比照他人介绍时位次尊卑的顺序，由尊而卑，如先长后幼，先女后男，等等。不过，这一顺序的标尺一定要正规、单一，且为众人所认可。

5. 人数较多双方的介绍：若被介绍双方皆不止一人，则可依照惯例，先介绍位卑的一方，后介绍位尊的一方。在介绍各方人员时，均须由尊而卑，依次进行。

6. 人数较多各方的介绍：有时，被介绍的会不止两方，此时需要对被介绍的各方进行位次排列。排列的具体方法：一是以其负责人身份为准；二是以其单位规模为准；三是以单位名称的英文字母顺序为准；四是以抵达的时间的先后顺序为准；五是以座次顺序为准；六是以距介绍者的远近为准。进行多方介绍，应由尊到卑。如时间允许，应在介绍各方时，以由尊而卑的顺序介绍其各

个成员。若时间不允许，则不必介绍其具体成员。

7. 集体介绍的内容要求：集体介绍的内容，基本上与他人介绍的内容无异，不过要求更认真、更准确、更清晰。有以下两点，应尤为注意。

（1）不要使用易生歧义的简称：比如，不要讲“人大”、“消协”，而应说明是“中国人民大学”、“消费者协会”，或“市人大常委会”、“消防协会”。又如，将“范局长”简称为“范局”，就会使人听上去好似“饭局”。至少，要在首次介绍时使用准确的全称，然后方才采用简称。

不论是介绍单位还是介绍个人，只有在不产生歧义时才可使用简称，否则很容易造成误会。

（2）不要开玩笑、捉弄人：进行介绍时，要庄重、亲切，切勿随意拿被介绍者开玩笑，或是成心出对方的洋相。比如，在介绍时这样讲：“这位是大名鼎鼎的邱悦先生，大家看，邱先生肥不肥？”就是很不文明的。

（六）握手的礼仪

握手是日常交往中最常用的礼节，是世界通行的礼节，多用于见面时的问候与致意，以及告别时的致谢和祝愿的场合。握手虽然只有几秒钟的时间，但是正是这短短的几秒钟，却决定了别人对你的态度，因此忽视不得。

握手的标准方式，是行至距握手对象约1米处，双腿立正，上身略向前倾，伸出右手，四指并拢，拇指张开与对方相握。握手时应用力适度，上下稍许晃动三四次，随后松开手来，恢复原状。具体来说，握手时应注意以下几个方面的事项。

1. 伸手的次序

在正式社交场合，握手时最为重要的是握手的双方应当由谁先伸出手来。握手的先后次序要符合礼仪规范。具体而言，握手时双方伸手的先后次序大体包括如下几种情况：年长者与年幼者握手，应由年长者首先伸出手来；长辈与晚辈握手，应由长辈首先伸出手来；老师与学生握手，应由老师首先伸出手

来；女士与男士握手，应由女士首先伸出手来；已婚者与未婚者握手，应由已婚者首先伸出手来；社交场合的先至者与后来者握手，应由先至者首先伸出手来；上级与下级握手，应由上级首先伸出手来；职位、身份高者与职位、身份低者握手，应由职位、身份高者首先伸出手来。

2. 神态专注

与人握手时，理当神态专注，热情、友好、自然。在通常情况下，与人握手时，应面带笑意，直视对方双眼，并且开口问候。

在握手时，切勿显得三心二意，敷衍了事，漫不经心，傲慢冷淡。如果在此时迟迟不握他人早已伸出的手，或是一边握手，一边东张西望，目中无人，甚至忙于跟其他人打招呼，都是极不应该的。

3. 姿势自然

向他人行握手礼时，只要有可能，就应起身站立，除非是长辈或女士。坐着与人握手是不合适的。

握手时双方之间的最佳距离为1米左右，因此握手时双方均应主动向对方靠拢。距离过大，显得像是下方有意讨好或冷落一方；距离过小，手臂难以伸直，也不大好看。

握手时最好的做法，是双方站立，彼此将要相握的手各向侧下方伸出，伸直相握后形成一个直角。.

4. 手位适当

在握手时，手的位置至关重要。常见的手位有两种，即：

（1）单手相握：以右手单手与人相握，是最常用的握手方式。不过进而言之，单手与人相握时，手掌垂直于地面最为适当。它称为“平等式握手”，表示自己不卑不亢。

与人握手时掌心向上，表示自己谦恭、谨慎，这一方式叫做“友善式握手”。

与人握手时掌心向下，则表示自己感觉甚佳，自高自大，这种方式叫做

“控制式握手”。

（2）双手相握：双手相握，即用右手握住对方右手后，再以左手握住对方右手的手背。这种方式，适用于亲朋故友之间，可用以表达自己的深厚情谊。一般而言，此种方式的握手不适用于初识者与异性，因为它有可能被理解为讨好或失态。这一方式，有时亦称“手套式握手”。

双手相握时，左手除握住对方右手手背外，还有人握住对方右手手腕、握住对方右手手臂、按住或拥住对方右肩，这些做法除非是面对至交，最好不要滥用。

5. 力度适中

握手时，为了向交往对象表示热情友好，应当稍许用力，大致握力以在两公斤左右为宜。与亲朋故旧握手时，所用的力量可以稍微大一些；而在与异性以及初次相识者握手时，则千万不可用力过猛。

在与人握手时，不可以毫不用力，不然就会使对方感到缺乏热忱与朝气。但也不宜矫枉过正，要是在握手时拼命用力，不将对方整得龇牙咧嘴不肯罢休，则难免有示威挑衅之嫌。

6. 时间适度

与他人握手的时间不宜过短或过长。大体来讲，握手的全部时间应控制在3秒钟以内，握上一两下手即可。

握手时两手稍触即分，时间过短，好似在走过场，又像是对对方怀有戒意。而与他人握手时间过久，尤其是拉住异性或初次见面者握手长久不放，则显得有些虚情假意，甚至会被怀疑为“想占便宜”。

7. 注意不要交叉握手

人多时，注意不要交叉式握手，可待别人握完后再握。每逢热烈兴奋的气氛时有些人容易忽略这一点，要特别注意。到朋友家中，客人多，只需与主人及熟识的人握手，其余的人只需点头致意。但经过主人介绍的，就要逐一握手

致意。

8. 握手时不应戴手套

握手时要脱去手套，如因故来不及脱掉就握手，须向对方说明原因并表示歉意。不过据欧美传统礼貌，穿大礼服、戴白羊皮手套者，因不易脱下，按习惯可以不脱手套握手，但须请求对方原谅。另外，据西方传统，地位高的人和妇女也可以戴手套握手。

五、点餐礼仪：点得周到，宾主尽欢

中国的饮食之道，也是人情融合之道。一场饭局，既是亲朋故交之间的沟通交流，也是生意对手间的交锋谈判，因此，宴请的重要性不言而喻。而如何点一桌好菜，是赢得宴请的至关重要的因素。中国人的饮食习惯与其说是“请吃饭”，不如说是“请吃菜”。所以，对菜单的安排是马虎不得的，要学会做一个“点菜高手”。假如把餐桌比喻成战场，点菜，不亚于战前的“点兵”。点菜是饮食文化的集中表现，融合了地域风格、个人品位，点菜恰似一门艺术，其中大有学问。点得好，色、香、味俱佳，满堂生辉，宾主欢愉；点不好，往往扔了许多钱却讨不到好。应该说，点菜是一个人饮食文化修养的集中的表现，是一项复杂的工作，值得人们探讨。

（一）让一桌宴席活色生香的秘密

中国人历来都是从色、香、味、形四个方面对宴席的好坏进行最基本的评价，一桌色香味形俱佳、营养丰富的好饭菜，不仅仅可以填饱肚腹，还可以拉近宾主之间的距离。点菜是一项充满了技巧、经验的系统工程。点菜的要领是咸甜兼备，干汤相宜，要做到这一点不容易，只有用心琢磨才能驾轻就熟。

1. 宴席的色

饭菜的颜色对客人是非常直观的感官刺激。好的胃口自然来自于赏心悦目的色泽。把食物天然的五颜六色呈现在大众的面前，不仅仅是好看，而且还会让人觉得健康卫生。辣椒的红，茄子的紫，青菜的绿，米饭的白，一桌好菜不啻一幅五彩斑斓的图画，或浓墨重彩，或清新淡雅。正所谓浓妆淡抹总相宜。因此，点菜的时候一定要把握好色彩搭配的原则，餐桌上的颜色可根据食客的喜好尽量丰富些，刺激食客的食欲。有时候，因为宴会人数的限制，菜品数量有限，不可能面面俱到，那就要择优而选了。

2. 宴席的香

如果说色，必须要眼见才能出彩，那么香则是迎客的第一道风景。很多酒楼直接以“香”字贯名，比如飘香菜馆、香滴楼等。入席的时候，倘若客人已经忍不住深深地吸一口气，赞一声“好香啊！”表示这次宴请已经成功了一半了。令席间香气四溢的主要因素是各种香料和有特殊气味的原料，比如海鲜等。炸、炖、烧、煎、炒、烤等烹饪方法有提香的作用，相对而言，拌、煮、蒸等方法出香的效果要差一点。因此，点菜的时候就可以点几个比较容易出香的菜，比如金牌蒜香烤排骨、香煎银鳕鱼等。

3. 宴席的味

通常人们所说的好菜，除了本身价值不菲的原材料外，最主要说的是味道好。然而中国东西南北人们的口味差别很大，那么怎么样的味道才是好味道呢？既然是请客，当然是迎合客人口味和心意的菜最好。这恰恰是商务宴请中最难把握的。因为主客之间往往并不十分熟络，有些甚至就是一面之交。因此对彼此的口味也就不可能很了解。如果可以根据客人的籍贯、职业特点、个人兴趣推断出其大致的口味就再好不过了。但如果实在是难于推测，也可以点2~3个相对保守的菜，也就是一般情况下大众都能接受的。

4. 了解各式菜肴的出处、典故

商务宴请当然不仅仅是为了吃饱喝足，吃喝只是个载体。要吃出品位、档次、格调来，除了菜看本身，更重要的还是这个菜身后藏的故事。选择这样的菜式，不光可以彰显点菜人的文化品位，还可以由此引出下酒的话题，席间不至于无话可说显得尴尬，也不至于直奔主题显得唐突。用心选择的菜肴，有时候甚至可以暗藏玄机，让客人在杯光酒影中对其中的寓意心领神会。

5. 注意各菜式之间的搭配

这里所说的搭配包括菜肴原料之间的搭配，即荤素搭配、鱼肉搭配，也包括技法的搭配。中国菜烹饪技法之多、之广，非其他国家可以比拟。其基本技法有21种之多，炒、爆、熘、炸、烩、烧、炖、焖、煎、烤、蒸、焗、烫、氽……一桌菜肴中，要注意不同技法之间的协调。此外，还要注意原料形态的一致，是块，还是片、条、丝、丁、蓉、糊……原料的形态又直接决定了菜肴的烹饪技法。

此外，还包括原料颜色的搭配。中国酒席的菜式是多种多样的，有些下酒，有些下饭。粤菜讲究先汤后菜，各地也应因地制宜地确定点菜的顺序。最后的甜品是宴席的点睛之处，很多人忽视了这一点，往往草草收场。

6. 关注就餐者的年龄层次和文化背景

对于年长者，点的菜要清淡一点，素菜要多点一些，量要适度一点，采用蒸、烩、焖等技法多一点。而对于年轻人要注意味道浓烈一些，菜要筋道一些，厚味一些，如炸、爆、烤等技法多一些。

（二）如何成为一名点菜高手

宴请有正规待客的，有好友相聚的，有两情相悦的，有闲极无聊的，有论功行赏的，有笼络感情的，林林总总，不一而足。不同的目的决定了菜的质量和品种。选菜不应以主人的爱好为准，而应主要考虑主宾的喜好与禁忌。

在宴请时，点菜千万不要乱点一气，而是要注意点菜的不少讲究。要想成为点菜高手，需要按照下列步骤来操作：

1. 看人下菜

点菜要树立以人为本的思想，看人下菜是一项基本原则。知己知彼方可百战不殆，掌握同席之人的口味乃点菜之先。

（1）一般两人同去，若是女伴，可以是一荤一素两个冷菜，或是加上个卤水，再点一个高档的蔬菜、一个海鲜、一个荤素小炒即可。如果是那些注重美食、营养的人，各自再加一个小炖盅就可以吃得风光而体面了。

（2）与生意上的客户共进晚餐，除了要遵循以上规律，在双方不熟悉的情况下，点菜点得恰到好处，根据人数凉热荤素、鸡鸭鱼肉搭配得当是非常关键的问题，点的菜数量控制在“就餐人数加1”。一般工作餐会是三五成群，所以点的冷菜不仅要有海鲜、卤水，最好还要有一些别致的小菜。而热菜要有一道高档海鲜，外加两道荤素小炒，一道带肉主菜，一道清口蔬菜，汤煲、点心、水果各一道即可。

（3）点菜时一定要先问问桌上同餐者有没有什么人有特殊忌讳。比方说有素食者，不食牛羊肉者，不吃辣椒者，不吃海鲜者等，做到胸中有数。这样点菜时就可以兼而顾之，不会有人大快朵颐，有人停箸默然。

2. 注重特色

特色菜又叫招牌菜，一般是餐厅用来吸引客人的拿手菜，味道不错，价钱也不会太贵。每到一个不熟悉的餐馆，不妨先问问有什么特色菜，这样就可对该餐馆的素质心中有数，点得有底。比如吃淮扬菜，蟹黄狮子头、水晶虾仁、响油鳝丝、油爆河虾等大概都是必备菜，但是各家烹调手法上还是有所区别。

3. 搭配合理

菜的搭配是一个根本性的问题。以中国菜而言，并不要求每个菜都出色精彩，但讲究一桌菜的五味俱全，且要搭配合理，咸淡互补，鲜辣不克，让每种味、每道菜都发挥到极致。菜肴应强调荤素，浓淡、干湿、多种烹调方法搭配，原料尽量不重复。

从营养的角度来看，要注意膳食平衡，即注意谷、果、肉、菜、豆等各类

食物尽量品种齐全、比例适当。根据就餐者的年龄、个人嗜好、身体状况及就餐季节，点菜时应注意以下方面：

（1）荤素的搭配：对海鲜、畜肉、禽肉、豆类及其制品、蔬菜及水果等应全面考虑，但要注意肉类不宜太多。在重视饮食营养的今天，一定数量的素菜是必不可少的，菜肴中应有1／3以上来自绿色蔬菜和豆制品。这样可以通过荤素搭配保证营养平衡，在色泽和口感上也有新鲜感。若是担心素菜显得不够“高档”，可配些草菇、香菇、虾仁等增加“美食感”。

（2）软硬的搭配：这主要是考虑照顾好老人和小孩，且注意油炸食物不宜太多。

（3）菜色的搭配：注意整体色彩搭配效果，色彩要尽量清爽诱人。

（4）口味的搭配：即酸、甜、苦、辣、咸各种风味的搭配，要尽量照顾到大多数就餐者的口味嗜好。如果就餐对象中有病人，如患有高脂血症、糖尿病、肿瘤等疾病时，应注意点一些低脂、无糖、高纤维素的菜；吃中药的病人要适当注意饮食忌口。

（5）冷、热的搭配：注意冷菜及冷食不宜过多。

（三）点菜的学问

假如把餐桌比喻成战场，点菜，不亚于战前的“点兵”。点菜是饮食文化的集中表现，融合了地域风格、个人品位，里面大有学问。到底谁该点菜呢，大致有以下几种情况：

1. 主人点菜

在宴请之际，主人要了解客人的口味。国内客人的口味特征为南甜、北咸、东辣、西酸，香港人一般要清淡。点菜时要根据客人档次和认知程度，不要点一些很贵而不为人所知的菜。

在点菜时，我们一般都会有礼貌地征求一下客人的意见，但怎么问大有讲究。有经验的人的有两种问法：一个是封闭式问题：比如，“来条草鱼还是

鲤鱼？”如此在两者之间进行选择，大大缩小了选择的余地。又如，“喝茶还是喝咖啡？”就是告诉对方，你不要喝酒。而另外一种问法被称为开放式的问题。比如，“您想喝什么酒？”这样没有可供选择的范围，可由被问者自由选择。此外，需要注意的是，要了解客人不吃什么，尤其要注意不要犯宗教禁忌或民族禁忌。

2. 客人点菜

入席后，主人往往把优先点菜的权利让给客人，这是出于礼貌。如果有女士在，应该先请女士点菜，但其余的客人也务必一一让到。一般来说，客人不好意思点价格较贵的菜品，

如果你看出客人有些为难， 可以从侧面来提醒帮助他，例如，用以下的问题来打破僵局：“这里的奶油小牛肉比较有名，我非常想推荐给你”，或者“作为头盘菜，咱们一同点道奶油虾汤吧”，等等，用轻松的语气向客人提出建议，意思是这样的价位你可以接受，客人尽管以此类推来点菜。

3. 每人一个，轮流点菜

亲朋好友有时点菜是一人点一个。原则是，大家都不爱吃你点的那个，你就有责任吃掉三分之二。这就是说，至少是自作自受，把“包”“打”在自己肚子里。按说点菜吃饭是个人行为，和工作不一样，每个人都有自己的机会，自己的选择权。

4. 领导点菜

中国人吃饭也看得出官长意识，领导一个人说了算，一个人决定大家吃什么菜。而部下则常常异口同声说都吃都吃，什么都成，将选择权拱手让出。当然也有那种宽厚的领导，让大家群策群力，想吃什么就说，或者索性放手让手下人去点菜，毕竟吃饭不是什么原则问题，轻松一点才好。

5. 女宾点菜是当今的时尚

在今天的世界上，除了少数地方外，在一般比较正式一点的场合，“女士

优先”这句话可以说是放诸四海而皆准的，女宾点菜亦成为当今的一种时尚。男女在餐馆、饭店约会，点菜时，应让女士先点，尊重女士的意见。在西餐厅，如果女士对西餐已经轻车熟路，那就大大方方点好了，当然要不时征询一下对方的看法。但如果不熟悉西餐的点法，菜单又挂满了英文，这个时候女士可以很坦率而诚恳地说：“你来点吧，你熟悉，我相信你点的菜很美味。”

6. 职业点菜师

如今，点菜不仅是门学问，而且还是一门职业了。如果对这个饭店的菜实在拿不准，不妨请个职业点菜师。实际上，上档次的饭店都会培养一些训练有素的点菜师，当客人面对菜单无所适从时，点菜师会为客人配出一桌好菜。

当着客人的面，如果不方便讲要花多少钱时，可以通过特定的词汇表达，如“来点家常菜”“来点清淡爽口的”是暗示点菜师不想高消费，而“有什么山珍海味”“来点海鲜”则暗示点单员请的是贵宾，并不在乎花费。

（四）中餐点菜的方法

1. 点菜的顺序

中国菜的大致出菜顺序是：开胃菜→主菜→点心。一般情况下，点菜也要遵循这个顺序。首先注意一定要先点上几个凉菜，以免桌上空空荡荡。通常是4～8种冷菜，也可点十多种。其次，要根据客人的重要程度和要花钱的数额，先点上几个关键菜（主菜），以此来体现客人的宴请级别，然后将各菜品（鱼、肉、蔬菜、凉菜等）搭配起来。如果人多，可以多点几个肉类，不够则以普通菜等补充。

注意宴请宾客除要用贵菜来显示尊重外，一些本店的特色菜可能会给每个级别的客人带来兴趣，也多了酒宴中的话题。主菜结束后所供应的甜点，如馅饼、蛋糕、包子、杏仁豆腐等，最后则是水果。

2. 点菜的数量

设宴时，所点菜肴的数量，应根据其人数和宴请的方式来决定。在点菜的

数目上，中国人认为偶数代表吉利。所以，在豪华的餐宴上，一般主菜多达16或者32道，比较普通的是6至12道。

3个人就餐，点半只烤鸭、2个热菜、2个凉菜即可；如4人吃饭，一般可点3～4个冷碟，3～4个热炒菜，加1个大菜、1道汤，1～2个点心就足够了。当然，也可客气地征求对方的意见。有时候，4人上饭馆四菜一汤或羹足矣，除了一道青菜外，其余三个菜可以是煎、炒、焖各一。12人一席则九菜一汤或八菜一汤比较适宜，至于烹制方法可以有多种选择。

不必点太多招牌菜。一次点一个招牌菜、一个果腹菜、一个素菜、一个下酒菜，再点一个下饭菜，三五朋友聚餐，就能吃得心满意足，又不浪费。年长的朋友多的，菜要少而精，热菜的总量控制在“与就餐人数相同”；年轻的生猛后生居多的，点的菜不仅要重质，还要重量，菜的总量要依照“就餐人数加2”的数量来控制。如此这般地点菜、用菜下来，必定吃得痛快、满座皆欢。

3. 把握窍门

很多餐厅都推出每日、每周或每月特色菜，在开始翻阅那厚厚的菜单之前，可以先看看当日有什么特色菜，如果你想尝试一下，或者正是你盼望已久的菜肴，这岂不是一举两得吗？

4. 参考他人意见

也许同你前去的朋友中有人来过这家餐厅，不妨听听他们的意见和感受，这种参考应当说是最直接和最可靠的了。当然，餐厅服务员的建议有时也是值得听取的，他们由于在那里工作，见多识广，只要你讲出有关的具体要求，如味道、风格等，他或她就一定能给你说出几个可供你参考的菜名。

5. 跟服务生定菜

当你决定好要吃什么，并征求大家的意见之后，可以面向服务生以举手的方式，或是轻声地说一声：“先生（小姐），可以帮我点菜吗？”请服务生过来为你服务。然后你只需要将你想要吃的菜名，念一遍给服务生听，等他记下

来，就完成了点菜的手续了。

（五）西餐点菜的窍门

西餐的进餐方式有一定的顺序和规范。在餐厅里进餐也要遵循同样的礼仪和规范。但在餐厅里，我们可选择的菜肴实在太多，有时你会感到眼花缭乱，不知从何入手。下面我们简单谈一些既节省时间又科学合理的点餐技巧。

1. 西餐的菜序

（1）头盘：西餐的第一道菜是头盘，也称为开胃品。常见的品种有鱼子酱、鹅肝酱、熏鲑鱼、鸡尾杯、奶油鸡酥盒等。因为是要开胃，所以开胃菜一般都具有特色风味，味道以咸和酸为主，而且数量较少，但质量较高。

（2）汤：西餐的第二道菜就是汤。西餐的汤大致可分为清汤、奶油汤、蔬菜汤和冷汤4类。品种有牛尾清汤、各式奶油汤、海鲜汤、意式蔬菜汤、俄式罗宋汤等。冷汤的品种较少，有德式冷汤、俄式冷汤等。

（3）鱼类：一般作为西餐的第三道菜，也称为副菜，品种包括各种淡、海水鱼类，贝类及软体动物类。通常水产类菜肴与蛋类、面包类、酥盒菜肴品均称为副菜。因为鱼类等菜肴的肉质鲜嫩，比较容易消化，所以放在肉类菜肴的前面，叫法上也和肉类菜肴主菜有区别。

（4）主菜：肉、禽类菜肴是西餐的第四道菜，也称为主菜。肉类菜肴的原料取自牛、羊、猪、小牛崽等各个部位的肉，其中最有代表性的是牛肉或牛排。

（5）蔬菜类：可以安排在肉类菜肴之后，也可以与肉类菜肴同时上桌，称之为一种配菜。蔬菜类菜肴在西餐中称为沙拉。与主菜同时服务的沙拉，称为生蔬菜沙拉，一般用生菜、西红柿、黄瓜、芦笋等制作。

（6）甜品：是主菜后食用的，可以算做是第六道菜。从真正意义上讲，它包括所有主菜后的食物，如布丁、薄饼、冰淇淋、奶酪、水果等。

（7）咖啡与茶：西餐的最后一道是上饮料，如咖啡或茶。饮咖啡一般要加糖和淡奶油，茶一般要加香桃片、糖等。

2. 西餐菜单的种类

（1）套餐：套餐由前菜、主菜、甜点、咖啡等组成，是一种事先由餐厅为顾客搭配组台的料理形态，在调理法或味道方面的调配也较平衡，比起单点更能将预算压低。若你搞不懂料理的名称，或是首次光临这家餐厅，一般应选择套餐。

（2）单点：单点是一种可自行从菜单中挑选自己喜欢的料理的一种点餐形态。一般而言，菜单上有四或五大分类，其分别是开胃菜、汤和沙拉、海鲜、肉类、点心。有时你可在菜单上找到一页附在菜单上的“今日特餐”或“主厨推荐”，这些往往是餐厅精心制作且物超所值的特餐。若未看到，亦可向服务员询问是否提供特餐。

（3）组合式套餐：所谓的组合式套餐则是介于套餐和单点之间的点餐形态。虽然形式上和套餐大同小异，但程序中的每一道料理，你都有数种的选择可供参考。

3. 西餐的点菜要诀

在餐厅点餐时，首先餐前酒先点，再决定是要套餐或是单点，最后再搭配料理选择适合的葡萄酒。选择单点式的话，在餐点结束之后也可继续加点超司、甜点、咖啡、餐后酒。点菜时，需衡量用餐人数，选择单品的料理，需依照套餐的顺序来点菜。

西餐点菜应首先从主菜列始选择。选择以单点为用餐方式时，先决定好主菜的料理之后，选其他的料理就会变得容易得多了。选择前菜和汤时，请注意别和主菜调理法或酱料重复。

单点时要考虑分量。单点料理一盘的分量会比套餐一盘的分量多上一些。请先斟酌自己的食量后再决定点餐的分量，尽可能所点的分量是可以完全吃完的。

首次光临某家餐厅时，建议暂且别选择只点前菜或只点主菜的形式来用餐。另外，只点搭配葡萄酒的酒菜而不点料理，也是不大理想的用餐方式。

千万别忘了餐厅终究是用餐的场所。若是碰到看不懂的料理时，请别客气尽量向服务生请教。当你想点餐，或是有事想麻烦服务生时，轻松地叫唤服务生是不伤大雅的。

（六）点出主客“双满意”的菜单

餐桌上的主角是饭菜，点一桌既好吃又好看的菜，是成功宴请的必要条件。点菜恰似一门艺术，其中大有学问。点得好，色、香、味俱佳，满堂生辉，宾主欢愉；点不好，往往扔了许多钱却讨不到好。

在宴请之前，主人需要事先对菜单进行再三斟酌。点菜时，如果人少，菜最好少而精；人多，菜最好精而全。吃饭人多难免众口难调，常规做法是凉热荤素、鸡鸭鱼肉搭配起来。最好是客人到之前先有一个安排。

1. 要了解客人的口味

国内客人的口味特征为南甜、北咸、东辣、西酸。当然考虑的重点还是在主宾的个人口味喜好及其需求。除了个别特殊人物如国家元首和政府首脑之外，对大多数人一般往往只能在籍贯、年龄、性别及个人偏好方面着眼。

2. 要照顾到每位成员的爱好

选择菜种时，先注意用餐者的年龄，如果宴请的客人以中老年居多，则应多点质地软嫩、口味清淡、做工精细的菜肴。中老年人肠胃较弱，食量不大，而且对高脂肪、高热量食品心怀顾虑，应避免过多大鱼大肉、煎炸熏烤等油腻厚味食品，最好在餐前上一碗开胃汤以促进食欲。

如果用餐者以青年人为主，可点部分味道浓香、油脂较多的菜，以免食客们感到“不解馋”，也避免桌上的菜肴很快吃完而尴尬。若是女客较多，可点一些带酸甜味的菜肴或甜味的精致小点心。

3. 要会协调各种原料

菜肴原料要多样化，绿色蔬菜、菇类、豆腐、海鲜、鱼类、畜肉、鸡肉等都应顾及，一味地点炒肉、煎肉、炖肉、烤肉会使人感到腻味，也难以表现点

菜者的品位。在重视饮食营养的今天，一定数量的素菜是必不可少的，菜肴中应有1／3以上来自绿色蔬菜和豆制品。这样可以通过荤素搭配保证营养平衡，在色泽和口感上也有新鲜感。若是担心素菜显得不够“高档”，可配些草菇、香菇、虾仁等增加“美食感”。

4. 要考虑来宾的饮食禁忌

在安排菜单时，还必须考虑来宾的饮食禁忌，特别是要对主宾的饮食禁忌高度重视。这些饮食方面的禁忌主要有四条：

（1）宗教禁忌：一定不能疏忽大意。例如，穆斯林不吃猪肉，并且不喝酒。国内的佛教徒不吃荤腥食品，它不仅指的是不吃肉食，而且包括葱、蒜、韭菜、芥末等气味刺鼻的食物。

（2）个人禁忌：有些人，由于种种因素的制约，在饮食上往往会有一些与众不同的特殊要求。比如说，有人不吃肉，有的人不吃鱼，有的人不吃蛋等。对于这类人的饮食禁忌，亦应充分予以照顾。不要明知故犯，或是对此说三道四。

出于健康的原因，对于某些食品，也有所禁忌。比如，心脏病、脑血管、脉硬化、高血压和中风后遗症的人，不适合吃狗肉，肝炎病人忌吃羊肉和甲鱼，胃肠炎、胃溃疡等消化系统疾病的人也不合适吃甲鱼，高血压、高胆固醇患者，要少喝鸡汤等。

（3）地方禁忌：不同的地区，人们的饮食偏好往往不同。对于这一点，在安排菜单时，也要兼顾。比如，湖南省份的人普遍喜欢吃辛辣食物，少吃甜食。英美国家的人通常不吃宠物、稀有动物、动物内脏、动物的头部和脚爪。

（4）职业禁忌：有些职业，出于某种原因，在餐饮方面往往也有各自不同的特殊禁忌。例如，国家公务员在执行公务时不准吃请，在公务宴请时不准大吃大喝，不准超过国家规定的标准用餐，不准喝烈性酒。再如，驾驶员在工作期间，不得饮酒。要是忽略了这一点，还有可能使对方犯错误。

（5）国际禁忌：如果你经常有机会宴请外国朋友的话，最好了解一下他们的饮食禁忌，在点菜的时候游刃有余，以免引起不必要的麻烦。

a. 切不可点动物内脏及肥肉

如果你要宴请外国客户，千万不要点一些由内脏烹制的食物。虽然法国名菜香煎鹅肝很受欢迎，但是这不意味着他们就能接受地道中国方法烹制的其他内脏。另外，外国人也不吃肥肉。

b. 尽量不要点有骨头的菜

外国人一般吃的鸡鸭鱼肉都是把骨头剔得干干净净才拿来做菜，吃起来完全不费半点工夫。所以，请外国人吃饭，还是尽量尊重他们的习惯为好。

c. 肉食为主素菜为辅

和我们高碳水化合物、低蛋白、低脂肪的饮食习惯不同，外国人是高脂肪、高蛋白质、低碳水化合物。他们每餐吃的量不多，却很扎实。

d. 避免口味过于油腻火爆的食物

外国人的口味相对清淡，多数外国人都是不吃辣的。所以，如果你请老外吃中餐，一定要注意，一般不要点那些油汁厚火爆的菜，比如辣子鸡、水煮鱼等。

5. 要多点应时顺季的菜

因为在不同季节中，人的代谢会有不同的变化，物产也会不断地变换。

（七）中餐酒水如何点

酒水是请客吃饭最基本的饮品。无论接待什么规格的客人，举办什么样的宴会，都离不开酒水。可以说，无酒不成礼，无酒不成宴，无酒不成欢，无酒不成敬意，已成为我国各民族的风俗。

中餐中，酒的种类与菜肴的安排也有联系，甚至与季节、宴会主题的联系都很多。需要考虑的要素有：

1. 宴会的主题和档次

宴会的档次有高、中、低之分，选酒也一样，酒有上品、中品、下品之

分，不同的宴会选酒应当与其规格相一致。如我国举办国宴时，往往选用茅台酒，因为它被称为我国的“国酒”，它的质量和价格在我国酒类中最高。但是，如果是普通宴会，则选用档次低的酒品即可，如果在普通宴会上用茅台酒，那么酒水的价值在整桌菜肴之上，显得不协调。

2. 不同的季节

由于气候有差异，不同季节选用的酒也稍微不同。比如，冬天，一般人们喜欢喝“烫酒”，既开胃又养胃；夏天则喜欢“冰镇啤酒”，有消暑的功效；冬天饮用白酒较多，而夏天多选择啤酒。

3. 佳肴还需好酒配

无论以酒佐食还是以食助饮，“酒、菜”往往难分家。在西餐中，酒类的选择与菜肴的搭配非常严格，而在中餐中，这种要求稍低一些。但是，通常在我国南方一些地区，比如浙江一带，人们比较青睐于黄酒。假如宴请很有讲究，那么，元红酒专门搭配鸡鸭菜肴，竹叶青酒专门搭配鱼虾菜肴，加饭酒专门搭配冷菜冷盘；吃螃蟹时专饮黄酒，而非白酒。

4. 酒与酒亦有搭配

酒与酒的搭配，其中有一定的规律：低度酒往往在先，高度酒在后；软性酒在先，硬性酒在后；有汽酒在先，无汽酒在后；新酒在先，陈酒在后；淡雅风格的酒在先，浓郁风格的酒在后；普通酒在先，名贵酒在后；干烈酒在先，甘甜酒在后；白葡萄酒在先，红葡萄酒在后。从科学饮食的角度来看，最好不要将多种酒混杂饮用，因为这样使人容易醉并且早醉。

至于不含酒精的软饮料，一般是不含糖分的在先，含糖分的在后；无汽的在先，有汽的在后。宴席不可无酒，纯粹的中餐，应该避免啤酒、欧洲葡萄酒（当然中亚的可以，如波斯葡萄酒）。

一般来说，中餐用酒与西餐用酒不同，也没有那么复杂。但这并不是说中餐点酒中无章可循。下面是中餐宴席酒水的一般程序：

（1）餐前用饮料：在餐前，中国人一般饮茶或软饮料，一般以饮茶居多，而不像西方人饮餐前酒。软饮料通常是碳酸饮料，但是也可能碰到客人点果汁、蒸馏水或者矿泉水。多数客人在选定一种饮料后，用餐过程中不再更换。

在这里，建议餐前饮料不要点果汁类，因为口味浓郁的果汁可能冲淡饭菜的味道。

（2）佐餐酒：餐中，常选用度数较高的白酒或者度数较低的红葡萄酒或啤酒。每类酒约有一到两种供客人选择。当然，很熟悉的客人也会自己点自己喜爱的酒。多桌时，每桌选用的酒品要相对统一。因为这样，才能在敬酒、劝酒与斗酒时显得更为公平、和谐。

（3）餐后饮料：一般用茶水作为餐后饮料。在民间传说中，茶水具有止渴、解酒、帮助消化的功能。根据中国许多地方传统的饮食文化和传统，宴席上所斟的酒大多必须在上最后一道菜之前“门前清”，同时也宣告饮酒活动已经告一段落，此后一般不饮用酒精类的饮料了。故中餐很少喝餐后酒。但是如果是朋友间相聚，酒兴未尽，则另当别论。

（八）主食、点心的选择技巧

在中国的膳食结构中，有主食和副食之分。但是大凡宴会，往往只饮酒吃菜，不进主食，即使进主食，也是象征性的，多数赴宴者酒足菜饱就难以问津主食，这对健康是不利的。作为筵席内容的一个重要方面，对于筵席主食的配备，必须遵循一些规律。

1. 了解客人对主食点心的喜好

我国北方人的饮食特点偏重于浓厚，他们以面粉为主食，喜欢吃些面食，如水饺、馒头、面条等常作为主食，并喜吃油重、色浓、味咸和酥烂的面食。东北地区喜吃杂粮类面食品。北方面食品注重变化多样、味美浓醇。

生活在长江流域以南的人，一般的饮食特点是“口味清淡，以鲜为贵”，他们一般以大米为主食，爱吃新鲜、细嫩的食物。面点制品注重小巧，鲜味突

出，讲究卤汁丰富。对米类制品比较感兴趣，如米饼、米糕。面食品讲究精美、适口。

为此，在点主食时，要通过调查研究，了解宾客的国籍、民族、宗教、职业、年龄、性别、体质和嗜好忌讳，并依此确定品种，做到重点保证主宾，同时兼顾其他。如回族人喜欢吃牛、羊肉馅的面点，北方人喜欢吃味浓厚的面食，南方人喜欢吃清淡爽口的细点心，小孩喜欢吃细巧变化的小点心，老人喜欢吃粗粮软点心等。掌握宾客的饮食习惯，可以起到宾客满意的最佳效果。相反，不注意宾客的饮食喜好与忌讳，尽管认真配备与制作，还是造成事与愿违的后果。

另外，在因人而配的过程中，要考虑到客人的身体状况。特别是客人提出某些体质不足时，应注意到在营养成分的种类和数量上达到合理平衡。

2. 根据时令选择主食

筵席有春、夏、秋、冬四季之差别，菜肴如此，主食亦然。主食的季节性问题应从两方面考虑为妥，即与筵席的季节适应和这一季节里生物周期生长规律相协调，这样就使整个筵席风味盎然。如春季，气候变暖，人们喜爱不浓不淡的食品，配席面点则可上“春卷”“芥菜包子”等。同时，春季也正是植物芬芳吐艳的季节，可以配一些“杏花”“梨花”“桃花”命名的具有自然风采的面点。

夏季，正是百花争艳、鸟语花香的季节，酷暑炎热，味觉自然有些变化。这时，点的主食既要有消暑、清凉之作用，如伦敦糕、如意凉卷、双凉团等；又要体现季节特色的面点，如荷花酥、鲜花饼、绿豆糕等。

秋季，菊黄蟹肥，气温转凉，如点菊花酥、蟹黄汤包、葵花盒子等，寓意收获，唤起食客无限的秋思和遐想。

冬季，气候寒冷，且是梅花傲霜斗雪之季，如点梅花饺、雪花酥等有象征意义的面点，起到烘托筵席气氛的作用。

主食与我国民风食俗有很大关系，如果筵席的日期与我国某个民间节日临近，主食也要相应安排。如春季办席正赶上端午节前，各种粽子制品也可即席配备。民间节日很多：如春节，配食年糕、春卷等；元宵节，可配食汤圆、元宵；清明节，配食青团又名翡翠团子、酒酿饼；中秋节，配上月饼等。

3. 根据宴席的级别、主题选择主食

筵席的级别有高、中、普通三级，对于主食的级别来说，可从用料的高低、馅心粗精、成形的繁简几方面来选择。主食要适应筵席的价格和级别，才能使席面上菜肴质量与主食质量相匹配，达到整体协调一致。

六、酒桌礼仪：推杯换盏的奥妙和艺术

“酒文化”是一个既古老而又新鲜的话题。现代人在交际过程中，酒已经越来越多地发挥了其独特作用。所以，探索一下酒桌上的“奥妙”，有助于你交际的成功。在宴会上祝酒，不但要有精妙的祝酒辞，还要有恰当的方法，才能奏效。特别是在一些现代商战场合，需要向对方以祝酒的方式来达到融通感情、密切关系的目的。要饮酒达到适当的度，就要有能让客人达到那个度的特殊办法，才能在宴会这个特殊的战场上立于不败之地，才能使酒的作用得到发挥。中国是礼仪之邦，就是饮酒也有不少礼仪规定和礼仪规范。了解并熟练掌握这些规则和习俗，不仅使你在酒桌上顺风顺水，挥洒自如，更能显出良好的修养和出色的交际能力。

（一）斟酒学问和礼仪

喝酒，是中华民族一大嗜好。喝酒有许多礼节、习俗。就说斟酒吧，人们在为客人斟酒的同时，常说“满上满上”。这个满可不能理解为得溢出来，而是指斟满杯中的八成就行了。主人为来宾所斟的酒，应当是本次宴会上最好的

酒，并应当是经过当场启封的。正式宴会上，饮不同的酒，要用不同的酒杯；酒的种类不同，斟酒的标准与顺序也有所不同。

1. 斟酒的量

关于斟酒，中国有句话叫“酒满情深”，就是说斟酒以满为敬。因此，酒桌上的酒一般以斟满为敬。斟酒需要适量。斟白酒（烈性酒类）、红葡萄酒入杯均为八分满；斟白葡萄酒入杯中为六分满；斟白兰地酒入杯中为一个斟倒量（1／2），即将酒杯横放时，杯中酒液与杯口齐平；斟香槟酒入杯中时，应先斟到1／3，待酒中泡沫消退后，再往杯中续斟至七分满即可；斟啤酒第一杯时，应使酒液顺杯壁滑入杯中呈八成酒二成沫；调鸡尾酒时，酒液入杯占杯子的三成即可，这样既便于客人观赏，又便于客人端拿饮用；冰水入杯一般为半杯水加入适量的冰块，不加冰块时应斟满水杯的3／4；黄酒应斟八分满。

2. 斟酒的顺序

酒席、宴会斟酒的顺序，从总体讲，应从主宾位开始，再斟主人位，并顺时针方向依次为客人斟酒。作为主人，要首先为客人斟酒。酒瓶要当场打开，酒杯大小要一致。如在座的有年长者，或有长辈、远道来的客人或职务较高的同志，要先给他们斟酒。如不是这种情况，可按顺时针方向，依次斟酒。由于宴会的规格、对象、民族风俗习惯不同，因此斟酒顺序也应灵活多样。

宴请亚洲地区客人时，如主宾是男士，则应先斟男主宾位，再斟女宾位；对主人及其他宾客，则顺时针方向绕台依次进行斟酒，或先斟来宾位，最后为主人斟酒，以表示主人对来宾的尊敬。

如为欧美客人斟酒服务时，则应先斟女主宾位，再斟男主宾位。

高级宴会常规的斟酒顺序是，先斟主宾位，后斟主人位，再斟其他客人位。如果由两个服务员同时为一桌客人斟酒时，一个应从主宾开始，另一个从副主宾开始，按顺时针方向依次绕台进行斟酒服务。

一般来说，除主人和服务人员外，其他宾客最好不要自行给别人斟酒。如果主人亲自斟酒，宾客要端起酒杯致谢，必要时应起立以示恭敬。

如果是在大型的商务用餐上，一般都是由服务人员来斟酒。在服务人员斟酒时，勿忘道谢，但不必拿起酒杯。

可是，当男主人亲自来斟酒时，客人则必须端起酒杯致谢，必要时，还须起身站立，或欠身点头作为还礼。

3. 斟酒的方法

每斟完一杯，要把酒瓶稍收后顺手往右轻轻一旋，以免酒水溢出滴到桌面或客人身上。如果你同时准备了红酒和白酒，请把两种酒瓶分放在桌子两端。绝对不要让客人用同一个杯子喝两种酒，这是基本礼貌。

在餐厅也可由服务人员斟酒。服务员一手拿烈性酒，一手拿甜酒，一般先斟烈性酒。如果客人不要烈性酒，就改斟甜酒。

斟酒时，酒杯应放在餐桌上，酒瓶不要碰到酒杯。拿酒杯的姿势因不同酒杯而有所不同。高脚酒杯应以手指捏住杯腿，短脚酒杯则应用手掌托住酒杯。

中餐里，别人斟酒的时候，亦可以向其回敬以“叩指礼”，特别是自己的身份比主人身份高的时候。方法即以右手拇指、食指、中指捏在一起，指尖向下，轻叩几下桌面。这种方法适用于中餐宴会上，它表示向对方致敬。

4. 倒啤酒的方式

请务必同时用两只手握着酒瓶来倒酒。这时，若是太用力倾倒的话，会起很多泡泡，所以请和缓地倒酒。当他人要为你倒酒时，请拿着杯子并稍微倾斜较好。

斟酒时，要注意面面俱到，一视同仁，而切勿挑挑拣拣，不平等对待，只为个别人斟酒，这是非常没有教养的。

（二）开头两杯酒喝好的关键

祝酒为什么要碰杯？目前有两种说法：一种说法是古希腊人创造的。传说古希腊人注意到这样一个事实，在举杯饮酒之时，人的五官都可以分享到酒

的乐趣：鼻子能嗅到酒的香味，眼睛能看到酒的颜色，舌头能够辨别酒味，而只有耳朵被排除在这一享受之外。怎么办呢？古希腊人想出一个办法，在喝酒之前，互相碰一下杯子，杯子发出的清脆的响声传到耳朵中，这样耳朵就和其他器官一样，也能享受到祝酒的乐趣了。另一种说法是，喝酒碰杯起源于古罗马。古罗马崇尚武功，常常开展“角力”竞技。竞技前选手们习惯于饮酒，以示相互勉励之意。由于酒是事先准备的，为了防止心术不正的人在给对方喝的酒中放毒药，人们想出一种防范的方法，即在“角力”前，双方各将自己的酒向对方的酒杯中倾注一些。以后，这样碰杯便逐渐发展成为一种礼仪。

中国是礼仪之邦，就是饮酒也有不少礼仪规定和礼仪规范。了解并熟练掌握这些规则和习俗，不仅使你在酒桌上顺风顺水，挥洒自如，更能显出良好的修养和出色的交际能力。

第一杯酒，礼貌有加。

好的开端是成功的一半。有一个良好的开端，事情的成功就有了基础。因此，第一杯酒十分重要。宴会上的第一杯酒，好比一场表演的开场，能否吸引住观众，对后面的影响很大。它往往为整场宴会定下基调，开头顺畅，下面也接着顺畅了；开头不顺畅，后面的气氛就不大容易调动。所以，这第一杯酒是成功了还是搞砸了，对于宴会的气氛非常重要。

在正式场合一般由主人举杯，在家宴上一般由晚辈向长辈敬酒，友人间的欢宴由年长者先行举杯，或由召集者先行举杯。

第一杯酒，一定要饱含祝福，为的是后面的杯莫停。这一杯是后面感情酒的基础，即使不想拼酒，也要努力为后面的欢愉场面打下基础。因此，举第一杯酒，要区别不同情况，要有礼貌，要饱含深情。

如果是在庄重的外事场合，第一杯酒不但要礼貌有加，而且必须注意来宾的身份及风俗习惯，祝酒既要体现应有的热情，又要不卑不亢，更不能强人所难，自己喝多少就一定让人陪饮多少，这样不但不能达到热情接待的目的，而

且还会造成负面效应。要饮酒有度，热情适度，把握尺度，展现风度。

如果是商务宴请这样的场合，第一杯酒就关系到后来宴会发展的风格。那么，这杯酒既要自己把握住不醉，还要让客人尽兴，要有大家风范，不论会谈气氛怎样不愉快，都要尽地主之谊，为宴会后的谈判打下基础。因此，祝酒时既要把握住热情有度，又不能与来宾拼酒，以免造成来宾的反感，影响正式会谈的感情。只有掌握以礼敬酒，以情祝酒，以智行酒，方能达到目的。

如果是家宴、喜宴、庆典宴，第一杯酒虽然不必太考虑宴会上商战斗智，但这第一杯酒同样必须体现宴会的主题、主人的盛情、对来宾光临的企盼与欢迎。举杯祝福万语千言全融于酒，倾觞恭贺千杯百盏尽看开头。如果是友人小酌，大可不必拘泥于形式，越是实在、贴切，越能使人感到亲切，更能让人开怀畅饮。

假如第一杯酒能够充满感情，礼仪得体. 那么打下了基础，后面的敬酒当然顺畅多了。

第二杯酒，杯盛热情。

在一般宴会的情况下，主人敬酒后由主宾举杯，作为礼仪性的回敬。然后，宴会进入了相互敬酒阶段。这时的敬酒，由于第一杯酒已经把宴会的主题、宴会的目的、宴会对来宾的良好祝福等都已表达完，这时再次互相举杯就要注重以情祝酒，杯盛热情。用热切感人的话语融入杯中献给来宾。

如果是商战场合，更要融入深情。合作会谈情为先，酒品如人品，情通事就通。如果能通过自己的深情融会双方的情感，那么，一些争论和分歧也会得到缓和和化解。

如果是朋友小酌，或家宴便宴，也需要借酒抒情。这方进酒还是宴会的起始阶段，通过热情洋溢的祝词，用酒使大家融情，使大家抒怀。

如在一次友人聚会上，东道主祝酒后，一位友人站起来为大家“以情祝酒”。

“……各位朋友，让我们举起青春的金杯，大海一样深情的美酒在心底交汇，啜饮生活的芳菲，溶进心田绽开友谊的花蕾。为了希望，为了明日的光辉，为了大家心花怒放，为了激情让人陶醉，为祝福生意通达财源滚滚，为祝福事业有成展翅高飞，干杯！”

一番深情的祝酒，燃起了所有宴会参加者的激情，大家纷纷举杯！开怀畅饮，兴致高涨。

（三）敬酒的礼仪和注意事项

中国人的好客，在酒席上发挥得淋漓尽致。人与人的感情交流往往在敬酒时得到升华。为了劝酒，酒席上有许多趣话，如“感情深，一口闷；感情厚，喝个够；感情浅，舔一舔”。劝人饮酒有如下几种方式：“文敬”、“回敬”、“互敬”、“罚敬”。

1. 敬酒的几种方式

（1）文敬：是传统酒德的一种体现，即有礼有节地劝客人饮酒。酒席开始，主人往往在讲上几句话后，便开始了第一次敬酒。这时，宾主都要起立，主人先将杯中的酒一饮而尽，并将空酒杯口朝下，说明自己已经喝完，以示对客人的尊重。客人一般也要喝完。在席间，主人往往还分别到各桌去敬酒。

（2）回敬，这是客人向主人敬酒。

（3）互敬，这是客人与客人之间的敬酒，为了使对方多饮酒，敬酒者会找出种种对方必须喝酒的理由，若被敬酒者无法找出反驳的理由，就得喝酒。在这种双方寻找论据的同时，人与人的感情交流得到升华。

（4）罚敬，这是中国人敬酒的一种独特方式，也就是罚酒。罚酒的理由也是五花八门，最为常见的可能是对赴宴迟到者的“罚酒三杯”。有时也不免带点儿玩笑的性质。

2. 正式敬酒和普通敬酒时间的区别

频频举杯祝酒，会使现场气氛热烈而欢快。但是严格地加以区分，敬酒应

该分为正式敬酒和普通敬酒两类。

正式的敬酒一般是在宾主入席后、用餐前开始就可以敬。而且一般都是由主人来敬，同时主人还要致以较为规范的祝酒词。有时候，也可以选择在吃过主菜之后、上甜品之前致祝酒词。总之，应安排在特定的时间进行，且以不影响来宾用餐为首要考虑。

而普通敬酒，只要是在正式敬酒之后就可以开始了。但要注意的是，敬酒需选在对方更为方便的时候，比如对方当时没有和其他人敬酒，嘴里也不在咀嚼，即你认为对方可能愿意接受敬酒的时候。而且，如果向同一个人敬酒，应该等候身份比自己高的人敬过之后再敬。

所以，如果你是主人，你应该首先带头举杯，说些场面话；如果你是客人，则应等主人敬酒后再敬酒，当全场一起举杯的时候，则将杯抬至与嘴平行，一般不用碰杯，当两人互敬时，则需要碰一下杯，碰杯时切记——自己的杯口应低于对方的杯口，表示尊敬！

3. 餐桌上敬酒的具体顺序

一般情况下，敬酒应该以年龄大小、职位高低、宾主身份为序，敬酒前一定要充分考虑好敬酒的顺序，分明主次，避免出现尴尬的情况。假如是与不熟悉的人在一起喝酒，可以根据统一的顺序敬酒，先从自己身边起，按照顺时针方向开始敬酒，或是从左到右、从右到左敬酒，等等。或者可以事先打听一下客人的身份或者留意别人如何相互称呼，做到心中有数，避免出现尴尬或伤感情的局面。

在正式宴席上，一般先由主人向列席的来宾或客人敬酒，会饮酒的人则回敬一杯。如果宴席规模较大，主人则应依次到各桌敬酒，而各桌可由一位代表到主人所在的餐桌上回敬。

向外宾敬酒时，应按礼宾顺序由主人首先向主宾敬酒。而在国外正式宴席上，通常由男主人首先举杯敬酒，并请客人们共同举杯。

正式宴会上，女士一般不宜首先提出为主人、上级、长辈、男士的健康干杯。

4. 敬酒的姿势

敬酒时，上身挺直，双腿站稳。需干杯时，应按礼宾顺序由主人与主宾先干杯。劝酒要适可而止，尤其在国际交际场合，不宜劝酒。切忌饮酒过量，以控制在本人酒量的1/3为宜。

5. 敬酒的态度

敬酒时态度要热情、大方，应起立举杯并且目视对方，而且整个敬酒过程中都不应将目光移开。敬酒要适可而止，见好就收。因为在很多情况下，敬酒就意味着干杯，意味着将杯中酒喝干。有些人借敬酒之名，行灌醉别人之实，甚至偷偷在别人饮料中倒上烈性酒，还说什么“感情浅，舔一舔；感情深，一口闷”，这些都是有违礼仪要求的。

（四）如何说好即兴祝酒词

俗话说无酒不言商，许多大生意都搞定在酒桌上。酒是感情的润滑剂，如何使它发挥最有利的功效，就在于自己如何运用。其实，喝酒只是一种形式，真正起作用的还是推杯换盏间的溢美之词。只要你适当运用自己的口才，就能“喝”出名堂来。

在毫无准备的情况下，被推举出来祝酒可能是非常令人紧张的。此时最好的解决办法就是说出你的感受。祝酒词从来用不着太长。如果当你在毫无准备的情况下被叫起来致祝酒词，你可以说一些简单的话摆脱困境，如“向你致意。”或“向出色的朋友和伟大的老板致意。”

在临时被叫起的即兴祝酒中，真诚的态度也是非常重要的。这时候，说出几句发自内心的祝福或者愿望，可能比空洞的长篇大论更有味道。不要给人留下做作的感觉。

1. 把握要领

不要认为你至少应该说上十分钟，这是种错误的想法。致词的三大基本要素是真诚、清楚和简练，如果你没有事先精心地准备，做到这三点就可以了。但是，在发表即席祝酒词之前，必须要做几项工作：首先，了解究竟有哪些人参加了这次宴会，如果有重要的人物参加，应当事先了解如何正确地称呼他们。其次，在选择的语言顺序上，多可以选用“过去、现在、将来”的一般表达顺序。

2. 注重平时积累

即兴祝词，需要随时根据宴会的现场情况和气氛举杯祝词，这更要有既符合现场情况又充分展示才华的语言组织能力。事先拿着准备好的祝词或者事先打好腹稿的祝词能引起宴会参加者的共鸣和欢迎，而即兴结合场面的祝词则会更加受到人们的青睐。这里，既需要致词人具有丰富的文化修养和底蕴，也可以依据当天的宴会主题和客人情况，研究一些名言和警句，到时候加上美酒，会对参加宴会的人们心灵形成巨大的冲击力，以增加宴会的感染力。

祝酒辞要有文采。适当引用成语、名言、典故、诗词，话语幽默，能使讲话更有感染力。

1984年，缅甸总统吴山友访问上海，上海市长在祝酒辞中引用了陈毅元帅《致缅甸友人》的诗句：“我住江之头，君住江之尾，彼此情无限，共饮一江水。”大家都知道中缅交界只有一江之隔，两岸人民共饮一江水。话语亲切，表达了中缅两国人民之间的情谊，外宾当然十分高兴。有一次，一位中央领导访问朝鲜，在告别宴会上祝酒时，曾引用李白《赠汪伦》诗中“桃花潭水深千尺，不及汪伦送我情”的诗句来热情赞誉主人的深情厚谊，赢得了朝鲜人民的认同。

总而言之，在祝酒辞中适当引用一些词句，可以起到旧曲新嘲的作用，使宴会在愉悦中一步步达到高潮。

3. 注意事项

在餐会上，饮酒特别是祝酒、敬酒时进行干杯，需要有人率先提议，可以是主人、主宾，也可以是在场的人。提议干杯时，应起身站立，右手端起酒杯，或者用右手拿起酒杯后，再以左手托扶杯底，面带微笑，目视其他特别是自己的祝酒对象，嘴里同时说着祝福的话。

席间碰杯有很多规矩。通常是主人和主宾先碰，然后主人与其他客人一一碰杯。人多时可同时举杯示意，不一定碰杯。碰杯时，主人和主宾先碰，人多时可同时举杯示意，以不交叉碰为宜。碰杯时要双目平视对方致意，一般视对方的眼鼻组成的三角区为佳。宴会上的相互敬酒，可以活跃气氛，但要适度，不要勉强他人，本人应控制酒量，如不会饮酒，可事先言明喝饮料，切不可因饮酒过多而失言、失态。

有人提议干杯后，要手拿酒杯起身站立。即使是滴酒不沾，也要拿起杯子做做样子。将酒杯举到眼睛高度，说“干杯”后，将酒一饮而尽或喝适量。然后，还要手拿酒杯与提议者对视一下，这个过程就算结束。

在中餐里，干杯前，可以象征性地和对方碰一下酒杯；碰杯的时候，应该让自己的酒杯低于对方的酒杯，表示你对对方的尊敬。用酒杯杯底轻碰桌面，也可以表示和对方碰杯。当你离对方比较远时，完全可以用这种方式代劳。如果主人亲自敬酒干杯后，要求回敬主人，和他再干一杯。

祝酒时，不要交叉碰杯。在主人和主宾致辞、祝酒时，其他人应暂停进餐，停止交谈并注意倾听。碰杯时，目光要正视对方以表诚意。

（五）如何说出最具感染力的祝酒词

饮下几杯酒，无论是政治家的宴会，还是商务酒会，乃至友人小酌，酒宴往往会进入一种稍稍舒缓的气氛。这时作为主人一方需要尽地主之谊，还要继续敬酒，以将宴会气氛推向高潮。当然，主要是尽到祝酒尽欢的情意，而不是强行拼酒，差强人意，逼人狂饮。

这时的祝酒，“引经据典”并不是一定要引用经典文艺作品，才能祝酒乐

饮千觞。这里的“引经据典”是双方为了增进友谊要聊一些双方感兴趣的，能够增进友谊的经历或趣闻逸事。这无论是在政治家的宴会还是商务酒会，特别是友人聚会，都是必不可缺的。

在1972年周恩来总理接待尼克松的宴会上，宾主双方正式祝酒之后，尼克松总统和周恩来总理谈起了茅台酒。尼克松说：“我在书中曾读过这样一段故事，说红军长征途中攻占了生产茅台酒的茅台镇，把镇里的茅台酒全喝光了。”周恩来说：“长征路上，茅台酒被我们看做包治百病的万应良药，洗伤、镇痛、解毒、治伤风感冒。”尼克松举杯说：“让我们为这‘万应良药’干杯！”

如果你要使酒宴按照宴会的目的，高潮迭起，必须能够频频举杯，“劝君更进一杯酒”，必须具备一定的酒桌“硬功夫”。酒宴越是临近结束，劝酒就越发困难。所以要想频频举杯与客人畅饮，就得靠标新立异，新颖别致的话题才能出奇制胜，收到凝聚万般情的效果。

如在一次商务交往的宴会上，十分需要借助酒性沟通，可是无论怎样敬酒，客人都礼貌地表示难于从命。事先宴请方得知这个客人酒如果喝不尽兴，就难于合作。一位擅长应酬的副总经理见状举杯说道：“各位来宾，我给大家再敬杯酒，这杯酒我借着刚刚呈上来的这盘‘浇汁鱼’向各位表示衷心的祝福之情。如果各位认为我说得对，就请干杯。你们看，吃鱼头，独占鳌头；吃鱼腮，满面灵气；吃鱼眼，珠玉满目；吃鱼唇，唇齿相依；吃鱼骨，中流砥柱；吃鱼鳞，连连有余；吃鱼腹，推心置腹；吃鱼背，倍感亲密；吃鱼子，财智无数；吃鱼尾，机敏迅疾！让我们共同举杯，为吃鱼给我们带来连年有余，事事如意，干杯！”来宾都被他的风趣幽默、独树一帜的祝酒词所感染，不但立即举杯畅饮，而且那位最重要的客人还表示愿意自己多喝一杯，让那位副总经理教他这套吃鱼的酒令。

在酒宴上为了劝酒而采取“即物生情”的办法往往出奇制胜，屡屡成功。

人们不仅可以从吃鱼上说起，也可以从吃鸡、鸭以及各种菜肴引申祝酒，也能收到奇效。当然，采用这种方法祝酒需要掌握好一定的时机和技巧。

还有一种是应景生情的敬酒，根据周围环境“借题发挥”。假如宴会地点选在风景优美的地方，而客人又是第一次来到这个地方，那么周围环境是一个很好的敬酒的由头。

即景生情不仅仅是见到什么样的景色怎样引申祝酒，而是灵活机变，自然引申。如在接待客商的宴会上，宾主谈起了多变的股市，为了达到劝酒的目的，东道主借这个话题向来宾祝酒，“各位，我虽然不太精通随时变化的股市行情，可我觉得这个股的名称一样能表达我们祝福的心情。我们希望大家常来这里‘望春花’，观‘大东海’，赏‘哈天鹅’，使友谊长在‘豫白鹤’，愿这杯酒把我们用‘胶带股份’联在一起，愿我们的感情像‘上海永久’。让我们举起‘湖北金杯’，斟满‘泸州老窖’，为各位来宾‘金果实业’‘深发展’，‘捷利股份’‘厦海发’，干杯！”这见机而作的祝词自然激起了来宾的兴趣，纷纷举杯，一饮而尽。

（六）劝酒的礼仪和注意事项

正如任何场合都有适合自己环境的礼仪一样，生意应酬之中，喝酒也有一定的讲究。喝酒也能反映出一个人的格调、品位和文明程度。有些人喝酒时，举起酒杯看也不看，便一饮而尽，甚至显得极其狼狈、粗俗不堪。而会喝酒的人则截然不同，他们懂得怎样品酒并且懂得怎样喝酒。

比如对方要你干杯，生意人在礼貌上就必须将酒喝完，以表示对对方的祝福，此时的谢绝是不礼貌的。假如你实在不会喝酒，也必须形式上喝一口，以示礼貌。在干杯的时候，酒杯不要举得太高，以不超过自己的视线范围为佳。如果对方是站起来向你敬酒的话，生意人也一定要站起来，因为平起平坐才是应有的礼貌。它表示一种平等和尊重，假如人家站着向你敬酒，你却像皇帝一般坐在那里纹丝儿不动，则是一种极其傲慢和不尊重的做法，会令人产生反感。

祝酒是一种艺术，又是一门学问。一位杰出的“祝酒专家”，不仅善于祝酒，而且还善于闻出对方致辞中的“韵味”，进而机敏地、恰如其分地作出反应。祝酒有许多规矩和讲究，尤其在正式的政务宴会上更要注意祝酒的礼仪，否则轻则出洋相，重则有损公务形象。具体来说以下几点要注意：

1. 看准对象

劝酒的时候一定要看准对象，因为并不是酒桌上的每个人都要劝并且都能劝的。首先，对酒量小的人不要劝。人家本来就喝不了太多酒，如果再劝的话，就难为人家了。其次，对喝酒特别实在的人，比如你倒多少他就喝多少的人，也不要劝。这样的人自己就能喝好，也能把握好度，如果你劝的话，一定会让他控制不住这个度，会喝多。再次，和女士一起吃饭的时候，不要对女士劝酒。对女士劝酒是不礼貌的。

那么，要对什么人劝酒最合适又很有效呢？一般认为，酒量较大但还没有喝多少酒的人，对这种人应当劝酒。这样，对方既能感受到你的热情，又不会喝多出丑，从而欣然接受。

2. 把握好时机

（1）宴会刚开始的时候不要劝酒，因为这时候每个人都会根据自己的酒量适当喝一些，这时劝酒显得多此一举，不劝也能喝，何必非要劝呢？

（2）宴席要结束的时候也不要劝酒。“天下没有不散的宴席”，大家其实都已经喝得差不多了，倘若你再劝酒，就显得有些强人所难。而且，宴会结束时劝酒还容易让别人喝多。喝多之后，酒后失态是小事，如果发生其他意外，恐怕就后悔莫及了。

（3）劝酒的时候一定要把握好劝酒时机，最佳的劝酒时机是宴席进行到一半的时候，这时候劝酒最能活跃酒桌气氛，也最容易劝酒成功。

3. 分清场合

（1）最适合劝酒的场合应该是在具有喜庆气氛的酒桌上，如新婚之喜、

升学之喜、乔迁之喜等。

（2）有些场合不适宜劝酒。比如，不太熟悉的人第一次坐在酒桌上喝酒，互相不了解对方的性格和酒量，就不太宜过分地劝酒，即使劝，也要注意分寸。再比如，在别人悲伤的时候喝酒不宜劝酒。因为对方本来心情就不好，所谓“借酒消愁愁更愁”，如果再一味地劝酒，就极容易让对方喝多。另外，上下级在一起喝酒的时候不宜劝酒。下级劝上级喝酒的方法本来就不多，最后往往以牺牲自己为代价；相反，上级劝下级时，下级却不能不喝。

4. 劝酒语要文明：劝酒的时候，劝酒语绝对不能粗俗，要文明、真诚，体现出当时酒桌的氛围。比如：“为我们初次合作就取得了圆满的成功，干一杯”“感谢您给我无私的帮助和热情的鼓励，我敬您一杯”。像这样文明高雅的劝酒语，能恰当地表达敬酒者的心情，令人回味。而不雅的劝酒语暴露出一个人内心的粗俗，是失态的表现。不管是好友聚会还是商务宴请的场合，如果不能确定言语的效果，还是小心为妙。

总之，在劝酒的时候要把握好分寸，因人而异，因地而异。不要盲目地劝酒，这样不但起不到调节气氛的作用，而且还容易节外生枝，使原本友好的关系产生裂痕，甚至发生其他意想不到的后果。

（七）如何拒酒不伤和气

宾主双方出于礼貌、礼仪，以礼祝酒。这种方式祝酒的特点是彬彬有礼，以礼貌的办法祝酒，更让人无法回绝。特别是主人的盛情，配合上有准备的礼貌得体、热情洋溢的语言，的确令人无法回避。

例如，在某县的招商引资酒会上，这个县的招商局长举杯祝酒。他端起一只小酒杯，桌子上放着一只大酒杯，说道：“尊敬的各位来宾，我们十分欢迎各位嘉宾到我县洽谈合作。为了表达我们的诚意，我向各位敬酒。我们这里有一个特殊的习惯，为了表达我们对最尊贵的客人的敬重，我要代表全县110万人民，向各位敬十杯酒。这第一杯酒，是一见如故，一切如意，一路顺风；第二杯酒，是两方合作，双方携手，二月春风；这第三杯酒，是三旧开泰，三星在户，三江深情；这第四杯酒是四通八达，四面进财，四海升平；这五杯酒，是五子登科，五福临门，五谷丰登；六杯酒是，六六大顺，六韬三略，六合丰功；七杯酒是，七鸟朝阳，七杯见底，七色彩虹；八杯酒是，八音迭奏，八方风雨，八面来风；九杯酒是，九九归一，九天揽月，九色凤鸣；十杯酒是，十全十美，十分倾心，十分欢迎。”当然，他在说每一杯的同时，都十分认真地用小杯向大杯里倒上一杯酒。

面对如此敬酒，众来宾大惊失色。简单回绝已无法抵挡，而敬酒者在大家的一片叫好声中，一饮而尽，然后把大杯的杯底向客人展示了一下，等着看客人怎么喝这杯酒。这是以礼敬酒的典型范例。人家既没有强拼强劝，也没有非让你喝不可，可是如果少喝一杯，似乎对不起人家那代表全县110万人民的十杯酒的深情。喝了这十杯酒，又哪里能承受得了？而谁又能马上说出与敬酒人相似又相对应的以数字开头的这样规范的祝酒词呢？面对如此敬酒，最好的办法就是以礼还礼，你以礼敬酒，我礼貌地不喝酒。你用这么多的数字来限制我，让我得喝那么多杯酒，我就巧妙地回避这个数字问题来回敬你，不然，就会陷进对方设计的圈套之中。

这时，只见客人举杯答道：“我们一行十分感谢各位领导的盛情，特别是刚才招商局长的一到十杯的敬酒，更是既让我们感受到了全县110万人民的盛情，也让我们领略了局长的风采。我喝不了十杯酒，但，我有十杯酒所容不下的激情，我说不出一到十所表达的深意，但我能用一杯酒表达我们对东道主海一样的深情。我不喝十杯酒，而只喝一杯酒，是为了使酒的数量之差，让东道主能给我们留下更深刻的印象。只有这样才能让我们感受到你所代表的110万人民坚强如山，却不会挡住我们眺望的视线；他们宽广如海，却不会像海一样变幻使人不安：他们热情如火，却不会像火一样，使热量四处传播；他们像水一样温柔，却不会像水那样任意把形象改变。为此，我请大家共同举杯，祝福

全县人民像山、像海、像火、像水，让山的庄严、海的激情、火的热烈、水的柔情永远和你们相伴，让你们拥有山一样的康健，海一样的财富，火一样的生活，水一样的风采，干杯！”

礼貌的拼酒得到了礼貌的回答，这样令人觉得得体，富有诗意的语言，赢得了宾主双方的由衷赞赏。都觉得主人敬酒是事先准备好的一套祝酒词，而客人的即兴答词更加精彩，在一片掌声中，纷纷举杯，都同意客人只喝一杯，一个精心筹划的以礼敬酒，就这样化解了。

（八）打动人心的拒酒词

酒桌上，东道主端起酒杯，尽管他才刚和你认识几分钟，也会让你感受到仿佛已经等你一百年的情感，什么“看着你就投缘，想着你就留恋，你喝酒，人生目标就能实现”。一杯酒承担着这样重的责任，你怎能退却得了？

感情劝酒可以发生在礼仪敬酒之后的中场，也可以在宴会的任何阶段，在酒宴的高潮中，“杯杯酒，表深情”，让你想推托也推托不掉。这种敬酒要想不伤感情、不失礼仪、不影响气氛地推掉是十分不容易的。面对众多的劝酒理由，要想却之有方，只能采取“以情却酒法”。

如果说以身体为由推辞敬酒是使对方晓之以理，那么还有一种动之以情的方法回应敬酒。如果东道主敬酒时已经满含深情，那么回答敬酒词时应该尊重对方，给足面子，同样以真情还之，所谓以情抵情。

比如，在一次与某市联合开发项目的招待酒会上，市里几大领导班子成员和相关部门领导频频举杯，让客人欲逃无门。此时，来宾中的一位客人起身向大家敬酒：“尊敬的各位领导，各位朋友，我和你们一样，以这杯酒，向大家表达一下我们的敬意和感激之情。但是刚才酒饮得过急了，为了给大家一个稍微休息的机会，我给大家背一段现代人改写的饮酒小令《江城子》以博一笑，同时作为祝酒词。”

“盛宴举杯都祝酒，酒含情，杯难收；还欲举杯，深情江水流。倾觞前辈

今日事，真情在，何须酒！”

“真情不会为酒留，情悠悠，水为酒，心盛深情肠胃难容酒，美酒真情不等量，载真情，几多酒！”

“请大家共同举杯，为我们合作的真情常在；为我们不论喝多少酒，但酒所能承载的真情厚意永驻我们心头；为我们合作成功，干杯！”

宾主听着这饱含哲理的词句和热情得体的祝酒词，都觉得很有激情，更有道理，当然共同举杯，以情拼酒的场面也烟消云散了。

可见，最好的劝酒词是融入了深情的、以情动人的。如果在酒宴上遇到别人对你说：“为朋友不能两肋插刀，还不能两肋插酒瓶子吗？”这样包容着千般深厚感情的酒，让人如何推却呢？可是要是喝了下去，又让自己受罪，甚至免不了受损失，真是处境两难。

这种以酒挟情的劝酒威力巨大，一般情况下令人完全无法抗拒，如果拒绝可能就是你“不领情”或者“不给面子”，总之直接拒绝这样的劝酒显得特别没有感情。但实际上，在商务宴会上，这种以浓情作为幌子的劝酒，带有更大的欺骗性，但是又不好直接拒绝，所以，采取“以情抵情”法最恰当。

例如，在一个城市招待客商的酒会上，东道主代表饱含深情，频频举杯，让人难以推却。这时，来宾中一位上海某公司的经理举杯回敬道：“各位朋友，你们端起的不是酒杯，酒杯怎么能包容所有的深情？你们多次举杯的数量不足以表达你们的心意，我真的想饮尽千杯酒，融进万般情。既然千杯酒才能表达我们的万般情，那么，一杯酒与一杯酒之间，如果用感情的度来衡量，只能越少越能让人记住这份感情。如果我喝醉了，那么可能连刚刚结识的朋友的姓名都记不住了，那怎么能算是记下这深深的情谊？为此，我用一杯酒，向大家回敬，因为我知道对真朋友敬酒是只喝微醉，与对手喝酒才拼量斗狠。你们之所以向我们频频敬酒，是怕我们喝不到微醉那个境界。我端的杯子里，是咱们当地产的五大连池矿泉水，它同样有酒一般——那只可意会不可言传的境

地。请大家共同举杯，让我们拥有水一样的柔情连绵不断，让我们有火一样的热烈真情，干杯！”

七、中餐礼仪：吃的是讲究和文化

中国是一个历史悠久的文化古国，中餐在历史发展过程中形成了诸多的礼仪文化。因此，吃中餐不能不讲究中餐的饮食礼仪。

（一）中餐宴会席位布置

除自助餐、酒会以及茶会外，在一般的中餐宴会上，主人需要对宴会的座位席次进行安排，在中餐礼仪中这是一项非常重要的工作。不同的席位代表了主人对于宾客的不同礼遇，也象征着来宾的身份地位以及主人的敬重程度。所以，在中餐宴会当中，如何巧妙地安排席位就显得尤为重要。

第一，桌次的顺序。

圆桌因为能够方便宾客之间的交谈而常被使用。一般只有在非常正式的场合或者用餐人数超过50位时才会使用长方形桌。

如果宴会设在饭店或礼堂等比较正式的场合，圆桌两桌或两桌以上时，就需要给它们的主次进行定位。其定位的原则：以背对餐厅或礼堂为正位，以右旁为大，左旁为小，如场地排有三桌，则以中间为大，右旁次之，左旁为小。

桌数较多时，要摆桌次牌，还要考虑桌位的间距，一般桌距在140厘米至183厘米之间。桌距应以行人来往方便为原则，桌距不宜过大，否则会造成客人之间的疏远。

桌椅的排列应根据客人人数来决定。一般来说，宾客人数不足36位时可采用直线形，超过36位时可采用U字形或口字形，如果人数超过60位，则一般采用E字形。无论人数多少，采用何种排列方式，都要注意主桌的安排，不宜离

客桌太近，也不宜离客桌过远，要恰到好处。

如果宴会规模较大，桌位排列讲究首席居前居中，左右并列依次摆放次席位。餐桌的具体摆放还要依据宴会厅的地形条件来决定，餐桌摆放与席位安排总体上要整齐对称，给人以和谐的美感。

第二，席次的安排。

对于席次，以圆桌为例，有中式及西式两种安排。这两种安排都需要注意以下原则。

桌位与席次的安排都是尊崇“尚左尊东”，“面朝大门为尊”的原则。所以如果是男、女主人并坐的话，一般是男在左、女在右，以右为大。如果是男、女分开主持两桌，则以右桌为大，对于宾客席次，也是以男、女主人右侧为大，左侧为小。

宴会席位主要是根据出席人员到场顺序来安排的，同时还要综合考虑来宾之间的政治关系、语言因素、宗教信仰和专业领域等因素。如双方关系不好可以尽量不把他们放在一起，在社会上拥有同等社会地位或者处于相同专业领域的人可以尽量把他们的桌位排到一起。

一般的家庭宴请，以主人的位置为中心，如有女主人参加，则以主人和女主人为中心，以靠近主人者为上，依次排列；要把主宾和夫人安排在最主要的位置上，遵循以右为上的原则，离门最远的、面对着门的位置是上座，离门最近的、背对着门的位置是下座，上座的右边是第二号位，左边是第三号位，以此类推；在遵从礼宾次序的前提下，以尽可能使相邻者便于交谈为原则；陪客应尽可能插在客人之间，以便与客人交谈。

如果主宾身份高于主人，为表示对他的尊重，可以让他来坐首席首位的位置，主人坐在他的左手边。

有女宾时，习惯把女宾安排在一起。如主宾带夫人，则主宾坐男主人右侧，主宾夫人坐女主人右侧。根据国际一般惯例，不安排夫妇坐在一起，通常

是将男、女参错安排，以女主人为准。

主宾带夫人，而主人的夫人又不能出席，通常可请其他身份相当的妇女做第二主人。如无适当身份的妇女出席，也可以把主宾夫妇安排在主人的左右两侧。

如使用长桌，一桌6人、10人或14人时，男、女主人可坐在餐桌两端的传统位置上。如果一桌8人或12人时，男、女主人就宜坐在长桌两端。

如使用圆桌，则正对大门的为主客，左手边依次为2、4、6……右手边依次为3、5、7……直至汇合。

如果使用方桌，且有正对大门的席位，则正对大门一侧的右位为主客，如果没有正对大门的席位，则面东的一侧右席为首席。然后以首席的左手边依次为2、4、6、8（8在对面），右手边依次为3、5、7（7在正对面）。

如果为大型宴会，桌与桌间的排列讲究首席居前居中，左边依次为2、4、6席，右边依次为3、5、7席。首席以外的各桌，首位可以与首席主位同向，也可以面向首席主位。席位根据主客身份、地位、亲疏分坐。

一般末位都不安排女宾坐。

（二）中餐入座礼仪

每次宴请，席位都是不可以随便乱坐的，宾客们一方面要听从主人的安排，客随主便；一方面又总免不了就桌位席次礼让一番，这似乎成了一个不成文的规定，以显示宾客之间的谦虚礼貌；入座以后还要注意自己的言谈举止。如果应邀参加宴会，需要了解以下礼仪。

第一，座位的选择。

根据自己所扮演的角色，了解男、女主人在餐桌上的位置，以及其他男、女陪客的位置，找到适合的位置入座，才不会失礼。

高级饭店往往是由服务员引领入座，入座时注意桌上座位卡是否写着自己的名字，赴宴入座切不可见空位就自行坐下。

入座时，如果看到年长、身份地位高者或者女士，应协助他们先入座，同时，应与同桌点头致意。

从左侧入座是最得体的入座方式，用右手拉开椅子，从椅子左边入座。如果你比别人先走近桌子，应顺势向里移，以方便其他人就座。

切记在将要入座的时候用手把椅子拉后一些再坐下，而不是用脚。女士若有男伴同行，则由男士来拉动椅子，这是男士的职责。

工作餐是一种非正式的商务宴请，对于座次的安排比较自由。出于礼貌，主人应该把较好的位置让给客人，且等客人入座后再坐。如果主、客皆为同性，主人可坐于客人的对面或者客人左侧；如果主、客为异性，主人应选择客人对面的位置。

在餐厅用餐，当人多椅子不够用时，不可乱拉旁桌的椅子，应请服务员协助搬取足量的椅子，或另找个大点的餐桌。

第二，保持良好的坐姿。

坐在餐桌旁的时候，身体保持挺直，双脚齐放在地板上。用餐前，两手自然垂放在大腿上，或者平放在桌面上。

用餐时，最好不要采用两脚交叉的坐姿。上臂和背部要靠在椅背上，腹部和桌子保持约一拳的距离。在上菜空当，因为与人交谈，可以将手肘撑在桌面上，以表示自己正热烈投入，这无伤大雅；但是，当大家都在吃东西的时候，最好不要将手肘放在桌面上，以免妨碍他人。

暂停用餐时，双手如何摆放可以有多种选择。可以把双手放在桌面上，以手腕底部抵住桌子边缘；也可以把手放在膝盖上，双手保持静止不动。最好不要用手去拨弄盘中的食物，或玩弄头发及桌上的杯盘等。

（三）中餐的上菜顺序

中餐不仅讲究菜品种类、多少，是否营养味美，还讲究不同菜种的上席次序，以及菜色种类布局是否合理。现今一般的宴席一桌为10～12人，每桌

12～14道菜肴，菜色主要由冷盘、热炒、主菜、甜菜、点心、汤类、水果等组成。

冷盘：又称为冷拼、冷碟、冷荤、拼盘或凉菜，具有开胃佐酒之功用，开席前放置于餐桌上。一般而言，冷盘的形式有单盘、双拼、三拼、什锦拼盘或花色拼盘带围碟等。冷盘在做到色、香、味、形俱美的同时，更加注意各种菜之间的营养搭配，使之吃起来既营养又卫生。

热炒：亦称为热菜或热荤，起承上启下的过渡作用，一般排在冷盘后、主菜前。热炒一般为2～4道，多为速成菜，以色艳、味美、鲜热爽口为特点，在宴席中扮演着不可或缺的角色。热菜口味丰富、造型精美，多以煎、炒、烹、炸、爆等快速烹调方法制成，可用来配饭或下酒。

主菜：又称为大菜，是宴席中的重头菜，通常由头菜（整席菜点中原料最好、质量最精、名气最大的菜）、热荤大菜（包括山珍、海味、肉畜、禽蛋、水鲜）组成。主菜的数量根据宴席的档次和需要来确定。

甜菜：包括甜汤、甜羹等，泛指宴席中带甜味的菜品。甜菜要视季节、席面并结合成本因素而定，有干稀、冷热、荤素等不同种类。一般常利用冻晶、挂霜、蜜汁、拔丝等方法制成，是爽口、解腻的佳品。甜菜虽然在整个宴席中所占比重很小，但也是不可或缺的，一般点一两道供客人品尝即可。

点心：是主菜的配角，随主菜上桌，点心可分为甜、咸两种，通常有糕、粉、团、面、饺、包等。点心的配备弹性较大，可视宴席人员的喜好或需求予以增加或减少。

汤类：汤在中餐宴会当中是不可缺少的，占有重要地位，一个宴会如果没有汤，很难称之为合格的餐宴。宴席汤品强调清淡鲜美、香醇爽口，尤以清汤为佳。一顿佳肴后，若能即时喝上一两口清口润喉、香醇爽口的清汤，那实在是人生一大享受。

水果：水果具有解腻、清肠、利口、润喉及解酒等作用，现在越来越多的

宴席场合备有水果，方便客人在所有食物用毕之后，吃些水果来改改口味、润润喉及帮助消化等。

上面的顺序也并非一成不变。水果有时可以算在冷盘上，点心可以算在热菜上，较浓的汤菜也可以当做热菜上，而贵重的汤菜如燕窝等，可以作为热菜中的头道来上。

上菜的基本原则：拼盘先上，鲜嫩清淡先上，名贵的菜品先上，本店名牌菜先上，容易变形、走味的菜先上，时令季节性强的菜先上。

关于季节问题，则冬重红烧、红焖、红扒和沙锅、火锅等；夏重清蒸、白汁、清炒、凉拌。

中国是重视饮食文化又盛产陶瓷美器的国度，人们对于餐宴盛器的讲究，可谓久矣，古人云："美食不如美器"，又云："煎炒宜盘，汤羹宜碗，参错其间，方觉生色。"所以对于餐宴酒菜的盛器要慎重选择。

一般要备大、中、小平盘（碟），大盘热菜，中盘冷拼或灵活选择，小盘点心、小吃，还要有大点的深盆来盛汤类食物，客人的碗、筷及装剩物的碟子等，大食具如火锅、烤炉之类，另外还有水具、茶具、酒具等。

切忌中西餐具混杂，不伦不类。如色彩清亮的凉菜冷拼，则宜用对称的细底纹小碎花圆盘，清蒸鱼要用白瓷或青瓷鱼盘，红烧、干烧鱼则用色彩浓烈的、厚重的鱼盘。

（四）正确使用筷子的礼节

筷子是中餐桌上不可缺少的物件，是伴随每个中国人一生的伙伴。古人写诗赞筷曰："不可一日无此君。"的确，小小的筷子让你尝遍酸甜苦辣，享尽人间美味。但是筷有筷礼、箸有箸规，当你在用筷大饱口福时，一定不要忘记使用筷子的礼节。

第一，席间摆筷子的礼仪。筷子是成双成对出现的，同一餐桌上应使用等长、同色、同质的筷子，摆放时应将它们头对头、尾对尾摆放整齐。筷子摆放

时应小头向里，大头与桌沿并齐，搁在筷架上或放在自己的菜盘上。席间如果要暂时放下筷子时，应按原来的样式摆放好。在长期的生活实践中，人们对使用筷子也形成了一些礼仪上的忌讳。

忌敲筷。即在等待就餐时，不能坐在餐桌边一手拿一根筷子随意敲打。

忌掷筷。在餐前发筷子时，先把筷子理顺，然后轻轻地放到每个人的餐桌前；距离较远时，可以请人递过去，不能随手掷在桌子上。

忌叉筷。筷子不能一横一竖交叉摆放。

忌插筷。在用餐中途因故需暂时离开时，要把筷子轻轻搁在桌子上或餐碟边，不能插在饭碗里。

忌挥筷。在夹菜时，不能把筷子在菜盘里挥来挥去，上下乱翻，遇到别人也来夹菜时，要有意避让。

忌舞筷。在说话时，不要把筷子当做刀具，在餐桌上乱舞，也不要把筷子戳到别人面前，那样是失礼的。

第二，规范的执筷姿势。握筷子时，一般用右手握筷子，手的位置要适中，不可握得过高或过低，一般应是拇指捏按在上距筷头约占筷长1／3或略少于1／3处为宜。这样的握姿不仅看起来雅观大方，也便于筷子的张合。取位过高或者过低，筷子张合的灵活度不够，使用起来比较费力。

第三，席间使用筷子的礼仪。在席间，筷子要轻拿轻放；不用筷子时，应将其对齐，放在自己的碗碟上面，或放在自己的杯子右侧，不可随便乱放。

第四，用筷子夹菜的礼仪。吃饭时，须等坐正中间位置的人动第一筷后，众人才能跟着各动其筷。 用筷子夹菜时，不要“举筷不定”，不要从碗里挑菜拣食，不要用筷子来撕口中的鱼肉，更不能用筷子来回戳食菜肴，不要在用汤匙盛汤时手里还拿着筷子。中国人喜欢多人从一大盘菜中取食，在夹菜时，要注意避开其他客人的筷子，免得伸到盘内时与别人的筷子相交叉，也不要伸胳膊去夹取对面较远的菜肴，这是失礼的表现。在餐桌上谈话时要放下筷子，绝不可用筷子做手势，举筷在别人面前指来划去，使筷子在餐桌上乱舞，这是粗鲁和缺乏教养的表现。用餐时，应先用公筷或汤匙将所需菜肴夹到自己餐盘中，然后再用自己的筷子慢慢食用。

（五）中餐进餐的礼仪

第一，菜肴的取用方法。菜肴一上桌，一般都是由主宾先取用，只要主宾尚未动手，其他人都不可先取食。有的时候，第一道菜是由主人或主宾替其他同席者服务，此后，除了服务生分配的菜肴外，依然是由主宾开始按顺序取菜。取菜时，不要一次盛用过多，如果不够，下次再盛。如果菜品由服务员来分配，可以等到服务员再次过来的时候向他提出要求，由服务员来增添。有时，邻座的男士会替女士服务，但女士不用坐等男士过来服务，可以自己动手，丰衣足食。

注意事项：夹菜时应根据自己的需求酌量取用，不要刚夹一样菜，就接着又夹另一道菜；不可抢在邻座前面，或站起来伸长手臂去夹远处的菜；夹菜偶尔掉下一些在桌上，切不可将其放回菜盘内；遇邻座夹菜要避让，防止“筷子打架”。

第二，劝菜有礼。中国人吃饭，除表现合作外，还倡导礼让。在酒宴上，中国人的劝菜颇有特色，起初是消极地让，一迭声的“请请请”，请人先夹菜，劝人多吃好东西；后来又直接把各色美味佳肴夹（塞）到别人的碟子里、饭碗里，甚至于嘴巴里。中国人一向以热情好客闻名于世，主人会向客人介绍菜的特点，并反复向客人劝菜，希望客人多吃一点。有时热情的主人还会用公筷为宾客夹菜，这是主人热情好客的表示，出于礼节的需要，宾客应表示感谢，并根据自己的胃口适量享用。

第三，婉拒不喜爱的菜肴。如果碰到主人劝菜而自己又不喜欢吃的菜肴时，最好的办法是酌情吃一点意思意思，这才是礼貌的行为，如果是因为自己对那些菜过敏或者是由于宗教的因素而不能吃，可以直接告知主人，一般都会

得到谅解。

若是在婚宴这种无法提出个人意见的宴会上，取菜时就可选小块或取少些甚至可以完全不取，但是，主菜不能完全不取。

如果本人不能吃或不爱吃的菜肴，当服务员上菜或主人夹菜时，不要拒绝，可取少量放在盘内，并表示："谢谢，够了。"对不合口味的菜，勿显露出难堪的表情。

如果你在别人家做客时，碰到自己不喜欢的菜可以不夹，如果主人给你夹你不喜欢的菜时不要拒绝，让它放在自己的碗中，如果主人提醒你吃时，可以象征性地吃一些，或者告诉他你已经吃过了，吃不下了。切记，不要说"我不喜欢这道菜"或者"我讨厌吃这种食物"之类的话。

第四，正确使用中餐具的礼节。中餐餐具与西餐餐具相比有很大的不同，中餐餐具主要有杯、盘、碗、碟、筷、匙等。下面我们就对中餐餐具在使用当中的注意事项以及中餐宴会当中的使用礼仪进行介绍。

勺子：中餐里勺子的主要作用是舀取菜肴和食物。汤汁类的食物可以单独使用勺子，勺子也可以用来辅助筷子取食，一般情况下不提倡单独使用勺子来取菜。用勺子的时候要记住不要舀取过满，以免溢出。舀取食物时，要在原处停留片刻，等汤汁不再外溢时，再拿过来享用。餐间暂不使用勺子的时候，要将勺子放好，将勺子放在自己身前的碟子上，或将勺子放在盛取食物的盆中。用勺子取完食物时，要立即将食物放到自己的碗里，切忌将食物放回原处。如果食物太烫，也不要用勺子舀来舀去，更不要用嘴对着勺子吹，等到食物在自己的碗里凉了以后再吃也不迟。注意不要将勺子一股脑儿塞到嘴里，或是反复吮吸，这些都是不卫生、不礼貌的行为。

碗：吃中餐的时候，碗可以用来盛饭、盛汤。进餐时，可以手捧饭碗就餐。拿碗的姿势应该是：用左手的四个手指支撑碗的底部，拇指放在碗端。吃饭时，饭碗的高度大致和下巴保持一致。

盘子：中餐的盘子有很多种，稍小点的盘子叫碟子，主要用于盛放食物。使用方法和碗大致相同。使用时，要让盘子待在原位不动，还要注意不要将盘子叠放在一起。

还有一种用途比较特殊的盘子——食碟。在中餐进行当中，食碟主要用来暂时存放取来食用的食物，在碟子的前端，还可以存放不吃的食物残渣、骨头、鱼刺等。使用食碟的时候，切忌取放过多的食物在上面，还要注意不要将不同的食物同时放于其中，以免食物之间互相串味。在放食物残渣的时候，注意不要用嘴直接吐在碟子上，而是用筷子夹取，然后放到碟子前端，如果碟子满了，可请服务员换碟。

汤盅：汤盅是用来盛放汤类食物的。在汤盅的使用过程中有一点需要注意：将汤勺从汤盅里取出放在垫盘上，并把盅盖翻转平放在汤盅上，即表示汤已喝完。

水杯：中餐的水杯主要是用来盛放清水、果汁、汽水等软饮料。注意不要倒扣水杯或者用水杯来盛酒。另外需要注意的是，喝进嘴里的东西不能再吐回水杯里，那样既不卫生也不雅观，还影响他人的食欲，甚至引起他人反感。

牙签：牙签也是中餐餐桌上的必备之物。它有两个作用：一是用于扎取食物；二是用于剔牙。但是，尽量不要当众剔牙，非剔不可时，要用一只手掩住口部，另一只手剔牙。剔出来的食物，不要当众“观赏”或再次入口，更不要随手乱弹、乱扔；剔牙后，不要叼着牙签，更不要用其来扎取食物。

餐巾：餐巾是宴会酒席上专用的保洁方巾，主要是防止食物玷污衣服，也可用来擦手上或嘴上的油渍。有些宴会上，在开宴前，服务员会给每个宾客上一条热毛巾，用来擦手，擦完后放在盘子里，然后由服务员拿走。在正式宴会上，客人需待主人先拿起餐巾时，自己方可拿起餐巾，反客为主的做法是失礼的。餐巾打开以后，应该摊开放在自己的大腿上，以不使食物滴落玷污衣服为宜。

餐巾除了用来擦拭嘴巴、手、手指以外，也可以用来包裹吐出来的食物残

渣、水果核等。擦拭嘴巴时，拿起餐巾的末端顺着嘴唇轻轻压一下，弄脏的部分为了不让人看见，可往内侧卷起；将食物残渣或水果核吐出时，可用餐巾遮住嘴吐到餐巾里，再将餐巾向内侧折起，然后用手指拿出来或放在餐盘上，一般服务员会给你奉上一块新的餐巾。

如果有事临时离座，应将餐巾折好放在餐桌上，不要随意揉成一团或顺手往椅背上一搭。用餐后，可用餐巾揩拭嘴角或手，但千万不要把餐巾当做抹布，在餐桌上乱擦。

餐巾是可以弄脏的，如不想将餐巾弄脏而取出自己的手帕或面巾纸使用，不合乎用餐礼仪。但是，如果将餐巾用来擦汗或是擦鼻涕，或将口红整个印在餐巾上，都是不对的。涂了口红的人应在用餐前以面巾纸轻压，而不是将口红印在餐巾上。

此外，使用转动型餐桌的注意事项：使用旋转餐桌时，一般由主客按顺时针方向来转，其他人尽量不要自己转动。记住，不要把自己的餐具放在旋转桌上；转动旋转桌时，要注意桌周围的餐具，要注意力度大小，不要太用力；有人夹菜的时候尽量不要转动。

（六）几种特殊菜的食用

第一，如何吃鱼。

如果上的是一道鱼刺已经被剔除的鱼片菜，那就可以放心大胆地用筷子夹着吃。如果上的是鱼刺没有被剔除的鱼菜，应先由头至尾地单吃一面，吃完一面后折断鱼骨，将鱼骨放入碟子中，再吃另一面。尽量不要将鱼整个翻过来再吃另一面，那样的话盘子中就会只剩下鱼骨，是不太雅观的。

吃鱼时如有少量鱼刺混入口中，应尽量在口中仅留出鱼刺，用拇指和食指取出，取出的鱼刺应与鱼骨一起放入碟子内，并及时撤换碟子。

如果你爱吃鱼头，可将鱼头与鱼骨切断，再将鱼头夹在自己的食碟中享用。

第二，如何吃虾。

吃龙虾：吃龙虾的一个重要技能，就是巧妙除壳。龙虾两个粗壮的大钳子里藏着鲜嫩的肉，但那坚硬的壳却又极容易划伤食用者的嘴巴。在吃这些肉的时候，有个很巧妙的法子：先扳着钳子末梢两个分叉的尖儿，将钳子掰开，用尖头从小孔伸进去，把肉一点一点挑出来——食用起来又方便，又安全。虾肉是龙虾的主体，通常我们都将虾肉连带着壳一起先掰下来，然后一圈一圈地剥掉外壳，才能食用。如果嫌这样太麻烦，还有一个简单的方法：用一根竹筷，从龙虾尾贴着壳慢慢捅进去，然后向前推挤，虾肉自然就会从另一端冒出来，可说是省时又省力。

吃明虾、草虾：明虾、草虾等大型虾，多是带壳煮或炒。这些虾的虾壳比较厚，只用筷子很难剥掉。这里有三种相对简单的处理方法：第一种是将整个虾连壳一起放进嘴里，吃完后再把壳吐出来，这种方法虽然看起来并不十分雅观，却可以充分品尝调味的鲜美；第二种是用刀将虾背划开，然后一面用筷子压住虾背，一面用手剥壳，这是最优雅的方法；第三种是直接用双手剥虾，优点是去壳最方便。

吃炸虾：用手捏住虾尾，去掉虾头，把虾身浸到调味品中蘸食，吃时去掉虾尾。

第三，如何吃蟹。

吃蟹非常讲究吃相和吃技。不会吃蟹的人，是连壳带肉一口咬下去，然后嚼几下再连壳带肉吐出来，这样一来，一只蟹总要糟蹋掉三四成肉。有些人食蟹，是先掀起蟹壳吮食蟹膏，然后再掰开蟹身分成两半，吃完一半再吃另一半，最后吃蟹钳、蟹腿。这样吃也有些不妥。吃蟹有道，要想优雅地吃掉一只完整的蟹，还真不是一件简单的事情，下面介绍一种比较好的吃蟹方法。

螃蟹上桌以后不要急着吃，要等晾凉再吃。吃蟹时，先把螃蟹身上的圆形盖子揭开扔掉，再把靠近大腿的像刷子一样的白毛揪掉，然后除尽蟹鳃、蟹

心、蟹胃、蟹肠“四小件”，因为这“四小件”含有很多细菌、病毒、污泥等，这些都是不能吃的。

如果是母蟹，你会在圆形的盖子底下看到黄澄澄的、像鸡蛋黄一样的固体，那是蟹黄，是螃蟹身上最好吃的部分，蟹黄可以用牙签挑取吃掉。但是，蟹黄中胆固醇含量较高，患有冠心病、高血压、动脉硬化、高血脂病症的人应少吃或不吃蟹黄。吃完蟹黄，再把螃蟹掰成两半，这样白花花的蟹肉就暴露出来了，同样也是用牙签挑取蟹肉吃。

因为吃螃蟹腿很费时间，而且腿里肉不多，所以一般人会将蟹腿放在最后吃。你可以用吃螃蟹用的专用夹子把腿的硬壳夹碎，也可以用牙签或者叉子把蟹肉挑出来吃。

吃蟹时最好佐以姜、酒解寒气，也可稍用调料，但在调料中必须加新鲜姜末，具有温中、散寒、解毒之功效。吃蟹后如感到肠胃不适，可用姜数片煮水，趁热饮下，有暖胃功效。

第四，如何吃原盅菜。

原盅菜，品类繁多，包括坛子炖品和盅式盛器等，适合人数较多的餐宴。像常见的果品盅，用西瓜、冬瓜、南瓜等精雕细琢后来做盛器，内盛用冰糖浸过的各式水果球。原盅炖菜上桌时，一般服务员会当着客人的面打开盖子，以保持炖品的原味，并使香气在席上散发。揭盖时要翻转移开，以免汤水滴落在客人身上。也可以由主人开启盖子，开盖后，主人用公用汤勺给宾客盛装。盛装时，注意手要托住碗底部，不要碰碗口，盛入量以每位客人盛器的1/3到1/2为度，不宜过多。客人也可以自己动手，但仍要用公用汤勺来舀取。另外，有些炖菜如狮子头为一个个大的肉球，数量不会太多，席间不可能每人舀出一个享用，可以用公筷夹取适量享用。

第五，如何吃拔丝菜。

拔丝菜口味香甜，丝长不断，象征着宾主之间友谊长存、亲密无间。拔

丝菜上桌时，一定要记得给它保温，否则糖液会很快凝固，使得整盘菜凝固起来，令人无从下筷，那样的话，人们只能面对香甜可口、金黄鲜亮的菜肴垂涎欲滴，却无法享用。

一般在拔丝菜上桌前会先上一碗凉开水，客人在食用拔丝菜时，用筷子夹取带细丝样的菜放入冷开水中涮一下，使得糖液凝固和原料降温，方便客人食用。

（七）最基本的奉茶之道

西方人有饮餐前酒的习惯，而在中国，人们习惯于饮茶。在饮茶之时谈笑风生，可以放松身心，制造轻松愉悦的气氛，在这种气氛下谈生意，肯定会皆大欢喜。制茶、饮茶在中国已有几千年历史，早在三千多年的周朝，茶就已经被奉为礼品和贡品，而在两晋、南北朝时期，“客来敬茶”已经成为人际交往的社交礼仪。中餐中“以茶待客”的礼仪有以下几个方面。

第一，选茶的礼仪。茶可以分为五大类：红茶、绿茶、乌龙茶、花茶、紧压花茶。每种茶都有其与众不同的地方，不同的人对茶有不同的需求和爱好，所以在招待客人时，应该先征求一下客人的意见，投其所好。

第二，装茶的礼仪。装茶的过程，指的是向客人的杯（碗）中放入茶叶的过程。这个过程需要注意两个问题：一是茶具必须完好、清洁；二是装茶之前要先洗手。一套完整的茶具，一般包括茶杯（碗）、茶托和茶盘等物，如果条件限制，有时可以不要茶托或茶盘。但每一件茶具都不能有破损，而且必须洗净，尤其是茶杯（碗）里的茶垢一定要去掉。因为装茶是需要用手来操作的，将手洗干净，不但卫生，也能体现对客人的尊重。装茶时应用茶匙，即便洗过手也不应该用手去抓茶叶。

第三，上茶的礼仪。由何人为来宾奉茶，往往涉及对来宾重视的程度问题。在家中待客时，通常可由晚辈或家庭服务员为客人上茶。如果是非常重要的客人，则应由女主人，或者男主人为之亲自奉茶。

在工作单位，一般由秘书、接待人员、专职人员为来客上茶。接待重要的

客人时，则应由本单位在场的职位最高者为之上茶。

上茶时，一定要注意上茶的先后顺序：在客人与主人之间，要先给客人上茶；在客人与客人之间，要先给主宾上茶。

如果有两位或者两位以上的客人时，茶杯应用托盘端出。端托盘时，左手捧着托盘底部，右手扶着托盘的边缘，走路时眼睛要目视前方，面带微笑。上茶时，应以右手端茶，从客人的右方奉上，如有茶点心，应放在客人的右前方，茶杯应摆在点心右边。

第四，斟茶的礼仪。斟茶，指的是往茶杯（碗）中加入沸水的过程。它可以是开始沏茶时加入沸水，也可以是间隔一段时间后再往茶杯（碗）中添上或续上沸水。根据中国人“浅茶满酒”的待客常理，无论哪种情况，都一定不能将水斟满。斟茶，一般以杯（碗）容量的2/3为宜，满杯，则有厌客或逐客之嫌。

上茶时，一定要注意尽量不要用一只手来上茶，尤其不要只用左手上茶。双手奉茶时，切勿将手指搭在茶杯杯口上，或是将其浸入茶水中，那是既不卫生，又不礼貌的做法。

在斟茶过程中，客人也应该有所表示，或起身、或欠欠身、或用弯曲的食指或中指轻轻敲击桌面，既表示有礼，也表示足够了。

在放置茶杯时，千万不要粗心大意使之撞到客人，也不要把茶杯放在客人的文件上，或客人行动时易撞翻的地方。茶杯要放在客人的右手边，方便客人取用。

第五，饮茶的礼仪。俗话说：“吃有吃相，睡有睡相。”饮茶也是一样。无论是主人还是客人，饮茶时，都应一小口一小口地细细品尝。切忌大口吞咽茶水，或把茶喝得咕噜咕噜直响，否则，会给人留下粗鲁的不良印象。

此外，如果遇到水面上漂浮着茶叶给饮茶带来不便，可用茶杯（碗）盖将其轻轻拂去，或用嘴将其轻轻吹开。切不可用手将其捞出，随手扔在地上。女士如果涂有口红，喝茶前应先用纸巾轻按嘴唇，以免口红印留在杯子上。

（八）宴请中的餐桌礼仪

中餐宴席进餐伊始，有许多礼仪需要注意，如对外宾不要反复劝菜，可向对方介绍中国菜的特点，吃不吃由他；用餐结束后，可以用餐巾、餐巾纸或服务员送来的小毛巾擦擦嘴，但不宜擦头颈或胸脯；餐后不要不加控制地打饱嗝或嗳气；在主人还没示意结束时，客人不能先离席等。

第一，中途离席的技巧。宴席中最好不要中途离场，如果有急事不得不离场也不要不辞而别，应先跟主人说明情况，征得主人同意，并向同桌人表示歉意。中途离席应注意以下几点。

为了不影响他人，可以说："很抱歉我有要事在身不得不离开，大家请继续聊……"说明自己不是故意扫大家的兴。

跟主人说明情况要走的时候，不要在原位上磨磨蹭蹭，那样主人就得顾着招呼你，其他人也不能继续聊天，是很尴尬的。

向他人致歉时，不要说个不停，该说的事交代完即可，否则对方既无法做他自己的事也不能招呼别人。

离席时，男士要先和男主人告辞，女士则先向女主人告辞，接着再向其他人致意。

第二，餐桌上的一般礼仪。

入座后，姿势要端正，背挺直；双脚踏在本人座位下，不可任意伸直；手肘不得放在桌缘上，或将手放在邻座椅背上。

用餐时须温文尔雅，从容安静，不能急躁。

在餐桌上不能只顾自己，还要顾及别人，尤其是两侧的女宾。

避免在口内有食物的时候说话。

在公用餐盘里取餐的时候，最好不要用自己的餐具。取菜舀汤，应使用公筷、公匙。

吃东西时要小口、细嚼慢咽，切不可大口吞食，也不可在嘴里的食物还没

咽下的时候再次进食。

吃进嘴里的东西，不可随口吐出来，如果食物太烫，可以喝水或饮料将其冲凉。

向口中送食时，手的两肘应该向内靠拢，而不要向外张开，以免碰及邻座，妨碍他人。

好的吃相应该是将食物送入口中，而不是用嘴主动迎食。如果食物带汁，不能匆忙送入口中，否则汤汁滴在桌布上，极为不雅。

切忌用手指抠牙，应用牙签，并以手或手帕遮掩。

避免在餐桌上咳嗽、打喷嚏、打嗝。万一不禁，应说声“对不起”。

喝酒宜各随其意，敬酒以礼到为止，切忌劝酒、猜拳、吆喝。

如果餐具不慎坠地，可请服务员拾起。

如不慎将酒、水、汤汁溅到他人衣服，表示歉意即可，不必恐慌赔罪，否则，反使对方难为情。

如果食物是主人亲自烹调的，则勿忘给予主人以赞赏。

如吃到不洁或有异味的食物，应将入口食物，轻巧地用拇指和食指取出，放入盘中。

如果发现菜肴中有昆虫或者石粒等，不要大呼小叫，应等服务员走近时，轻声告知服务员更换。

食毕，餐具务必摆放整齐，餐巾亦应折好，放在桌上，不可随便乱放。

进餐时最好不要抽烟，如需抽烟，应先征得邻座同意。

结账时，不能抢着付钱，推拉争付甚为不雅。如果是做客，不要抢先付账；未征得朋友同意，亦不宜代友付账。

进餐的速度，不宜太快，亦不宜太慢，应该与男、女主人的进餐速度同步。

餐桌上不能谈悲戚之事，否则会破坏欢愉的气氛。

（九）如何当好宴会主人

宴会的成功有赖于主人的热情好客，慷慨招待和细致周到的组织安排。从礼节上讲，主人的职责是使每一位来宾都感到主人对自己的欢迎之意，古人云：“一人向隅，举座不欢。”要举办一场成功的宴会，以下几点也是需要注意的。

第一，要处理好多角关系。对待宾客，要做到不偏不倚、一视同仁。主人应该注意以下事项。

宾客到达时，主人一般应在门口迎接客人，主动问好，态度要热情。设宴方应及时介绍来宾，让宾客各方能互相结识，要优先向社会地位较高的以及年长的人士或女士介绍其他来宾。

设宴方要妥善安排客人的座位，要将餐桌的首席留给年高德重的客人或最为重要的客人。要根据客人的具体请求，考虑客人们的背景问题，以及性别差别来安排座位。还要考虑空间问题，尽量节省空间，但也不要太过紧密。

设宴主人应当确保不冷落每一位客人，能关照每一位客人，令其受到平等的礼遇和尊重。适当地让“次要者”参与到你们的谈话中，让“次要者”感到他的存在。常常向“次要者”微笑，不时地向“次要者”询问一些平常的问题，常常示意“次要者”喝茶或吃点心，让“次要者”参与到你们的谈话之中。

宴席开始时，宴请方应作简短致辞，说明宴请的目的，给予来宾以感谢及美好祝愿。

设宴方应确保来宾安全，严防火灾，并应警惕防范失窃和流氓行为等。

设宴方有责任确保驾车赴宴的宾客不饮酒。

进餐完毕时，应唤服务员结账付款，并索要发票。嘱咐服务员不要将用餐费用告知其他人。

在以委婉的方式征求大家的意见后，适时结束宴席，并真诚地感谢各位宾

客的光临。

宴会结束时，剩余的菜食可打包带走，或交给愿意带走的宾客。

设宴主人应热心过问和安排宾客离开，如亲自叫出租车，并详细叮嘱交通线路和车辆等。

第二，接待外宾吃中餐注意事项。

为了表示对客人饮食习惯的尊重，首先要询问客人是否会用或者喜欢用筷子，是否需要另配刀叉进餐等。

进餐前，千万不要再用餐巾纸或餐巾去擦拭餐具，这会使外宾认为餐具不洁，或者怀疑餐具没有经过消毒处理而影响进餐情绪。

因为中餐菜肴经过加工以后，有些已看不清食品本来原料，而外宾对许多中国人喜欢吃的菜肴（如动物内脏、海鲜中的海参等）是拒绝食用的。因此，每上一道菜，主人应主动向客人介绍食品制作原料及食用方法。

给外宾介绍菜点时，应尽量介绍其特色，而不要笼统地说这是中国的名菜、名点，外国人对于中国的名菜、名点可能没有什么概念。

招待外宾千万不要说“没有什么菜”、“招待不周”之类中国式的客套话。这种谦虚会被他们误认为你对他们重视不够。可以说：“这是我们为你精心准备的，希望你吃得开心。”

（十）做个体面的赴宴人

随着人们生活水平的提高和思想观念的转变，进餐馆就餐的人越来越多。作为一名文明食客，不仅要有良好的卫生习惯，还要有文雅的行为举止及得体的言语与着装。

第一，独自进餐礼仪。

进入餐馆后，如果赶上用餐高峰，周围没有空桌，而坐有人的餐桌尚有空位时，可有礼貌地上前询问并请求是否可以同坐，得到首肯，向在座者点头致意后即可落座。在等待就餐时，要安静地等待服务员送餐，不要敦促，或者东张西望、敲打杯盘。

男士独自到餐馆进餐，应避免与独坐一桌的陌生女士同坐。若女士要求与男士同桌就餐，出于礼貌，男士不应拒绝，就餐时不要主动去攀谈就行。

点菜时，应根据自己的需求，不要点过多的饭菜，以免浪费。进餐时，动作应文雅，要细嚼慢咽，要避免发出太大的响声，更不要随地吐痰、擤鼻涕，影响他人食欲。

吃自助餐时，应使用公筷夹取食物，然后用自己的筷子去食。夹取食物时，应按需取量，一次不要取太多，亦可先取少量食物品尝后再取，避免浪费食物。

第二，集体进餐礼仪。

应邀做客时，要准时赴约，先到者应主动把较好的位置留给后到者。若是主宾，可听从主人的安排，客随主便，不必过分谦让。

服务员送上菜单后，主人请主宾点菜，主宾可以自己点一两样菜，然后请女宾点，或者直接让女宾点。然后，请主人或在座的其他客人点，亦可征求服务员的意见。做客点菜时，要充分考虑主人的经济实力，还要顾及他人的口味。不要光点高档菜，让主人为难；也不要只点低档菜，使主人难堪。用餐时，动作要优雅，夹菜时动作要轻，要注意避开别人的筷子。上桌的饭菜若不在忌口之列，都应尝一尝。

在用餐时万一吃到沙子或异物，不要将食物吐到桌子上，可以把服务员请来，平心静气地指出饭菜中的质量问题，并礼貌地要求撤换。

饭后，应该等主人宣布散席时再离开，主宾及女宾先行离席，其他人尾随其后。

第三，巧妙结账。在餐厅用餐完毕，如何大大方方地结账，留给你的同伴和服务员一个好印象，也是重要的餐饮礼节之一。

用完餐结账时，还有一点需要特别注意的，即结账永远是男人的专利。即

使是女士请客的餐宴，也应由女士将钱交给男士，由男士代为结账。结账时，最好不要自己直接跑去服务台，而是等待服务员经过时，告知服务员。如果服务员此时没有过来，不必着急，耐心等待，并与在座人员亲切交谈消磨时间。当服务员从你身旁经过时，轻声唤住他，而不要大声喊叫。

八、西餐礼仪：注重礼貌和涵养

西餐是欧美国家的餐饮形式，也是目前世界上最流行的餐饮形式。如今，西餐在商业会餐中扮演着非常重要的角色。然而与规矩颇多的中餐礼仪相比，西餐又有哪些需要注意的礼仪问题呢？

（一）西餐的台位摆放与座次安排

第一，西餐的摆台。根据不同的宴会形式和规格，有不同的摆台方法。家庭宴会和便宴中，台面的布局要合理，还要保持餐具的整洁美观。如果周围的环境布置能够有条不紊、秩序井然，会使来客的心情更加舒畅，也会为主人赢得赞誉。

常见的西餐餐台形式有：便宴台、冷餐台、宴会台和鸡尾酒会台、茶会台等，就餐方法不同，台面设计和摆法也不同。一般在宴会上，4人以下的用小方台和小圆台；6～8人的可用两张方桌拼接，两头各坐一人，其余分坐两边；10人的可用三张桌子拼接；12人的可用四张桌子组成，正规餐座的个人座位宽度不应小于60厘米。当然，家宴时主人也可以用圆台，一般以便宴台为主来设计，台面摆设也比较简单。

第二，桌次安排。排列餐桌时一般采用长方形，若人数较多，也可采用T字形。对于气氛比较严肃的商业谈判，则可以采用U字形来排列餐桌。一般的宴会则要避免使用U字形排列方法。桌次的高低依据离主桌位置的远近且右高

左低，桌次多时应摆上桌次牌。

第三，席次安排。餐会主人一般在餐会开始前半小时到达，预先安排餐会事宜。在比较正式的西餐宴会上，男、女主人分坐长桌两头，女主人右手边的第一个位子为第一男主客的座位，左手边的第一个位子为第二男主客座位。反之，男主人右手及左手边的第一个位子，也是第一及第二女主客的位子。在座次安排好之后，最好能在每人的位子前放置标有姓名的牌子，以免来宾乱坐。一般比较讲究的西餐厅，都备有此种牌子。

西餐宴会也特别强调主人的角色，主客角色分明。另外就是一般要男女交叉来坐，男女分开来坐的做法是不合礼仪的。但是，如果是商业性或公务性的餐宴，为便于谈公事，也可以不受这些规矩的束缚。此外，夫妻通常要分开来坐，以便于各自同其他人交谈，融洽气氛。

如果是一男一女同去餐厅，一般男士要坐在女士的左边，男士还要注意不要让女士坐在过道旁边。如果有一个靠墙的位置，则女士坐靠墙的位置，而男士坐在她的对面。

如果是两对夫妻同时就餐，夫人们应坐在靠墙的位置上，先生则坐在各自夫人的对面。

如果两位男士陪同一位女士进餐，女士应坐在中间。

如果是两位同性进餐，靠墙的位置应让给年长者。

无论是入座还是离座，均应从座椅的左侧进出。

另外，在正式宴会上，西餐席位的高低也跟中餐礼仪一样，依据离主人座位的远近而定。

非正式接待时，以女主人的席位为首位，主宾坐在女主人右侧；主宾夫人坐在男主人右侧。

在桌次较多的西式宴会上，除主餐桌以外，每个餐桌上都有第一主宾席位，它的摆放与主桌一致，其席位排列顺序也与主桌相同。

长形方桌的排列方式有两种：一是将男、女主人的席位安排在长桌的两端，男主人在上，女主人在下，互相对望；二是将男、女主人的席位安排在长桌两旁的末端。

（二）西餐菜式及特点

第一，法国菜。一般来说，西餐在选料上局限性都较大，但是法国菜却是例外。蜗牛、块状菌类、动物内脏、脑等不常见的原料在法国菜中的运用很多，还有许多珍禽、果蔬、海鲜等均可制成名菜。但是，由于国土、气候的限制，法国菜的原料不可能有中国菜那么多，为了克服这一点，法国人创造了一种原料多种加工的方法，把有限的原料加工成更多的食物半成品。

法国人喜欢吃略生的菜，因而原料多选活的、新鲜的，如海鲜大拼盘，是在高脚架银盆上铺满碎冰块，碎冰块上放大花蟹、大鲜虾、生蚝（牡蛎）、蚬、东风螺等，另配汁酱等同上，保持了海鲜冷吃的特色，此菜极为名贵。法国菜对原料的要求非常精细严格，不合要求的原料绝不使用。

法国菜的烹调方法较多，如烤、扒、烩等，几乎包括了西餐所有的烹调方法，每道菜的烹调也很讲究，有时一道菜要经过数道工序才能完成。蔬菜作为一种配菜，在法国菜里的使用也很多，每一道菜里都要配上二三种蔬菜。此外，法国菜还十分讲究调味，使用的调料种类很多：一是香料（包括香草）；二是酒，不同的菜肴使用不同的酒，有时一个菜中甚至要用几种酒或多次用酒；三是调味汁，法国菜对调味汁的做法非常重视，各式调味汁多达百种以上。

法国的名菜很多，如鹅肝酱、牡蛎杯、洋葱汤等。还有著名的地方菜：南特的奶油鳝鱼，鲁昂的带血鸭子，马赛的普鲁旺斯鱼汤等。

第二，意大利菜。意大利菜肴最注重保持菜肴的原汁原味，汤汁厚而浓稠。擅长使用番茄酱、酒类、柠檬、阿里根奴及帕米森奶酪等作为食品调味料。意大利菜对火候的要求也很讲究，该熟透的一定熟透，该煮烂的一定煮烂，而有

些菜肴要求烹制成六七成熟，牛排要鲜嫩带血，做米饭和面条、通心粉也都要有硬心。烹调方法以炒、煎、炸、红烩、红焖等著称，烧烤的菜不多。

意大利人习惯以米、面做菜。意大利人做面条的方法多达几十种，可煮、烤、炒，佐食肉类菜肴等。

典型的意大利菜肴有意大利菜汤、罗马式鸡、比萨饼等。

第三，英国菜。英国烹饪法根植于家常菜肴，所以英国菜素有“家庭美肴”之称。只有家里喂养、产出的原料才能赢得大家的喜爱，所以英国菜选料也比较简单。虽然是岛国，但由于海域产鱼并不多，所以英国人不太常吃海鲜，而比较偏爱牛肉、羊肉、禽类等。

英国菜最重要的特色就是要尽可能有效地使用优质原料并保持原材料的原有滋味。英国菜的烹调对原料需求不多，一般是用单一的原料制作，要求厨师不加配料，以保持原料的原有滋味。

英国菜烹调相对来说比较简单，配菜也少而简单，香草与酒的使用不多，常用的烹调方法有煮、烩、烤、煎、蒸等。常见的英式菜有土豆烩羊肉、牛尾汤、烤羊马鞍、烧鹅等。

第四，美国菜。美国盛产水果，用水果做菜肴的原料相当普遍。美式沙拉经常采用水果制作，如用香蕉、苹果、梨、橘子等；另外，在热菜中，如苹果烤火鸡、炸香蕉等，也常使用水果。

美国菜由英国菜派生而来，口味也由传统的咸、甜趋向于清淡、生鲜。素食和生食比较盛行。

烹调方法以煮、蒸、烤、铁扒为主。

典型的美国菜有苹果黄瓜沙拉、华道夫沙拉、美式螃蟹杯、美式煮鱼、姜汁橘酱鱼片、美式花旗大虾等。

第五，俄罗斯菜。俄罗斯气候寒冷，人们需要较多的热能，所以传统的俄式菜一般油性较大，口味也较浓重，而且酸、甜、咸、辣俱全。烹调方法以

烤、焖、煎、炸、烩、熏为主。

俄国人爱吃小吃，更擅长做菜汤。俄式小吃品种繁多，花样齐全，风味独特，在全世界首屈一指。俄式小吃主要指各种冷菜，其特点是生鲜，味酸咸，如鱼子酱、酸黄瓜、冷酸鱼等。菜汤也是俄国人每日餐饮中不可缺少的菜肴，一般用肉类以及多种蔬菜加调料制成。常见的菜汤有六十多种，光鱼汤就有很多种，莫斯科的红菜汤就颇具盛名。

典型的俄罗斯菜有鱼子酱、莫斯科红菜汤、莫斯科式烤鱼、黄油鸡卷、红烩牛肉等。

（三）西餐餐具的使用方法

西餐中常见的餐具有刀、叉和匙三大件。刀分为食用刀、鱼刀、肉刀、黄油刀、水果刀；叉分为食用叉、鱼叉、肉叉、龙虾叉；匙则有汤匙、甜食匙、茶匙。公用的刀、叉、匙规格明显大于宾客用餐的刀、叉、匙。正规的宴会上，每一道菜均配有一套相应的餐具，并按菜单中设计的上菜顺序由外向内排列。西餐餐具的具体摆放方法如下。

第一，刀与叉的拿法。正式的用法是：右手拿刀，左手拿叉。刀、叉分别夹在左右手大拇指和中指之间，食指用力。切记，不可以用全部手指握住刀、叉，否则会破坏整体平衡，姿势也不雅观。

第二，刀与叉的使用方法。菜肴上桌后的基本动作是：左手拿着叉子压住菜肴的左端，使之固定不动，右手顺着叉子的侧边用刀切下约一口大小的食物，然后左手拿叉将菜肴叉起，直接将菜肴送入口中。

没有吃过西餐的人，可能对于如何轻松地切开食物有些困难，这时我们就要从改正姿势开始。用餐时，将肩膀与手腕放松，两臂不要张开，刀与餐盘的角度保持在15°左右。两手肘不宜过高，否则会使刀、叉角度过大，而呈直立状态；手肘也不宜过低，使刀、叉呈倒下状态，而不能将菜肴好好切开。

依菜肴的特性，可自由地变换叉子的拿法以方便用餐。当叉起食物时，叉

子的背面向上；如果是舀起食物，叉子则正面向上。

左撇子就餐时，餐具还是以大部分人使用右手的习惯来摆放餐具，只是用餐的时候，自己调换刀、叉使用就行了。用餐完毕后，刀、叉要依原来的顺序并排放在盘子的中间。

第三，暂停食用菜点时刀、叉的摆放规矩。西餐的暂停用餐和停止用餐都是以餐具的摆放来表示的，那种跟服务员说“我还没吃完”的做法是很丢面子的事情，所以在西餐中一定要掌握这些规矩，才不至于失礼。

客人通过对刀、叉的不同摆放方式来传达用餐信息，服务员依据这个信息来判定是否要收盘子。如果席间你想暂停用餐，应将刀、叉呈八字形摆放在餐盘上面。

对于暂停用餐，英国人、法国人的示意方法不尽相同。

英式：叉在左边，面朝下，刀在右边。刀、叉无须交叉，只要将刀、叉在一盘子中间摆成八字形，且注意不使其滑落即可。

法式：叉在左边，面朝下，刀在右边。将刀、叉交叉斜放。

第四，表示用餐完毕时刀、叉的摆放规矩。餐毕时，习惯上将刀和叉并排放在一起，刀柄和叉柄均朝向自己的胸部。

法式是将刀、叉齐置，柄的部分稍稍往右放即可；英式是将刀、叉齐置，柄的部分放置于六点钟方向。一般为表示对他人的尊重，刀刃部分朝内放置；对于叉子的摆放，欧洲人习惯叉面朝下，美国人则不在意叉子的朝向问题。

（四）吃西餐的讲究

第一，切肉的讲究。用餐时，一般用左手拿叉子将肉压住，再用右手拿刀从右侧靠近叉子的部位切下，切肉的时候不要切得太大，够吃一口即可，如果不慎切大了，按照原来的方法再切一下。切好肉后，直接用左手拿叉子将肉叉住，送入嘴里。切肉时，注意避免刀、叉与盘子相撞发出响声。

为轻松起见，切肉时先放松肩膀，确定叉子已经压住肉不动时，再用刀头

用力下切，然后轻轻移动刀身。刀向前伸的时候用力，拉回时不要用力，这样即可以轻松地切好肉食了。

点餐时，会附带一杯调味酱。先将调味酱钵拿到盘子旁边，以汤勺取酱料时要注意不要滴到桌巾上。用调味酱正确的方法是：取适量的调味酱放在盘子内侧，而不是直接淋在肉上。吃的时候，切小块肉蘸食。调味酱的量约以两汤匙为宜。取完调味酱后，将汤勺放在调味酱钵的侧边，并传给下一个人。

切肉的时候，注意不可将肉切成一块一块的，否则不符合礼仪规矩，也会使肉汁流出，破坏肉的鲜美，而应该是吃一块切一块。

第二，喝酒的姿势与方法。西餐饮酒时一般先由服务生将少量酒倒入杯中，让客人鉴别一下酒质，待客人回答“good”时再正式饮酒，这是一种形式。服务生倒酒时，不要动手去拿酒杯。喝酒时，为避免手的温度使酒温过高影响口感，一般应用手指捏住杯脚。正确的拿法是，用大拇指、中指、食指捏住杯脚，小指放在杯子底部固定。喝酒时绝对不能吸着喝而是倾斜酒杯，像是将酒放在舌头上似的喝。轻轻摇动酒杯让酒与空气接触以增加酒味的醇香。此外，喝酒时注意不要一饮而尽，不要边喝酒边透过酒杯看人，不要边喝酒边说话或者吃东西，不要将口红印在酒杯上。如果不小心印上了口红，不要用手指去抹，用餐巾纸去擦比较好。

第三，喝汤也有讲究。西餐喝汤也有颇多讲究，下面我们就来看看，在西餐宴会上喝汤需要哪些讲究。

如果汤汁盛放在带有两个把手的汤杯中，可以用双手握着把手，把汤杯直接凑到口边饮用，再用汤匙舀取汤中的食物。喝汤时将小汤匙放在汤杯的旁边，而不要放在汤杯里面。

如果汤杯是没有把手的，那么就需要使用汤匙来舀取汤汁。用汤匙舀汤时，注意不要装得太满避免溢出。另外舀汤的方式也分英、法两种：英式是由内向外舀；法式是由外向内舀。基本上，这两种方式都不会违反礼仪习惯。

喝汤的时候尽量不要发出响声，特别是在公共场合或是比较正式的宴会上，那是非常失礼的。

喝汤也不能吸着喝，而应用汤匙将汤舀起送入口中。喝汤时，身体的上半部略微前倾，汤匙与嘴倾斜45° 较好。当汤汁剩下不多，舀汤变得不容易时，可以将汤杯稍微向外侧倾斜，以方便舀取。

（五）品饮咖啡的礼仪

现在，喝咖啡的人越来越多，街道上的咖啡厅处处可见，咖啡厅也成了朋友聚会、商业谈判等各种活动的场所。因此，了解一些喝咖啡的礼仪也是非常必要的。

第一，上咖啡的方式。晚宴咖啡应该用小咖啡杯装，杯下垫咖啡碟，并附一个小咖啡匙。主人应事先通知服务生在用餐处或另一个房间上咖啡。

若在用餐处上咖啡，主人或服务生应事先倒好咖啡，再把咖啡杯连碟子放在客人席位右侧桌面上，咖啡匙放在碟子的右侧。倒咖啡的时候应该站在客人的右边，而装有奶精和方糖的托盘，则从客人的左手边奉上。

第二，杯碟的使用。咖啡的盛放一般都用特制的杯子，这种杯子的杯耳较小，手指无法穿越。如果喝咖啡时用的不是那种特制的杯子，也不要将手指穿过杯耳。咖啡杯一般放在自己的面前或右侧，杯耳指向右方。

喝咖啡时，用右手拇指和食指捏住杯耳将杯子端起，左手轻轻托着咖啡碟，慢慢地移向嘴边轻啜。喝的时候注意不可发出响声。

记住喝咖啡时不要用手满握杯身，不要俯首去饮，不要大口吞咽。如果情况特殊，如座位离咖啡杯较远，不便双手端着咖啡饮用时，可用左手端着咖啡碟置于齐胸的位置，右手端着咖啡杯饮用。饮毕，立即将咖啡杯置于咖啡碟上。添加咖啡时，不要把咖啡杯从咖啡碟中拿起来。

第三，加砂糖的方法。给咖啡加糖一般有两种情况：一种是加砂糖，可用咖啡匙舀取，直接加入杯内，为避免咖啡溅出，添加时汤匙不宜离杯口过远；

另一种是加方糖，可先用糖夹子把方糖夹在咖啡碟的近身一侧，再用咖啡匙把方糖加在杯子里，这是为避免方糖从高处掉进咖啡杯时可能会使咖啡溅出，弄脏衣服或台布。

第四，咖啡匙的使用。咖啡不匀时，一般要用专用的咖啡匙来搅拌。将咖啡匙从咖啡里拿出来以后，应顺着杯子的内缘轻轻地用餐巾纸将咖啡匙上的汁液擦掉，而不能甩动咖啡匙或用嘴巴舔。用过的咖啡匙最好放在碟子的内侧，以免端起咖啡杯时碰落。不要用咖啡匙舀着咖啡喝，也不要用咖啡匙来捣碎杯中的方糖。

搅拌咖啡时，将咖啡匙立于咖啡杯中央，先顺时针由内向外画圈，到杯壁再由外向内逆时针画圈至中央，然后重复同样的手法，直至咖啡搅拌均匀为止。

第五，咖啡的饮用方法。一般来说，品尝咖啡应该趁热，这也是喝咖啡的基本礼节。但是，这也是个循序渐进的过程，一杯咖啡端到眼前，不要急于喝，而应细细品，就像品茶、品酒一样，从而达到放松、提神、享受的目的。一个品尝咖啡的行家里手，在咖啡端上来的那一刻，一定会对着咖啡杯深深吸一口气，以体验那扑鼻而来的清香，而后，静等咖啡稍凉时再轻啜一小口，各种妙处便全在其中了。

（六）西方宴会的基本礼仪

当你在西方旅游或者出差的时候，如果有人邀请你参加正式宴会，那么你事先一定要了解一下当地在正式场合的社交礼仪。

第一，掌握出席时间。出席宴请活动时，抵达时间的迟早、逗留时间的长短等在一定程度上反映对主人的尊重程度。迟到、早退、逗留时间过短被视为失礼或有意冷落。一般只有身份高的人才可以略晚到达，其他客人宜略早到达；主宾退席后，其他宾客再陆续离席。出席酒会，一般在请柬上注明的时间内到达。确实有事需提前退席时，应向主人说明后悄悄离去，也可事前打招

呼，届时离席。

第二，到达。一般被邀去参加家庭聚会时，到达地点后，应该只按一次门铃。如果主人家讲究的话，进大门迎接你的可能是男当差，负责给你带路，所以你先别急着跟他握手，观察一下再决定。受到主人的迎接后，应向男主人或者女主人赠送礼物，并向主人表示感谢他们的邀请。

第三，准备。进客厅后不要急着找位子坐，主人一般会带你在客厅各处转转，介绍其他客人给你认识。你可以从侍者端来的酒或饮料当中选一杯，边喝边和其他人聊天。等到饭厅的门打开时，一般由男主人和女主宾带着大家走进饭厅，女主人和男主宾走在最后，但如果男主宾是某位大人物，女主人和他则走在最前面。

第四，入座。入座时应听从主人的安排。进入宴会厅之前，先了解自己的桌次和座位，入座时注意看看座位牌，对着写有自己名字的座位坐下，不要随意乱坐。如邻座是年长者或妇女，应主动协助他们先坐。

客人到达自己的位子时，应先将一只脚跨入桌椅间的空隙，另一只脚再随后跟上，待双脚到达座位前时，上半身保持挺直，下半身弯曲垂直坐下。坐在座位上的时候，身体保持挺直，身体距离桌面两个拳头的宽度，双肘不宜向外伸张或架在桌面上。

另外，不宜将两只手肘搁在桌上，或将手肘撑在椅背上。对于手臂的摆放，法国人以两小臂的1/2放在桌面上最为标准；英国人则以双手平放（男士平行，女士交叠）在大腿上最为优雅；而美式礼仪则为前二者的折中，以一只手臂的1/2放在桌面上，另一只手放在大腿上。

吃西餐的时间相当长，上半身挺直，坐久了会吃不消，而希望能靠靠椅背。此时，如果用臀部往后靠，姿态会相当难看。正确的做法应该是用两手挟住椅子的把手，将臀部稍稍抬离椅面，再水平向后移动。靠椅背坐的时候，上半身仍须维持挺直，不宜倾斜。

第五，用餐。一般的菜谱是三至五道菜，前三道菜应该是冷盘、汤、鱼，后两道菜是主菜（肉或海鲜加蔬菜）、甜品或水果，最后是咖啡及小点心。吃饭的时候不要把全部的精力都放在胃的享受上，要多和左右的人交谈。吃饱后不要自己提前离席，当看到女主人把餐巾放在桌子上站起来后，你才可以离开座位。这时，一般男士都会站起来帮女士拉开椅子，女士对此不必抱有其他想法。

第六，告别。如果不想太引人注目，最好不要第一个告辞，也不要最后一个离开，在中间告辞即可。一旦告辞就要爽快离开，也是一种礼貌。

（七）各种西餐食物的吃法

第一，吃肉食的方法。

熏肉：熏肉的吃法很简单，用刀和叉就行了。如果熏肉很脆，则先用叉子将肉叉碎，再用手拿着吃。

鸟类：先用刀将翅膀和腿切下，身体部分则借助刀和叉来吃，翅膀和腿可以用手拿着吃。

鸡肉：西餐吃鸡肉时一般先吃鸡的一半。用刀和叉把鸡腿和鸡翅从连接处分开。然后用叉稳住鸡腿（鸡脯或鸡翅），用刀把肉切成适当大小的片，每次只切两三片。如果场合很正式，不适合刀、叉取用的，干脆别动。如果是非正式场合，则可以用一只手拿取小块骨头，绝不能两手并用。

肉排：肉排有牛排、猪排、羊排等，吃的时候用叉子或尖刀插入肉排的中心，然后用刀切成小片，再用叉子叉着吃。在非正式场合，如果排骨上有纸袖，可以用手抓住，来切骨头上的肉，这样就不会使手沾上油腻。但在正式场合或在饭店里，纸袖则是用来作装饰的，最好不要用手抓着吃。

第二，吃蔬菜的方法。

芦笋：如果芦笋菜中有汤汁，先将其切成小块，再用刀、叉取用。大的芦笋可以切成小块蘸汁吃，用叉也可以用手拿着蘸汁吃。对于小的芦笋也可以用

手拿着蘸汁食用。

西红柿：西红柿可以做成沙拉吃，也可以直接用手拿着吃。吃的时候应该将嘴巴闭紧，以免汁液流出。如果西红柿个头小，可以直接放入嘴中；如果个头较大，可以用牙轻轻将皮剥掉，先吃一半，再吃另一半。

玉米棒：鲜玉米棒大多是在非正式场合吃的，吃的时候可以先把它掰成两半，方便手拿。横着吃还是转圈吃都行，先集中数排或一部分抹黄油、撒盐（一次不要抹撒太多），吃完后再换地方，这样你的手和面部就不会沾染过多调料。

土豆：土豆有多种吃法，常见的有土豆条（片）、烤土豆等。吃土豆条（片）时，如果里面有汁，用叉子叉着吃，没有汁的时候也可以用手拿着吃，如果土豆条比较长，可以掰成两半吃。吃土豆条的时候也可以蘸番茄酱或其他的酱料吃，味道会更美。吃烤土豆的时候，往往土豆已被切开，如果没有切开，也可以用手掰开，可以用手，也可以用叉子叉着土豆蘸酱或加入酸奶、奶油和小青葱吃。

第三，吃甜点的方法。

面包：吃面包的原则一般是先用两手撕成小块，再用左手拿着吃。但是吃硬面包时，用手撕不仅费力还会使面包屑洒落一地，所以一般用刀先切成两半，再用手撕成块来吃。切面包的时候，应先将刀刺入面包内部，切面包时从靠近自己身体的部分切起。吃完，转过来切另一半。切面包片时要将面包固定，避免发出声响。

馅饼：馅饼有很多种，吃法也不一样。吃水果馅饼通常只要使用叉子就行了，但如果主人除了提供叉子外还提供甜点勺的话，则应用叉子固定馅饼，用勺子挖着吃；如果是冰淇淋馅饼，则叉、勺并用；如果是奶油馅饼，最好用叉而不要用勺，避免馅料从一旁流出。

煮梨：吃煮梨的时候要叉、勺并用。用叉子将梨叉住，使之固定，再用勺

子挖梨，将它挖成方便食用的小块。挖完后，去掉梨核，用勺将糖汁舀出。

果汁冰糕：作为肉食的配餐时，用叉子；作为甜点食用时，用勺子。

炖制水果：吃炖制水果要使用勺子，不过对果肉块较大的也可以用叉子将其稳住。吐水果核时要将勺子放到嘴边，轻轻地将核吐出接住。

第四，吃水果的方法。

苹果：在宴席上，苹果一般会去皮切片，或者去核切半，一般可以用叉子或者水果刀叉食，在不是非常正式的宴会上也可以用手拿着吃。

鳄梨：鳄梨带壳时要用勺子挖着吃，切片或拌沙拉时用叉子叉着吃。

无花果：无花果有多种吃法，一种是将新鲜无花果与五香火腿肠放在一起作为开胃品一起吃，这时要用刀、叉连皮一起吃下，也可以将无花果切成四半，用橘汁或奶油浸泡，作为饭后甜食食用，吃的时候也要用刀、叉。

柚子（橙子、橘子）：吃柚子时，要先把它切成两半，然后用茶匙或尖柚子匙挖出食用。在非正式场合，可以把柚子汁小心地挤到茶匙中食用。

芒果、木瓜：吃芒果的时候，可以先用锋利的水果刀将芒果纵向切成两半，然后再切成四分之一的块，再用叉子将每块芒果放入盘中，皮面朝上，剥去芒果皮；也可以用勺挖着吃，吃的时候将芒果切成两半，挖食果肉，保留外皮。吃木瓜时，可以先将木瓜切成两半，抠出瓜子，然后用勺挖着吃；也可以切成四分之一的块，用刀去核，将皮剥下来，用刀、叉叉着吃；也可以不剥皮，将木瓜去子带皮切成小块，用甜食刀叉着吃。

（八）餐酒与食物匹配的一般规律

酒的出现历时已久，在酒文化发展的漫长历史中，以什么菜下酒，或者什么菜配什么酒似乎也形成了某些约定俗成的规定。

第一，酒和菜、食品通常有固定的搭配。食物和酒的搭配一般要依据各自的口味而定，酒、食物的口味一般有四大类，即酸、甜、苦、咸，要根据口味的需求搭配。

酸味：大家可能都听说过酒跟沙拉一般不能搭配食用，原因是沙拉的酸性会破坏酒的醇香。但是，如果沙拉跟酸性酒类共食，则会获得意想不到的好处，原因是沙拉中的乳酸会分解酸酒中所含的酸，使得酒的口味更纯正。也可以选择其他的酸性食物跟酸酒搭配，道理是一样的。另外，酸酒跟咸味食物搭配，效果也不错。

甜味：用餐时，可依个人口味选择甜点。一般来说，糖分过高的甜点会将酒味覆盖，使之失去了原味，因此应该选择略甜一点的酒类，或是选择不太甜的甜品来佐甜酒食用，这样酒才能保持原来的口味。

苦味：苦味酒和带苦味的食物一起食用苦味会减少。所以如果想减淡或除去苦味，可以在喝苦味酒时搭配苦味食品一起食用。

咸味：一般没有咸味酒，但许多酒类能降低食品的咸味，所以很多人在食用海产品时都会搭配酒类一起食用。如人们在吃海产鱼类时总会配上柠檬汁或酒类，为的就是以此来降低鱼类的咸度，食用起来更加美味。

第二，多瓶酒配不同的菜。美酒配佳肴，佳肴配美酒。不同的酒要配不同的菜，那么该怎么配呢？这里面是有些学问的。

根据西餐“先鱼后肉”的规矩，先开白酒后开红酒；

红酒不止一瓶时，应先饮新酒后饮陈酒，酒越陈越后饮；

白酒不止一瓶时，应先饮较“干”的，再依次饮“甜”的。

一般而言，红酒搭配红肉食用，白酒宜佐鱼或白肉（例如鸡肉）。

即使是“红酒佐红肉”也有讲究。一般要以酒味比较醇和的酒来佐食口味比较淡的肉，如吃“焖”和“炖”的肉时，宜选勃艮第红酒或比较柔和的波都酒；以口味浓厚的酒来佐食野味和味浓汁稠的肉。

以鸡尾酒配头菜，以雪梨酒配汤，以无味白葡萄酒配鱼，以红酒配肉，以红葡萄酒配奶酪，以甜味白葡萄酒或香槟酒配布丁，以葡萄酒配食水果或甜食，在咖啡后喝利口酒。

例外的情况：喝酒有很多规矩，当然也有很多例外，有时会觉得“尽信规矩不如没有规矩”。如吃白汁焖鸡，一般会佐以白酒，但法国名菜则宜佐以红酒，最好是饮用焖鸡的同一种红酒。因为红酒汁浓，可使鸡味变得如红肉般浓郁。

现在的高级烹饪有许多创新之处，即使是烹制海鲜，也有用肉汁或红酒汁去做的，因而酱汁也是“怎样配酒”的很重要的一个因素。家禽类可用不同的酱汁去炮制，从酱汁去考虑配酒，有时红酒、白酒皆宜。

不过，有些酱汁是酒的天敌。如辣味会使味觉麻木，因而饮上佳的酒时，不宜饮极辣的汤汁；酸性的番茄汁也会破坏好酒的原味。所以吃带有这类酱汁的菜时，要留心不要饮太好的酒。

（九）优雅吃西餐的14个细节

吃西餐是非常讲究情调的，有些人还专门为了情调而去西餐厅就餐。大理石的壁炉、熠熠闪亮的水晶灯、银色的烛台、缤纷的美酒以及举止优雅的人们，构成了西餐宴会上一道亮丽的风景。那么，吃西餐时需要注意什么才不至于与这种情调格格不入呢？

第一，入座的时候，坐姿要端正；手肘可以自然垂放在自己的腿上，注意不能将手肘放在餐桌上；不可跷足，双腿应平放在自己的座位下面；座位距离桌面不要过远，以方便就餐为宜；不要随意摆弄餐具。

第二，使用刀、叉进餐时，刀刃不可向外，取刀应从外侧往内侧取。用餐时，要左手持叉，按住食物，使之保持不动，右手拿刀将食物切成小块，然后用叉子叉起送入口中。暂停用餐时，放下的刀、叉，应摆放成八字形，分别放在餐盘边上。刀刃朝向自身，表示还要继续吃。每吃完一道菜，将刀、叉并拢放在盘中。谈话的时候，无须放下刀、叉。不用刀时，也可以用右手持叉。不可手执刀、叉在空中挥舞摇晃；不要一只手拿刀或叉，而另一只手拿餐巾擦嘴；不可一只手拿酒杯，另一只手拿叉取菜；任何时候，都不可将刀、叉的一端放在盘上，另一端放在桌上。

第三，每次送入口中的食物不宜过多，在咀嚼时不要说话，更不可主动与人谈话。

第四，喝汤时不要用嘴吸，吃东西时要闭嘴咀嚼。进餐过程中不要发出声响，如汤菜过热，可待稍凉后再吃，也不要用嘴吹。喝汤时，用汤勺从里向外舀，汤盘中的汤快喝完时，用左手将汤盘的外侧稍稍掀起，再用汤勺舀即可。吃完汤菜时，留在汤盘中的汤匙柄应指向自己。

第五，鱼刺或肉骨头等食物残渣不要直接往外吐，应用餐巾捂嘴小心地吐在叉子上，再移入食碟内。如果盘内剩有少量菜肴时，可以用叉子叉着小面包夹食，切记不要用叉子刮盘底，或用手指辅助食用。吃面条时，要用叉子先将面条卷起，然后送入口中。

第六，吃面包时，不要拿着整块面包去咬，可以用刀将面包切成小块，或者用手将其掰成小块，然后抹上黄油和果酱食用，也可不抹其他东西直接吃。

第七，欧美人吃鸡时多以鸡胸肉为贵，吃鸡腿时应先用力将骨去掉，而不要用手直接拿着吃。吃鱼也有讲究，一般是吃完鱼的一面，要将鱼骨折断，剔掉鱼刺后，再吃另一面的鱼肉，而不要将鱼身整个翻过来。吃肉时要将肉块切片，吃一片切一片，不可一次切许多片。

第八，在餐桌上时，不要化妆，不要用纸巾擦鼻涕，也不要打嗝。打嗝是用餐的禁忌，万一不禁，应立即向周围的人道歉。取食物时不要站立起来，够不到的食物应请别人传递。

第九，就餐时不可狼吞虎咽。对于自己不愿吃的食物也应放一点在盘中，以示礼貌。有时主人劝客人添菜，客人可以根据自己的胃口适当添些，不算失礼，有时主人也许会引以为荣。

第十，进餐中途最好不要退席，如确有急事需要离开，应向主人说明情况并向左右客人小声招呼再走。饮酒干杯时，即使不喝，也应该将杯口在唇上碰一碰，以示敬意。当别人为你斟酒时，如不要，可以简单地说一声："不，谢

谢！”或以手稍盖酒杯，表示谢绝。

第十一，用餐还未结束时，不要抽烟，如需抽烟可等餐毕上咖啡时再抽。抽烟时，如左右有女士在场，应有礼貌地询问一声：“您不介意吧！”

第十二，进餐时应与左右客人轻声交谈，避免高声谈笑。如左右客人不认识时，可先自我介绍，再交谈，不要只顾跟熟悉的人交谈。注意，当别人讲话时不可搭嘴插话。

第十三，喝咖啡时如愿意添加牛奶或糖，添加后要用小勺搅拌均匀，搅拌均匀后要将小勺放在垫碟上。喝咖啡时应用右手捏住杯把，左手端着垫碟，喝咖啡时应直接用嘴喝，不能用小勺一勺一勺地舀着喝。

第十四，进餐时，不要当众解开纽扣或脱衣。如主人请客人宽衣，男客人可将外衣脱下搭在椅背上，不要将外衣或随身携带的物品放在餐桌上。

当你第一次进入西餐厅用膳，又不知道用膳礼仪，会很尴尬，按照以上的注意事项简单培训一下，可以帮助你轻松掌握西餐礼仪。

九、你不可不知的餐桌上的禁忌

各种宴会上都有当说或不当说的话语，当做或不当做的行为，这些言行举止都在细节方面反映出一个人的修养、品质而给人留下印象。因而，当我们出席正式宴会时，就应该注意这些细节，不要触犯餐桌上的禁忌，以给人留下良好的印象。

（一）使用筷子的禁忌

我国是筷子的发源地，用筷进餐历史悠久。筷子在使用过程中也形成了诸多的使用规则，在正式场合当中，某些用筷的禁忌尤其需要注意。

第一，三长两短。指的是用餐时将筷子长短不齐地摆放在餐桌上。在中国人眼里这种做法是不吉利的，其意思代表“死亡”。因为过去中国人认为，人死以后是要装进棺材的，在人装进棺材，还没有将棺材钉钉时，棺材的组成部分是前后两块短木板，两旁加底部共三块长木板，五块木板合在一起做成的棺材正好是三长两短，所以说这是极为不吉利的事情。

第二，仙人指路。这种拿筷子的方法是用大拇指和中指、无名指、小指捏住筷子，而食指伸出。这在北京人眼里叫“骂大街”（北京人一般伸出食指去指对方时，大都带有指责的意思），因而，这个动作无异于指责别人，是不允许的。另外，吃饭时用筷子指着别人说话，也代表指责别人的意思。

第三，品箸留声。其做法是把筷子的一端含在嘴里，用嘴来回嘬，并不时地发出咝咝声。这种做法会被认为是缺少家教而不被允许。

第四，击盏敲盅。就是在用餐时用筷子敲击盘碗，这种行为被看做是乞讨，因为过去只有要饭的人才用筷子击打饭盆，以引起行人注意并给予施舍。这种做法被视为极其下贱的事情，被他人所不齿，因而也是不允许的。

第五，执箸巡城。即手里拿着筷子旁若无人地在桌子上的菜盘里来回翻找，或者在菜盘上空来回盘旋不知从何下筷才好。这是缺乏修养、目中无人的典型表现，极其令人反感。

第六，迷箸刨坟。即手拿筷子在菜盘里不停地扒拉，以求寻找“猎物”，看似盗墓刨坟一般。同“执箸巡城”一样，都属于缺乏教养的做法，令人生厌。

第七，泪箸遗珠。实际上就是用筷子夹菜时不够利落，将菜汤洒落到其他菜里或餐桌上。这种做法也是严重失礼不可取的。

第八，颠倒乾坤。就是指用餐时，两根筷子头尾颠倒，这也是失礼的行为，要避免。

第九，定海神针。即进餐时用一根筷子去插盘子里的菜，这会被认为是对同桌用餐人员的一种羞辱。吃饭时的这种举动就跟欧洲人当众对人伸出中指的

意思是一样的，一定要避免。

第十，当众上香。即给别人盛饭的时候，为了省事将筷子插在饭中央递给别人。北方传统是给死人上香才这样做，因而这种做法也是不被大众接受的。

第十一，交叉十字。即用餐时将筷子随便交叉放在桌上，这样也是不对的。就如同学生写错作业，被老师在本子上打叉的性质一样，是对他人的否定；同时，也是对自己的不尊敬，因为过去吃官司画供时才画叉。

第十二，落地惊神。即失手将筷子掉落在地上，这是严重失礼的一种表现。北京人认为，祖先们全部长眠在地下，不应当受到打搅，筷子落地就等于惊动了地下的祖先，这是大不孝，所以这种行为也是不被允许的。

以上所说的十二种筷子的禁忌，是我们日常生活当中应当注意的，通过对一双小小筷子的用法，能够让人们看到我国深厚的文化积淀。

（二）商务就餐的禁忌

第一，喝汤禁忌。喝汤时，为避免汤汁外溢，舀汤时汤匙不要盛得太满，也不要盛得太多放入碗中，喝完再舀。如果汤太烫，可以轻轻摇碗，待汤稍凉再喝，喝的时候要用勺子舀着送入嘴中，而不要端起碗来直接喝，也不要发出声响。

第二，夹菜禁忌。不要自己提前动筷子，等主人、主宾、年长者先动筷子时再动。不要伸手夹取远处的食物，可等菜肴转到自己面前时再夹，或者请他人帮自己传递过来；不要抢在邻座客人之前夹菜。吃西餐时，忌讳用自己的餐具为他人夹菜。

第三，饮酒禁忌。作为客人，在主人和其他客人祝酒时必须注视祝酒者，停筷静听，绝不能低头只顾吃喝。喝酒必须根据自己的酒量而定，切忌贪杯、忘乎所以，一般应控制在自己酒量的1/3以内，饮酒过多容易失言，以致失态，影响整个宴会气氛。同时，饮酒还忌猜拳行令、吵闹喧嚣、粗野放肆。不善饮酒者，主人敬酒时，应婉言谢绝，或用淡酒、饮料象征性地表示一下。

第四，使用刀、叉禁忌。在餐桌上进餐，要一边享用美食，一边同大家开心畅谈。但切记不要手拿刀、叉时手舞足蹈地交谈，也不可将刀、叉竖起来握在手中，放肆大笑或大声喧哗，这会让人感到胆战心惊，对人对己都是一种威胁。另外要记住，刀子不能放入口中，不管它上面是否有食物。这既是礼节性的要求，也是出于人身安全的考虑。

第五，其他禁忌。避免口含异味。吃大蒜或洋葱后，为避免口腔异味，可以有以下几种方法解决：咀嚼并吞食芹菜；用柠檬片涂抹舌头和口腔内部；马上漱口，多漱两遍；喝少许制酸剂。

参加宴会或与人一起进餐时，不能对着餐桌打电话，要离开餐桌。如果不方便离开，则要侧转身子，用手遮挡一下，防止唾沫溅到饭菜上。如果正在开会或交谈，不方便接听电话，可以轻声告诉对方，“对不起，正有事，回头给你电话。”事后则一定要主动给对方回电话。

（三）西方餐桌禁忌

与西方人进行商务往来时，要记住西方人在餐桌上的礼仪禁忌，如：

不吃宠物，尤其是猫和狗；不吃珍稀动物；不吃淡水鱼，淡水鱼有土腥味；不吃无鳞无鳍的鱼，如蛇、鳝等；不吃动物内脏；不吃动物的头和脚。

不能非议国家和政府；不能涉及国家和行业秘密；不能在背后说领导、同事、同行的坏话；不能谈论格调不高的问题，要有修养；不涉及私人问题，关心人要有度。

不问收入，朋友可以问，外人不可以问；不问年龄，快退休的人和白领丽人的年龄最好不问；不问婚姻家庭，因为家家都有难念的经；不问经历，英雄不问出处，重在现在。

（四）女士用餐礼仪禁忌

为了表现女士的优雅和高贵，在餐宴上也有许多细节要注意。如：

不宜涂过浓的香水，以免香水味盖过菜肴味道。

出席隆重晚宴时，避免戴帽子及穿高筒靴。

刀、叉、餐巾掉在地上时不要自己捡回，应请服务员另外补上。

食物碎屑塞进牙缝时，应先喝点水，看看情况能否改善，若不果，可到洗手间处理一下。

菜肴中有异物时，切勿花容失色，告知邻座的人，以免影响别人的食欲。应保持镇定，赶紧用餐巾把它挑出来并弃之，或者轻唤服务员过来，让他撤换。

切忌边舞刀、叉边说话。

用餐时不要随口吐东西，如食物太辣或太烫，可以赶快喝下冰水调适，实在吃不下时可到洗手间去处理。

女士用餐前应先将口红擦掉，以免在杯或餐具上留下唇印。

口中有食物时，不要说话，待到口中的食物咽下去再说。在咀嚼食物的时候，最好紧闭双唇，避免咀嚼时发出声响。此外，不要吃得太快，咽下口中的食物后再吃下一口，一定要慢慢咀嚼。

不要当着他人的面大搞个人卫生，如剔牙齿、掏鼻孔、挖耳垢、修指甲等，否则，既不雅观，也不尊重别人。如果你不得不在餐桌上使用牙签，一定要用手优雅地遮住嘴巴。

与人谈话，应保持一定距离，不要对着人指手画脚、唾液乱飞，谈话声音也不要太大。

嚼食不可张牙露齿、肆无忌惮。让人看到嘴中的食物是很不礼貌的，应该小口适量地进食。不要自顾自地填饱肚子，吃饭时要兼顾他人。

不可随地吐痰，有痰在喉时，不要在席间咳个不停，应到卫生间去处理，否则会影响他人的用餐情绪。不要乱吐东西，也不要在席间打嗝，万一不禁，应向他人道歉。

就餐的速度要适中。不可太快，狼吞虎咽；也不可太慢，以致让别人等着你。餐毕后，如果同桌仍有人未吃完，应说一声“请慢用”之类的关照语。同样的，如果大多数人已用餐完毕，正在吃的人应加快速度，不要让人久等。饭后要尽量避免用牙签，即使非用不可，除了用手或纸巾掩嘴外，还应尽快结束。

当其他客人还没吃完时，不要独自先离席。在宴会餐桌上，进餐速度的快慢要依宴会的节奏来，等大家都吃完、主人起身、主宾离席时再致谢退席。

（五）餐桌上的不宜话题

在正式的商业宴会中，我们应该明白什么话当讲，什么话不当讲，讲话时应该采用何种方式、何种语气等，都需要非常注意。

第一，避免不恰当话题。在商业会餐中要注意有些话题是不必要提出且应该避免的，下面我们来了解一下这些话题，以免在今后的生活当中招来不必要的麻烦。如：

薪水问题：在商业会餐上，最好避免谈论薪水问题。首先要做到自己不要提及这个话题，如果别人提到了，可以对他报之一笑，说：“我们公司禁止员工谈论薪水。”或者礼貌地回答：“对不起，我不想谈论这个问题。”

私人生活：商场上风云变幻、错综复杂，最忌讳将自己的私人情感带到工作中来，自己的私人生活是商务话题的禁区，千万不要让公务场合的人涉足，这其实也是对自己的一种保护。更不要议论自己公司或者他人公司的是非短长，别以为你议论别人没关系，世界上没有不透风的墙，这些话迟早是要传到别人的耳朵里，到时候就要后悔不迭了。

家庭财产：无论你很富有还是没什么钱，家庭财产问题都不要涉及。如果你很富有，在宴会上谈论你的财产，会有露富的嫌疑，容易遭人嫉妒或鄙视；如果你在宴会上哭穷，又会有做作的嫌疑，也容易遭人嫌恶。所以对于家庭财产这个话题，在公共场合还是避免为宜。万一别人提及，可以不参与其中；如果别人问你，不要过分坦率地回答，可以搞个小动作或者开个玩笑转移话题。

第二，避免不恰当的玩笑。交谈中，适当地开个玩笑，可以松弛神经，活跃气氛，创造交谈的轻松、愉快氛围；但玩笑开得不好，则会适得其反，使彼此陷入尴尬的境地。所以，开玩笑要把握好分寸。

开玩笑要分对象。人的身份、个性、心情不同，对玩笑的承受能力也不同。一般来说，后辈不宜同前辈开玩笑，下级不宜同上级开玩笑，男性不宜同女性开玩笑。在同辈人之间开玩笑，还要根据对方的个性特征与情绪信息来把握。

第三，避免表达上的不良习惯。同一件事，不同的表达方式会带来不同的表达效果。不良的表达方式会让表达效果大打折扣，因此某些表达方式我们要尽量避免。如：

避免烦琐：说话时要避免烦琐、啰唆，能用一句话说完的不要用三句话，越简洁越好。要做到这一点，可以在说话之前在脑海里做一个初步的计划，理清头绪，再把该表达的意思表达出来。禁忌说话语无伦次，没有重点，让人听了一头雾水，不知所云。

同样的言辞避免用得太频繁：我们说话的时候不必要求要像名人演说一样，新词语层出不穷，但也要注意用词不能太单一。同一个词语不要来来回回说好几遍，没有变化也就失去了语言的鲜活感，容易使人产生厌倦。

避免口头禅：正式的交谈当中要避免使用个人色彩浓重的口头禅。如“岂有此理”、“我以为”、“俨然”、“绝对的”、“没问题”等与谈话内容无关的口头禅，不仅影响说话的效果，还很容易被人当做笑柄。

避免使用粗俗的词：常言道：“言语是个人学问品格的衣冠。”无论你看上去相貌堂堂，或高贵温婉，一旦脏话出口，对你的形象就大打折扣了。试想，在一个陌生人面前，你说了粗俗的话，他会怎么想呢？他不一定会认为这是一个习惯问题，而可能会认为你是一个修养不足、不可交往的人。所以在他人面前要避免说脏话。

避免滥用术语：如果不是跟同一个专业的人讨论学术问题，或者在不得

不用的场合，最好不要过多使用你的专业术语。这些词语也许在你听来非常熟悉，但别人可能会觉得太深奥而听不懂。过多地使用专业术语不仅影响交流，也会给他人留下故弄玄虚、炫耀才学的不好印象。

（六）就餐抽烟的礼仪

餐桌上吸烟，要注意以下几个礼仪细节。

第一，抽烟的时间。在正式的场合当中，对于抽烟都有明确的时间规定，抽烟者应该懂得这些规定，不要随意吸烟。

有些人一就座就开始抽烟，这是违反用餐礼仪的。正式的坐席上虽然放置有烟灰缸，但大都是放在手无法拿到的地方，这意味着“此时不宜抽烟”。抽烟应是在用完甜点，饮用咖啡的时候。

出于礼貌，男士可以向女士敬烟，女士如不想抽，可以拒绝。如女士自己有烟的话，男士可以为女士点火，这是绅士和体面的行为。在宴会上，女士对于男士的殷勤可不必拒绝，也不要有其他的想法，这是礼仪需要。

如有孩子在场时，吸烟时最好避开，以免影响孩子的健康发育。如低龄儿童在场的话，大人应主动不抽烟或少抽烟。

在家请客，如不希望客人在室内抽烟，可以同客人讲明。客人应接受主人的要求，自己主动到室外抽烟。现在很多地方都划分吸烟区和非吸烟区，吸烟者都应自觉遵守。

用餐时如实在忍不住想要抽烟，可以请服务员为你找个吸烟区，跟同桌人打声招呼后再去。烟味会影响料理的香味，餐桌上如有人在吃饭，就不要抽烟。

第二，递烟和点火。递烟时，应将烟盒盖轻轻打开，盒的上部朝着客人，用手指轻轻弹出或抖出一两支香烟让客人自取，不要自己将香烟取出递给客人。

为客人点火时，最好是打一次火为一个客人点，最多也不要超过两个人。

如果为多位客人点烟，应先为身份高的、年长的客人和女士点。为客人点烟时，应该先打着，等火苗稳定后再送到客人面前。

第三，抽烟方法。抽烟时，持烟动作应端庄稳重，手不能随意舞动，不要乱弹烟灰，也不能把烟雾吹到别人的脸上和饭菜上。一支烟，不能吸到滤嘴边缘，那样显得吝啬、小气，也不要刚吸到一半就丢掉，故充阔绰。

第四，抽烟注意事项。抽烟时如果没有烟灰缸，应先征得主人同意再抽。假如是在餐馆里，烟灰缸不在桌上时，可吩咐服务员拿来。

不能用食皿代替烟灰缸。

不应叼着烟讲话。

不要把烟雾喷到别人的脸上。

烟灰放入烟灰缸中，烟头放入烟灰缸中弄熄。

第五章　职场礼仪：培养职业修养，维护自我形象

职场如战场，任何微小的细节都有可能影响你的前途，决定你的成败。因而职场中的人要时时刻刻注意自己的言行举止，遵守职场礼仪。

一、面试礼仪：好礼仪助你脱颖而出

面试是现代职场人进入工作单位不可或缺的一个环节，也是用人单位吸纳员工必不可少的一个渠道。因而面试中的双方都要注意各自的礼仪。

（一）简历与求职信中的礼仪

向用人单位发送简历或者投递求职信并附个人简历，是现代人求职采用的两个基本方式。那么，在发送求职信和制作个人简历的时候，有哪些礼仪需要注意呢？

第一，简历礼仪。用人单位在发布招聘信息时，一般会收到很多人的简历，然后，他们会根据应聘者的个人简历来挑选一部分人进行面试，再从面试者中录取新人。所以，写出一份好的简历，才能争取到面试的机会，才有机会成功被聘。一个好的简历，要具备以下几个条件。

首先，要真实。即简历的内容必须真实可靠。比如，你在校时选了什么课程，就写什么课程，没有选的课程就不要写；再比如，你在学校曾担任过什

么职务，或参加过什么社团，做过一些什么活动，据实写就行了，不要大而化之；另外，还有大家都比较看重的工作经验，如在校期间有没有做过兼职工作，都做过一些什么兼职工作，最好都要据实写到简历上，如果在校期间没有做过兼职工作，那么就不要写。因为，面试时，面试官会根据你的简历来针对性提问，如果有些课程或是工作你并没有接触过，却写在了简历上，面试官在就这些问题提问时，你就有可能因为没有这些经历而答不上来，此时，不仅你跟面试官都很尴尬，你在面试官眼里的信誉也就没有了，因此也很难赢得面试的成功。真实，是简历的第一要求。

其次，要简明扼要。简历内容除了要真实以外，还要做到简单明了。简历内容过多、过杂，会给人一种琐碎的感觉。内容啰唆、不够明确的简历，是会让人看了头疼，不仅浪费看简历者的时间，更可能引起他们的反感而失去面试的机会。一般简历要将比较重要的个人信息，如姓名、性别、出生年月、联系电话、住址及其他比较重要的信息浓缩到第一页上，然后把比较次要的信息，诸如证书复印件等作为附件，附在简历之后。

最后，没有低级错误。简历在寄出之前，一定要认真地检查几遍，除了基本内容、格式没有错误之外，还要注意最简单的用字或者标点符号有没有使用错误。虽然这些只是细节问题，任何人都有可能出现错误，但是在关系自己前途的简历上，还是要小心谨慎，尽力避免此类错误为好。

第二，求职信礼仪。有的时候，我们在急于获得某个面试机会的时候，会采用向招聘公司投送求职信的方式来增大自己获得面试的概率，那么，如何写好求职信呢？写求职信需要注意哪些礼仪呢？

首先，称呼要准确有礼。一般来说，收信人应该是招聘单位有实权决定是否录用你的人，因而要特别注意此人的称呼。求职信中，人们第一眼接触的便是你对他人的称呼，因而他们会根据这种称呼来形成对你的初步印象，从而也直接影响了求职信件的最终效果。因此要事先了解此人的姓名及职务，书写时要准确、得体，不能马虎大意。如果对单位有关人员的姓名不甚了解，也可以在求职信件中直接以职务头衔来称呼之。称呼时，不要表现得过分亲近，以免给人“套近乎”或者阿谀奉承之嫌。当然一些必要的礼貌性用语也是不可缺少的，如在称呼之后一般要加提称语。

其次，注意问候语的使用。问候语一般是指起开场白作用的应酬用语，在所有信件的开头，向对方问候一声，是必不可少的礼仪。问候首先要体现写信人的一片真诚，而不是“应制之语”。另外，问候要切合双方之间的关系，关系浅时不宜用太过亲近的问候语。此外，问候的内容要简洁、自然、清晰、准确，还要做到文辞流畅、字迹工整、谦恭有礼。

再次，祝颂要热诚。正文后的问候祝颂，虽然只有短短的几个字，却能表现出写信人对于收信人的祝愿及感激之情，同样也是求职信件中不可忽视的一个环节。我们在写求职信件的祝颂语时，首先注意格式要符合规范：祝颂语一般要分两行来写，上一行前空两格，下一行顶格写。其次要灵活运用祝颂词语：可以采用约定俗成的句式，如“此致”、“敬礼”、“祝您万事如意”等；也可以借景抒情，以便更能体现对收信人的美好祝愿，如对尊长，可写“敬请近安”等，对学界可用“敬请学安”，对商界可用“敬请筹安”等。最后要注意署名后的敬辞：署名时，在名字之下，还要选用适当的礼告敬辞。

最后，注意信封的书写。在写信封的时候，要注意按信封的一般格式，将信封的内容准确地填充进去，如收信人的姓名、地址及邮政编码，发信人的姓名、地址及邮政编码等都要清楚、准确地写明。在写信封时，首先要注意收信人的称呼。封面是给邮递员看的，因此要根据收信人的职衔、性别等，写上“人事经理”、“人事部主任”或“先生”、“女士”等。其次要讲究“启封辞”、“缄封辞”的使用。“启封辞”是请收信人拆封的礼貌语词，它表示发信人对收信人的感情和态度，一般尊长用“安启”、“福启”、“赐启”等；对平辈，可依其身份、性别，分别用“力启”（对军人）、“文启”（对教

师）、“芳启”（对女士）等。“缄封辞”的用法也有讲究，给长辈的信宜用“谨缄”，对平辈用“缄”。求职者须注意，切忌用挂号或快件寄求职资料，以免劳神费时。

（二）面试着装要注意的问题

对于求职者而言，知识技能、学历、经验等这些硬件因素固然重要，但服装、发型、举止等这些容易让人忽视的细节也很有可能起到决定性的作用。一个好的面试着装，会给人留下良好的第一印象，面试官有时也可能会根据你的着装来考察一个人是否是专业人士或者能否胜任所应聘的职位。那么，成功的面试着装，应该注意哪些问题呢?

男士面试着装注意事项。

第一，西装。男士面试时，应该选择裁剪优良、款式经典的西服套装，颜色以黑色、灰色、深蓝为宜，并且最好是纯色的，切忌太过前卫的设计或花里胡哨的颜色。而且，西装的面料最好是容易打理、不轻易变形的。

第二，衬衣。男士衬衣以白色或浅色为主，这样较好搭配领带和西裤。衬衣的面料要选择好一点、挺一点的，不要给人“皱巴巴”的感觉。平时选衬衣的时候应该注意选择一些合身的衬衣，面试前应洗干净，熨烫平整。西服内应该搭配长袖衬衣，短袖的衬衫太过休闲，求职时不宜搭配西服穿着。

第三，领带。面试者在挑选领带的时候，最好挑选保守一点的领带，像传统的条纹、几何图案等都很不错。挑选领带时，注意和西装、衬衣的颜色要协调。领带的长度，以刚刚超过腰际为宜。

第四，鞋子。面试时，一般穿黑色或褐色的皮鞋，显得比较正式，切忌面试时以运动鞋搭配西服。面试之前，要将皮鞋擦干净，并且上些鞋油，使之光亮。选皮鞋时，还要注意皮鞋与西服套装的搭配，黑色是最保险的颜色，可以搭配任何颜色的西装。

第五，袜子。男士在面试时，袜子是最容易被忽视的一个环节。袜子挑选得好，与整体搭配得协调，会起到画龙点睛的效果；袜子挑选得不好，与整体搭配不协调，则会让整体效果功亏一篑。对于袜子的挑选，首先要从它的面料及颜色入手，一般来说，袜子可以选择深灰或暗蓝，显得庄重、沉稳。白色袜子配黑色皮鞋，会在视觉上给人以强烈的冲击，应尽量避免那样的搭配。其次是对袜子长短的选择，一般来讲，挑选袜子宁长勿短，以免坐下来时，将脚腕露出来。

第六，头发。首先，面试时要保持头发干净整洁，最好在面试之前，将头发清洗一遍，梳理整齐。其次，头发的长度要适中，除非是去面试广告创意或其他艺术性的工作，否则轻易不要留长发。另外，不要忘记刮胡子，保持面容的整洁干净。

第七，男士饰品选择。一般男士要少戴饰品，越简单越好，不要佩戴项链、手链、耳环等首饰。男士可以适当戴个戒指或者手表。

女士面试着装注意事项。

第一，对于女士来说，最安全的着装是职业套装。不论年龄，一套剪裁合体的西装、套裙和一件配色的衬衣或罩衫外加相配的小饰物，会使你看起来显得优雅而自信，会给对方留下良好的印象。选择西装的时候也要注意颜色，黑色、深蓝、灰色等稳重的颜色是比较理想的选择，款式不要太过新颖前卫，宜保守传统。切忌穿太紧、太透和太露的衣服。如果是裙装，一定要注意裙子的长度，不要在膝盖以上，裙子太短是不专业的表现，会使面试官的印象大打折扣。不要穿领口过低的衣服。夏天，内衣（裤）颜色应与外套协调一致，避免透出内衣的颜色和轮廓，否则，会让人感到不庄重、不雅致，也会给人轻佻之感，这是求职之大忌。

第二，衬衣。在挑选衬衣的时候，无论是颜色还是款式都要以保守为原则，不要挑选那些材质透明或是款式夸张和暴露的衬衣。衬衣的选择要注意和外套的颜色款式相搭配。

第三，鞋子。女士面试时，鞋子的选择要注意款式、颜色等与套装相协调。鞋子最好选择高跟或中高跟的皮鞋，更能体现女性体态的优美。

第四，袜子。女士在面试时，挑选丝袜以庄重、保守为原则。丝袜的颜色常见的有黑色、肉色、深灰色等，要注意与套装及鞋子颜色相宜。需要提醒大家的是，只有在穿长裤的情况下才可以穿短丝袜，穿裙子或者短裤时，都要穿长筒丝袜。以短丝袜搭配套裙或短裤，都是不雅观的。另外，丝袜比较容易刮破、脱线，女士如果穿了长筒丝袜，在面试出发之前可以在手提包里多准备一双，以防万一。

第五，箱包。女士面试的箱包应该和着装整体相协调，不要太大，中等尺寸即可。箱包最好是皮制的。

第六，发型。头发修饰是面试仪容修饰里的重要组成部分。首先要保证头发干净清洁，梳理整齐。如果是长发可以将其盘起，或是将其扎成其他看起来专业、正式的发型。

第七，彩妆。对于女性求职者，化妆一定要坚持素淡的原则，切不可浓妆艳抹。女生去面试前，应该稍稍化一下妆，这样会使自己看起来很精神。要选择自然清淡的颜色，稍作修饰，清新自然，保持整个妆容清爽干净，注意不要掉妆。

第八，配饰。配饰的选择应该少而精。公文包或手提小包带一个即可，不要两个都带。在多数面试场合，携带公文包会比手提小包显得更权威。首饰尽量少戴，应避免几个手指都戴戒指。耳环应当小巧且不引人注目，所戴耳环不要过长，以免发出叮当的声响或者触及脖颈，甚至挂到肩上。丝巾飘逸清秀的特点最能烘托出女性的美，但选择丝巾时一定要注意与衣服协调搭配。

第九，其他注意事项。在面试的前一天洗个澡，保持身体和头发干净清洁，没有异味。

面试之前不要饮酒，那会影响你的眼神、肤色和精神状态。修剪一下指甲，不要太长，保持干净，女生不要用颜色夸张的指甲油，无色透明的即可。头发不要过长，尽可能不染发、烫发，不戴首饰。

（三）面试时应遵守的基本礼节

现在，越来越多的企业在录用员工时开始重视对应试者人品及生活细节的考察，因此在面试时，面试官会随时注意应试者的言谈举止及态度，那些言谈举止得体的应试者往往更能获得面试官的青睐。那么，面试时需要注意哪些基本的礼节呢？

第一，提前多长时间到达面试地点。一般来说，面试时提前十分钟到达面试地点是比较合适的。面试迟到或者匆匆忙忙赶到，是面试的一大禁忌，而过早来到面试地点亦会被认为是没有时间观念。到达面试地点时，不要左顾右盼，来回晃动，这是没有耐心的表现，应该在等候室耐心等候，并保持正确的坐姿。如果面试地点没有等候室，应在面试办公室的门外静候。当办公室的门打开时应有礼貌地说声："打扰了。"然后向室内面试官表明自己是来面试的，绝不可贸然闯入。

第二，如何敲门。敲门时，不可一遍遍频繁地敲，一般敲两声即可，然后静等面试室内的回应，当听到"请进"时，方可推门进去，并说："打扰了，我是来面试的。"另外，敲门时注意不可太用力，进门后不要随手将门扣上，而应转过身去，用手将门轻轻合上。

第三，进入面试室后该怎么做。进入面试室后，不要马上找座位坐下，应该等面试官告诉你"请坐"的时候再坐下。坐下后应保持坐姿端正自然，不要靠着椅子，不要弓着腰，不要将背挺得笔直，给人拘束之感。与面试官交谈时，不能漫不经心地东张西望，不要吞吞吐吐，也不要滔滔不绝讲个不停。讲话速度适中，不疾不徐。音量要适中，太大声会给对方压迫感，太小声对方听不清，会不耐烦，不但失礼且会让对方想赶紧结束谈话。回答问题时，思考时间不宜太长。口气要平实，不夸张自己的能力，也不必太自谦。

听不懂对方问话的时候，可以请他再说一次，不要胡乱猜测，随便回答，反而落人笑柄。

第四，面试结束后怎么做。面试结束后，应该站起来向面试官表示感谢，走出面试室时，可以先将门打开，然后反过身来向面试官鞠一躬再次表示感谢，再轻轻将门合上。

（四）面试交谈的要领与禁忌

面试时，如果能够很好地掌握交谈的技巧，则会在面试时如鱼得水，轻松取得面试的成功，那么成功面试的交谈技巧有哪些呢？

第一，惜字如金，三思后言。言多必失，说的话越多，暴露的问题越多。面试官面试时，经常采用的一个基本原则就是尽可能地让应试者说话，从而找出应试者的问题进行提问，所以在面试的时候一定要管好自己的嘴巴，免得画蛇添足。

第二，留有余地，随机应变。面试官在面试应试者时，有时候会故意提一些“圈套”式的问题，或者观点不一的问题来考察应试者的应变能力。此时，应试者要灵活运用语言的表达技巧，说话时留有一定余地，不要一开始就将话说死，那会让人觉得你是一个头脑简单、思维不够缜密的人。

第三，沉着应对，理智对答。有时候，面试官会出其不意地提出一个令应试者意想不到的问题，此时，应试者应该沉着冷静，仔细思考，然后有条有理地回答，千万不可在情急之下，乱了分寸。

第四，说话圆通，滴水不漏。面试官有时候会给应试者设置一些无论是肯定回答还是否定回答都不讨好的问题，此时，可以给以模棱两可的回答，让自己处于有利的地位。在面试中，有时面试官提的问题并没有什么标准答案，这就要求应试者答题之前要尽可能考虑得周到一些，以免使自己陷于被动。面试在某种程度上就是一种斗智，你必须能圆好自己的说辞，方能滴水不漏。

第五，合理想象，言之有物。面试时，应试者有时会遇到奇怪的假想题，

这些假想题一般都具有不确定性，给应试者留下了很大的想象空间。此时，应试者应该充分利用自己积累的知识，发挥自己的想象力，大胆以“假设”应对“假设”，从而给自己赢得主动权，那么面试也就成功在望了。

第六，巧妙较量，针锋相对。面试时，如果遇到面试官的“刁难”，应试者不妨从另一个角度来思考，巧妙地与之周旋。“以子之矛攻子之盾”或者将问题巧妙地抛给对方都是一个不错的选择。

面试交谈禁忌。

第一，忌啰唆、长篇大论。面试官在面试时，一般会碰到大量的应试者，因而，不免感到疲惫、厌倦，而此时如果应试者为了表现自己，介绍自己时滔滔不绝；或者为了炫耀自己，对一些简单的问题，进行复杂繁琐的回答；或者回答问题时，掺入不相关的话题。诸如这些，都会引起面试官的反感，使自己处于不利的地位。一般在回答问题时，要有针对性地回答，尽量避免谈论不相关的话题，同时在回答问题时要简洁明了，用最少的话准确地将意思表述出来即可。

第二，忌言语粗俗。在面试过程中要尽量避免使用粗俗的词语。初次见面，一个人如果口出脏言，是不会给人留下好印象的，要么会被认为是人品不正，要么会被认为是修养不够，因而在面试时，要尽量注意不要使用庸俗不雅的词语。此外，面试中乱开玩笑也是不恰当的，除非面试者善于驾驭幽默，否则不要去“冒险”，以免给人留下轻浮的不良印象。

第三，忌插话、抢话。求职面试的一大禁忌就是插话、抢话。有些面试者，为了取得面试官的好感，急于表现自己，在面试官还没将话说完时就抢着回答，这是很令人反感的行为。也有的应试者自己跟自己抢话，如前一句话还没说完又接着说下一句话，并且插入很多毫无意义的连接词如“因而……所以……那么……”等，让人不知所云，无法做出适当的反应。因而，求职面试时，无论自己多么激动兴奋，无论自己的见解多么独到、超群，求职者都必须尽力克制住自己，避免插嘴，要冷静地组织自己的语言，力求使自己的话语具

有说服力，更易于使他人接受。

第四，忌满腹牢骚。无论你对以前的公司、上司、同事有多么不满，都不要抱怨或者表达不满，那样不仅无益于你的面试，还会对你个人的人品或者交际能力产生怀疑。面试时，要随时注意自己的一言一行，要多用积极乐观的词语，表达自己的赞美，这样更能赢得面试官的好感。

第五，忌准备不足。在面试之前，要尽可能多地了解所应聘公司或者岗位的情况，特别是一些知名企业，他们特别注重检验应试者对本企业的诚意以及对岗位的专业水平的考察。如果事先准备不足，一问三不知，结果可想而知。

（五）面试中应避免的负面动作

求职者在面试时，要随时注意自己的言谈举止，避免一些负面动作，以免影响整体效果。那么，有哪些负面动作需要坚决杜绝呢?

第一， 手提购物袋。也许你在面试之前的空当去商场买了一些东西，但是，在面试的时候，一定要注意不能将购物袋带进面试室，以免给人留下对面试不尊重、不重视或轻浮的不良印象。如果手里真提有购物袋，可在面试前将购物袋寄存起来，或交给他人代为保管。

第二，拨弄头发。留有长发或者刘海比较长的人，在与人交谈时，可能会有不自觉地拨弄头发的习惯，但是在面试时，要尽量避免此种习惯性动作，以免给人留下自以为是或是不够利索的坏印象。

第三，玩弄手指。有的求职者，在面试时，会无意间玩弄自己的手指或衣角或纽扣，这样会给人留下一种不够成熟的感觉，进而让人怀疑你的能力，因此应尽力避免此种动作。

第四，交叉双腿的坐姿。面试时，最标准的坐姿应该是双脚平放，放松身体的坐姿。如果求职者在面试时，交叉跷起双脚，则会给人留下轻浮的不良印象，应该避免。

第五，拉裙子。求职者在面试时，若因自己穿的裙子太短，怕走光，而不

断地拉扯裙摆，会给面试官留下粗心大意和浮躁的印象，因而应试者在面试前要对自己所穿的裙子多加考虑，避免此种尴尬局面的发生。

第六，说话支支吾吾或音量过小。求职者在面试时，如果说话声音太小或是说话支支吾吾、不知所云，则会给面试官留下缺乏自信的印象。一个缺乏自信的人，是不会得到面试官的青睐的。

第七，眼神飘忽不定。求职者在面试时，如果眼神飘忽不定，左顾右盼，会给人留下一种缺乏安全感及对任何事情都抱有不信任态度的不好印象。

第八，夸张的肢体动作。面试时，要避免太过活泼、夸张的动作，以免给人留下不稳重、不踏实的感觉。

第九，不停地看手表。在面试时，如果求职者不停地看时间，不仅会给彼此一种压迫感，也会给人留下没有耐心、不尊重对方、不重视面试的印象，要尽量避免。

（六）面试被拒后的应对礼仪

面试中，应试者难免会碰到被拒绝的情况，那么，当你面试的时候遭遇用人单位的拒绝，应该如何应对呢？

面试遭遇拒绝后，要做到不卑不亢，这不仅是一种社交礼仪，也是一种风度，一种修养。面试被拒后，更应该保持自信，微笑而礼貌地跟面试官说：“谢谢！”这样更能体现你的自信及素养。面试被拒后，千万不要表露出沮丧或者对面试官的不满，那只会让面试官更加肯定自己的判断，拒绝你是正确的。有很多公司会通过“假拒绝”来考察一个人的心理素质即修养，所以当你不卑不亢地回复面试官时，也许会出现意想不到的惊喜！在面试过程中很成功，最后却被告知没有被录取时，就更应该保持镇定，保持一个成熟的职场者该有的风度，面试虽然被拒绝了，只能说明你不是这个职位的最佳人选，并不是对你的能力的否定，所以面试被拒后，要保持足够的信心，不气馁，不放弃。

二、办公室交往礼仪：洁身自好，宽容低调

办公室是职场人办公的地方。现代职场人的能力不仅包括处理工作中各种问题的能力，也包括与他人相处的社交能力。因而办公室中的社交礼仪知识不容忽视。

（一）同事相处礼仪

职场中，与同事关系相处融洽，不仅能提高工作的效率及积极性，也能交到一些志同道合的朋友，拓展人脉。与同事交往时，要真诚、相互尊重、以礼相待。在办公室中与同事相处，应注意以下几方面礼仪知识。

第一，以礼相待，彼此尊重。同事间相处应处处以礼相待，如见面时，要主动打招呼，最简单的方式就是微笑点头，同时道声“早”、“你好”之类的问候语等。另外，要尊重同事的生活习惯及处事方式，每个人都有受人尊敬的愿望，渴望自立，渴望平等地与人交流，因而在与同事相处时，要尊重对方，不可将自己的观点强加于人。如此，才能相处融洽，并使对方尊重自己。

第二，保持适当的距离。所谓与同事要保持适当的距离，主要是指要尊重他人的人格，尊重他人的物品以及尊重他人的工作。如同事不在或未经允许的情况下，不要擅自动用他人的物品，如文件、电脑等。

第三，团结协作。职场中，一件工作往往需要多方的协调才能将其做好。因而，在办公室里一定要同心协力、互相支持。对于自己的工作要尽力尽责，不可推卸责任；同事请求帮忙，要真诚相助。多向年长的同事请教问题，对于年轻于自己的同事要多帮助、多鼓励。这样，得到同事的尊敬，自己工作起来也会更加舒心。

第四，宽容大度，勇于承担。宽容大度，就是在工作场合，同事不小心犯错或是得罪于你时，要有原则地宽容对方；当同事取得成功、获奖或是升迁

时，应该给予衷心的祝贺。一个懂得宽容的人是会受到他人的理解和好感的。勇于承担就是当在与同事的合作中出现问题时，应敢于面对自己的错误，不要把责任推给他人。

第五，体谅难处，倾情相助。不管是在工作中还是生活上，同事若有难处，都应予以体谅理解，并尽力帮助。当同事有困难之时，千万不要吝惜你的关心与安慰，对同事重视会让他感受到你诚挚的友谊。这是赢得对方信任的关键。

第六，一视同仁，平等相待。与同事相处，毕竟不同于私底下与朋友之间的交往，常常会与自己喜欢的或者不喜欢的同事共处一室，在与同事交往时，特别是在上班时间与同事相处时，一定要保持一视同仁、平等对待的态度。

第七，主动道歉。同事之间相处一久，难免会犯点小错，如果出现此种情况，应该主动向对方道歉，解释清楚；如果同事误会你了，应向对方说明情况，不要小肚鸡肠，耿耿于怀。

第八，与人为善。善待他人，就是善待自己。善待同事，必将得到同事的善待。这是职场中一项很划算的投资。善待同事仅仅需要你的一点耐心、诚心和细心，这是世人皆能办到的事情。

第九，巧妙地使用幽默化解矛盾、尴尬。幽默是化解尴尬气氛的“调和剂”，用幽默化解同事间的紧张关系，必然会赢得所有同事的信赖与尊重。职场中，如何巧妙地使用幽默来化解尴尬、矛盾，是需要一定技巧的，要学会在不伤害任何一方利益的前提下，化解矛盾双方的误解，不偏不倚，成为大家信赖的“解铃人”。

（二）办公室交谈礼仪

说话要分场合，要讲究分寸，最重要的是，说话要得体。那么，在办公室场合，要注意哪些交谈礼仪，给自己的职场形象加分呢？

第一，不要人云亦云，要有自己的主见。职场中，老板都比较欣赏有头脑、有主见的员工，如果你经常在一些需要发表意见的场合保持沉默，或是一

味地附和他人而没有自己的见解，那么，你在办公室里就没什么地位了，很容易被他人忽视。不管你在公司的职位如何，不管你面对的是高于自己的上司，还是跟自己地位平等的同事，交谈时你都应该发出自己的声音，应该敢于说出自己的想法。

第二，真诚友善，平和自然。在办公室中与人交往时，态度要谦和友善，说话要平和自然，给人亲切感。即便你在办公室里拥有一定的职位级别，与人交谈时，也不要颐指气使，更不要用手指着别人交谈，谁都有人格，都需要被人尊敬，用命令的口吻与人交谈，不仅不能树立自己的威望，还会因为得罪人而失去人心。在办公室中交谈时，如果大家的意见不一致，也不应该出现过激的言辞，或者极力强调自己观点的正确性，反驳他人。一味好辩逞强，会让同事们敬而远之，久而久之，你不知不觉就成了不受欢迎的人。

第三，谦虚低调，不做骄傲的孔雀。在办公室里，即便自己的专业技术很过硬，是办公室里的红人，老板非常赏识你，也不可以以此作为炫耀的资本。骄傲使人落后，谦虚使人进步。再有能耐，在职场生涯中也应该小心谨慎，强中自有强中手。倘若哪天老板额外给了你一笔奖金，你就更不能在办公室里炫耀了，别人在一边恭喜你的同时，也许也在嫉妒你呢！

第四，注意谈话的内容，三思而言。在办公室里与人交谈时，要注意自己谈话的内容，特别是关于自己的私事，要考虑说出来后的后果。如果是一些不能公开的事情，即便关系再好，也不要轻易说出口，因为，如果你自己都不能为自己保守秘密，怎么能指望别人为你保守秘密呢？与同事相处，关于自己的任何私事都不说，也不好，会使人产生疏远感，很难建立深厚的同事情谊，适当地说些无关紧要的私事，能够增进同事之间的感情，加深彼此的信任。办公室交谈，要特别忌讳的一点就是议论他人的缺点、过失，特别是议论上司或是同事，因为这些话终究会传到他人的耳朵里，到时候可能会给自己引来不必要的麻烦。

第五，不要拉帮结派。对同办公室的人要尽量保持平衡，尽量处于不即不离的状态，也就是说，不要对其中某一个人特别亲近或特别疏远。在平时，不要老是和同一个人说悄悄话，进进出出也不要总是和几个人。否则，你们几个人也许亲近了，但疏远的人可能更多。如果你经常和同一个人咬耳朵，别人进来又不说了，那么别人不免会产生你们在说别人坏话的想法。

（三）与上级打交道的礼仪

有统计显示，在职场中有30.43%的人与领导关系很好，容易沟通；57.97%的人与领导关系一般；10.14%的人与领导关系不好，经常背后抱怨；1.45%的人与领导经常有冲突。造成与领导关系不善的原因主要有：现实层面，领导位置比自己高，与自己有利益冲突；心理层面，感觉自己低领导一等，不能平等交往；与领导沟通不善。

如何与领导搞好关系，减少和避免不必要的矛盾呢？以下建议或许会对大家有所帮助。

第一，端正观念，接受现实。尝试接受自己与领导事实上不平等的现实，把更多的精力投入到自己能够做好的工作当中，提高自己的工作效率及工作质量。切不可采取消极怠工的方式来反抗领导，那只会让彼此的关系进一步恶化。

第二，学会换位思考。遇事，要学会站在对方的角度上思考，职场中，要学会与领导进行换位思考。理解领导的苦衷与难处，不要遇到什么事都抱怨领导。领导理亏时，要学会让步，给他留个台阶下，千万不要当众纠正领导的错误。

第三，凡事多沟通。要增进与领导之间的相互理解，尽可能地减少误会。在工作中，遇到不明白的问题，不要耻于向领导发问，不懂装懂才会令人讨厌。要尽力做好自己的本职工作，力求将自己的强项表现出来，以得到领导的肯定及赏识。

第四，学会反思。工作中，如果与领导产生分歧或矛盾，要先反思自己，

看看究竟是自己的不对，还是领导的不对，不要动不动就跳槽。如果不是原则性的问题，要与领导及时沟通，如果实在有违自己的原则，再跳槽也不迟。

下级向上级汇报工作时的礼仪。

第一，要有时间观念。在与上级打交道时要严格遵守时间，答应上级的事情，要在约定的时间内完成，不可拖延。与上级就工作的事情约定时间见面时，不可迟到，让上级久等，也不可过早到达，以免上级未准备好而难堪。

第二，言谈举止要礼貌周到。与上级交往要礼貌周到，态度谦虚有礼，体现对上级的尊重。如进办公室前要轻轻敲门，经过允许方能入内。客户来访时，要提前通知上级，以便其及时调整自己的体态、心理。汇报工作时，要注意自己的仪表、姿态，文雅大方、彬彬有礼。

第三，做好汇报工作。汇报工作时，内容要讲究实事求是，有喜报喜，有忧报忧，不可歪曲事实或是隐瞒真相，投其所好。汇报工作时，吐字要清晰，语调要平稳，声音大小要适中。汇报结束后，上级如果谈兴犹在，不可有不耐烦的体态语产生，应等到上级表示结束时才可以告辞。告辞时，要整理好自己的材料、衣着与茶具、座椅，当上级送别时要主动说“谢谢”或“请留步”。

第四，避免冲突。工作时，如果上级不注意礼仪，不要冲动，仍要坚持以礼相待。可以采用暗示性语言或动作来提醒上级，也可以直言相陈，但要注意说话的技巧。

三、办公室使用礼仪：打理好你在单位的脸面

办公室毕竟不是自己的私人空间，办公室里的设施也不是自己的私人物品，因而在办公室办公时，要注意办公室的使用礼仪。

（一）办公桌上的礼仪

办公室里的人际交往会对你的职场发展产生非常微妙的影响，办公桌上的礼仪能帮助你获得同事的好感，对你的发展助力不少。那么，良好的办公桌礼仪应该具备哪些标准呢？

第一，符合办公室的布置标准。每个部门的办公室都要统一定置物品、摆放定置图，并将物品的定置图按编号依次摆放整齐；文件资料柜要贴墙摆放整齐；将与办公室内无关的物品清除出去。办公室布置的整体标准是：整齐、美观、舒适、大方。

第二，符合办公桌的定置标准。办公桌的定置要分门别类，分出哪些物品常用，哪些不常用，哪些天天用，根据物品的使用频率来安排摆放的位置，常用的放在顺手、易拿的地方，物品的摆放要以方便、整洁、美观，有利于提高工作效率为原则。桌面定置的（参考）要求：中上侧摆放台历或水杯（烟缸）、电话等；右侧摆放文件筐（盒）、等待处理的管理资料；中下侧摆放需马上处理的业务资料；左侧摆放有关业务资料。

第三，符合工作椅的定置标准。一般人长时间离开办公室时，要将座位按原位摆放；如果是短时间离开，可以将工作椅稍稍推进，以免影响他人。

第四，符合文件资料的定置标准。文件资料的摆放要以合理、整齐、美观为原则。各类资料、物品要编号，摆放应符合定置图中的要求，做到号、物、位、图相符；定置图要贴在文件资料柜内；保持柜内清洁整齐，随时进行清理、整顿。

（二）办公用品使用礼仪

办公用品毕竟不是私人物品，要合理使用，下面就几种常见的办公用品来说一下办公用品的使用礼仪。

复印机的使用礼仪。

第一，要注意使用先后的问题。复印机是办公室里使用频率比较高的公共

设备，使用的时候，难免会碰到多人同时需要使用的情况，此时，一般要遵循先来后到的原则。如果后来的人印的数量比较少，或是特别赶时间，可以让后到者先使用。

第二，避免复印私人资料。复印机是公司里办公用品，一般不允许复印私人资料，作为员工应该自觉遵守。

第三，如果碰到需要更换碳粉等问题，自己不知道如何处理，应请别人来帮忙，不要悄悄走掉，把问题留给下一个同事。那会让人觉得你不为别人着想，遇到困难和责任不敢承担。

第四，使用完毕，要将复印机设定在节能待机状态。另外，不要忘记将自己的原稿带走，以免遗失材料或泄密，引起不必要的麻烦。

第五，如果复印纸用罄，谨记添加；若纸张卡塞，应先处理好再离开，如不懂修理，要及时请人帮忙。

电脑的使用礼仪。

第一，要学会正确使用。在办公室中工作，首先要学会基本的电脑操作及熟练掌握几种常见的办公软件。

第二，注意保养电脑。电脑是公司财产，要像爱惜自己的电脑一样爱惜它，这不仅能够体现一个人的素养，也会赢得他人的信赖。每次开机前，要先进行电脑杀毒，使大家能在一个安全的环境下工作。

第三，注意文件的保密。首先要将自己的工作资料保管好，其次不要随便偷看别人的资料。

第四，避免在工作时间玩游戏。

电话的使用礼仪。

第一，避免在工作时间，长时间利用公司电话打私人电话。

第二，如果要请假或者出差，要在电话留言说明情况。

第三，避免使用电话的等候功能，那会让人觉得你不重视他人的时间，或

让人误会你准备不足。

传真机的使用礼仪。

第一，使用的先后问题。一般使用传真机应该遵守先来后到的原则，但是，如果你需要发的传真需要很长时间，而排在你后面的同事只需传几页，应该先让后面的同事先用，以示礼让。

第二，避免在公司里发送私人传真稿件。

第三，如果遇到传真纸恰好用完时，应及时更换新的传真纸。如果传真机出现故障，应该找出原因，处理好再离开，如果自己不懂修理，应请别人来帮忙，不要将问题抛给下一个同事，那是缺乏责任心的表现。

使用完毕，要记得将自己的原稿拿走，以免走漏信息，给自己带来不便。

公司书籍的使用礼仪。

第一，如果需要向公司借阅书籍，应先向公司书籍保管员申请，填写借阅登记表。

第二，使用书籍时应尽量保护书籍完好，不批画、涂改、污损书籍，不对书籍进行撕扯、割页。

第三，使用完毕，应立即还到书籍保管处，以免丢失。

第四，不得擅自把公司书籍携出公司外，或私自将书籍带回家。

（三）公共设施使用礼仪

乘电梯的礼仪。

现在不少大公司都拥有几层商用大厦，也有不少公司的办公室是在高层的写字楼内，上班族常常需要乘电梯。那么，员工在乘电梯时，都需要注意哪些礼仪呢？

第一，进出电梯时，礼貌上遵守女士优先的原则，即男士应该让女士先进或者先出。人多时，应该让靠近电梯门口的人先进先出，不要争先抢后。另外，要注意，永远要先让电梯内的人走出来，电梯外面的人再进去。

第二，电梯是公共场合，不宜在电梯内谈论机密事项或是公司的财政、人事等，小心泄密。不要在电梯内打情骂俏，可以闲话家常或是谈论时事新闻、娱乐报道等内容。

第三，当电梯前面的人挡住自己出入时，应该礼貌地说："不好意思，请让一下。"不要无礼硬闯。

第四，在乘坐手扶电梯时要靠右边站，左边让给赶路的人；最好手握电梯扶手，以免失足；女士穿短裙时，上下电梯要格外留意，可借用手袋或公文袋按住裙角，以免走光；上电梯时男士站在女士后面，下电梯时男士站在女士前面；即便是赶时间也要礼貌、安全地经过站在前面的人，若碰到别人，立即说声"对不起"。

洗手间的礼貌。

第一，洗手间要遵循先来后到的原则，让先来的人先上，不要与人争抢。如果确实内急，可以礼貌地说明原因，并征得他人的同意。

第二，在洗手间遇到同事不可以回避，应尽量先和对方搭话，特别是在与上司一起上厕所时，千万不要装作没有看见。

第三，洗手间的门关闭时，要先敲门，问问有没有人。如果自己在里面，而有人敲门时，应立即回应，不要默不作声。

（四）办公室用餐礼仪

在办公室用餐，要注意以下礼仪。

第一，不要将具有强烈刺激性味道的食物带进办公室，别人会不习惯。而且，饭菜的气味弥漫在办公室里，有损公司的办公环境及公司形象。

第二，在办公室吃饭，拖延的时间不要太长。他人可能要即时进入工作，也可能有客人突然来访。吃饭时要避免发出响声，以免影响他人，要尽量避免吃能发出响声的食物。如果食物掉在地上，应该马上将其捡起，扔掉。

第三，嘴里含有食物时，不要贸然讲话。他人嘴含食物时，最好等他咽完

再对他讲话。由于大家围坐一堂，难免有人讲笑话，因此要防止大笑喷饭的情形，可以每口含食物不要太多。

第四，吃饭完毕，要将餐具及时洗干净，如果是一次性餐具，餐毕应将一次性餐具及时扔掉。餐后要将桌面和地板打扫一下。

第五，打开的饮料罐，长时间摆放在办公桌上是有损办公室雅观的，应尽快扔掉。如果不想马上扔掉，或者想等会儿再喝，可把它藏在不被人注意的地方。

四、工作中的礼仪：拥有最好的工作素养

在办公室办公，要注意办公文明，工作中要处处讲究礼仪。这不仅是用人单位的礼仪要求，也是个人职场素养的一种体现。

（一）为上司转接电话的礼仪

公司员工在办公室内为上司转接电话时，必须掌握并熟练运用如下电话礼仪。

第一，转接上司电话时的一般礼仪。转接上司电话时，一定要问清对方的姓名及单位，并准确向上司转达；等到上司与对方通上电话后，再轻轻放下自己的听筒；如果为上司转接他人，几次都没有人接听时，应立即向上司说明情况，并问明应对方法。

第二，上司在开会时的电话接听。首先要向对方解释上司正在开会，并礼貌地询问对方是否要留言，并按照电话备忘录的要求，做好留言记录。

第三，上司正在会客时的电话接听。首先应该向对方说明情况，并礼貌地询问对方是否需要留言或是告诉对方过一会儿再打；如果事情紧急或是对方强烈要求与上司通话，则应该先请示上司，再回复对方。

第四，上司外出时的电话接听。应该向对方解释并说明上司的大致去向、

大致的返回时间等，然后询问对方是否需要其他人来代听电话或者是否需要留言等。挂电话时，一定要轻轻地挂。

（二）汇报工作的礼仪

所谓汇报，一般是指向特定的对象报告工作，确切的含义是，将工作中的有关资讯进行认真的分析、研究、综合、归纳、概括和总结，然后根据实际的需要和有关的规定，就此向有关的单位、部门及其负责人进行专门的报告。对汇报者而言，汇报工作时的礼仪主要是要遵守约定、谦虚谨慎、表现大方、尊重汇报对象等。

第一，遵守约定。汇报者在进行工作汇报时，一定要严格遵守有关规定或约定。员工在进行工作汇报时，一定要准时到达指定地点，或将书面汇报材料按时递交给汇报对象，不得让上司久等。如果上司工作比较忙，则一定要把握好汇报的时间，越精练、简洁越好。

第二，轻轻敲门，经允许后再进门。不可大大咧咧，破门而入，即使门开着，也要在外面轻轻敲门，用适当的方式告诉上司有人来了，以便上司及时调整体态、心理。汇报时，要注意仪表、姿态，文雅大方，彬彬有礼。

第三，谦虚谨慎。汇报者在向上司汇报工作时，要处处表现得谦虚，不骄不躁。要自觉遵守汇报秩序，如多人一起汇报时，要遵循先来后到原则；进入上司办公室之前，应当听从上司秘书的安排等。

第四，实事求是。汇报内容要实事求是，有喜报喜，有忧报忧，不可“察言观色”，投其所好，歪曲或隐瞒事实真相。

第五，表现得自然、大方。汇报时的神态、表情都要大方而自然，不要诚惶诚恐、腼腆木讷、面红耳赤、撅嘴皱眉、手舞足蹈、语无伦次、走调失声，否则都有可能使汇报对象感觉不佳。

第六，尊重对方。汇报者在汇报之中，不论汇报对象态度怎样，职级如何，平时与本人的私人关系如何，都应把尊重对方放在第一位。向上司反映问题时，口气不要太“冲”，更不能为难、责怪、侮辱对方。在上司发表意见时，不要插嘴打断，或是当即予以否定，不要显得自己对上司不屑一顾。汇报时，如果上司不注意礼仪，下属也应该表现自然，不可冲动，仍然要坚持以礼相待，也可以以身示范来暗示上司纠正错误，或者直言相陈，但应注意言辞的艺术性。

第七，不可越级汇报。工作当中，最好不要越级汇报，免得引起领导之间的误会，引起不必要的麻烦。

（三）收发传真的礼仪

在工作当中，我们经常要进行传真的收发，那么，在收发传真时，都要注意哪些礼仪呢？

第一，接收或发送传真时，如果需要人工呼叫，在接通电话时首先应口齿清晰地说“你好”，然后报出自己的公司或单位的名称，以及详细的部门名称等。通话时，交流语气要热诚、口音要清晰、语速要平缓。电话语言要简洁、得体、准确，音调适中，态度自然。

第二，发送传真时应先仔细查阅相关资料，传真内容应当包括发件人的信息以及所传真文档的日期和页数，还要写清接收人的全名并留下发件人的姓名和联系方式，以便对方反馈信息。如果是重要的文件，发传真之前最好先电话联系，发完之后应该主动打电话确认对方是否收到。

第三，收到传真之后应尽快处理，如果有必要的话要给对方回个电话确认已经收到，并可就其中的未尽事宜进一步向对方咨询。如果是共用的传真机，应及时将传真转给对方注明的接收者。

（四）使用网络即时通信工具的礼仪

在工作场合，经常会使用MSN、QQ之类的实时传讯软件，因为它们方便、快捷、自由，是工作当中不可或缺的网络通讯工具。那么，在使用这些即时通讯工具时，需要注意哪些礼仪呢？

第一，工作时间，不要利用这些即时通讯工具私聊。办公室是工作的地方，任何一个领导都不希望看到自己的员工在工作场合，浪费太多时间进行私人活动，那样会被认为是对工作的不负责任，不尊重工作。所以，在上班时间，一定不要利用这些即时通讯工具进行私聊。

第二，利用网络即时通讯工具工作时，要注意几个细节问题：一要注意对方的“在线”、“忙碌”、“离开”等状态设定，发话前先问个安，看看对方是否方便；二是对话发言时不要有如连珠炮，不给对方喘息的机会；三要尽量不打缩写，以免对方看不懂而浪费彼此的时间；四是传送资料或巨大档案时，要事先通知对方；五要有话快说、简单扼要；六要表达清楚、少搞花样；七是讲完话要说声讲完了。

（五）使用电子邮件的礼仪

工作当中，除了有许多网络即时通讯工具与人进行工作交流之外，还有一个非常重要的工具，就是电子邮件。电子邮件使用非常方便，可以在数分钟内将信息传遍大江南北，方便工作的进行。如此方便快捷的电子邮件，在使用当中，需要注意哪些礼仪呢？

第一，确定好邮件的标题。电子邮件的标题要提纲挈领，清晰准确。添加邮件主题是电子邮件和信笺的主要不同之处，在主题栏里用短短的几个字概括出整个邮件的内容，便于收件人权衡邮件的轻重缓急，分别处理。尤其是回复的信件，要重新添加、更换邮件主题是应格外注意的环节，最好写上来自××公司的邮件，年、月、日以便对方一目了然又便于保留。

第二，一般电子邮件的文体格式类似于书面信件的文体格式，但比信件要随意。如电子邮件的开头也有问候语，但是问候语的选择较书信要自由一些，像“Hello！”或是一个简单的称呼就可以了；结尾也可以随意一些，如“以后再谈”就可以了，或者什么都不写，直接写上自己的姓名即可。如果是非常正式的邮件，则要严格按照书信体的格式来书写。

第三，邮件的内容要简明扼要，回复或者转寄邮件要慎重，对于电子邮件里的每个字及每一句话的意思，都要仔细权衡，对公司不利的话不要写。要定期审查发过的邮件，评估各邮件对商业来往的影响。

第四，合宜地称呼收件者，并在信尾签名。在邮件中注明收信者及寄件者大名乃是必需的礼节，包括在信件开头尊称收信者的姓名，在信尾也注明寄件者的姓名以及通讯地址、电话，以方便收信者未来与你联系。越是在大型的公司工作，越是要注意在自己的邮件地址中注上自己的姓名，同时在邮件的结尾添加个人签名栏。

第五，定时清理邮件。工作进行一段时间后，邮箱里肯定有很多不重要或者没有任何意义的邮件，此时要对邮箱进行一次整理，删除无用的邮件，特别是多人转发的邮件，但要慎重。在转发邮件之前，也要将所发邮件做一下整理，把邮件的数量控制在最小。

第六，注意回答问题的技巧。当回复邮件答复问题的时候，最好把相关的问题抄到回复的邮件上，再附上答案。不要用自动应答键，那样会把来件所有内容都包括到回件中，不要使用笼统的或是模棱两可的答案来回复对方。

第七，接到邮件，及时回复。如果自己接到邮件，应当在最短的时间内回复对方，如“邮件已收到”等来告知对方。

五、文书礼仪：特定的文书规范及其注意事项

各种商务、公务文书都有各自的文书规范，作为文书的处理人员，要遵循这些约定俗成的文书规范，讲究文书礼仪。

（一）商务信函的写法

商务信函是现代商贸不能缺少的交流工具，对公司形象的树立具有极为重

要的意义。

典型商务信函的内容应包括如下几点。

第一，信件的开头。一般来说，商业信函都使用印有信头的公函信笺，不必自己再写开头。

第二，地址的书写。商务信函信内的地址一般要写在正文的左上角，编号及日期的下方。

第三，称呼语。如知道对方姓名，就用Dear Mr. /Mrs. /Miss/Ms. 加上姓，如不知道对方姓名，可用Dear Sir、Dear lady等泛称；如果对方的职位较高，则使用他的职务来称对方以示尊重。

第四，结束语。如称呼用Dear Sir/Dear Sirs/Dear Madam， 结束敬语就应用Yours faithfully。如称呼用Dear Mr. John/Dear Mr. Smith， 结束敬语就应用Yours sincerely。最后要将署名写在结束敬语的下方。

在撰写商务信函时，要注意遵循以下原则。

第一，完整性原则。在写商务信函时，要力求信件内容的完整性，最好把条件全部说明清楚或是将来信所提的问题及要求逐一答复，以及要求对方做出什么反应都要写清楚。因为这种信实际上已是成交合同，此信发出后，对方一旦收到，即对双方都产生约束力，如果不“完整”，有可能引起不必要的纠纷。

第二，精确清楚原则。信要写得清清楚楚、明明白白，不要使对方看了信后，误解你所要表达的意思。当涉及数据或者具体的信息时，比如时间、地点、价格、货号等，尽可能做到精确。这样会使交流的内容更加清楚，更有助于加快事务的进程。另外，对于英语语法、标点符号及单词拼写都要做到精确无误。

第三，简洁原则。信函一定要写得简明扼要、短小精悍、切中要点，要长话短说，避免啰唆，避免不必要的重复，跟主题不符或对信函的目的不能产生利益的内容要毫不留情地舍弃，以免混淆视听，使对方反感、恼火。

第四，礼貌原则。写信时要做到有礼有节、礼貌周到。首先要做到理解并尊重对方的观点，顾及对方的要求、愿望、感情等，如果是对方的建议不合理时，也要做到不卑不亢，据理力争，但要注意措辞，避免使用冒犯性的词语。

第五，真诚性原则。讲究诚信是商业活动中最基本的原则，信誉好，他人才愿意与你合作，所以在写商业信函的时候也要体现自己的真诚，让对方对你产生信任感，生意才能谈得开。

（二）请柬的写法及礼仪

商务请柬是用来邀请单位或个人参加某种商务活动而使用的礼仪文书，体现着活动的正式以及对邀请对象的尊重。商务请柬是目前国际通用的社交联络方式。那么，商务请柬要怎么写好以及有哪些相关礼仪呢？

请柬的写法。

请柬从形式上有横式写法和竖式写法两种：横式写法的请柬，它的行文是从左向右、从上向下地写，跟我们日常的书信体式差不多；竖式写法的请柬，它的行文是从上向下、从右向左地写，古代书信一般都采用竖式写法。商务交往当中一般都采用横式写法来写请柬。请柬的内容一般包括：标题、称呼、正文、结尾、祝颂语、落款六个部分。

第一，标题。标题一般就是以印在封面的“请柬”二字为标准而适当增加字数或变换字体风格，如“结婚请柬”、“商务宴请请柬”等，字体可以采用宋体、楷体或是其他艺术体等。

第二，称呼。称呼要顶格写，一般请柬都会给你设计好格式，规定好称呼位置、正文位置及结尾落款的位置，大家只要根据要求填充就行了。称呼一般要写被邀请对象的姓名全称，如“××女士”、“××公司”等，即便全称字数太长，也不要轻易使用缩写，免得投递者将请柬发错了对象。

第三，正文。在书写商务请柬时，一定要将活动的内容写清楚：活动时间，要精确到分钟，以便应邀者准时到场；活动目的，是座谈会还是商务宴请，要写清楚；活动地点，在哪个会议室或是哪个酒店，门牌号多少，要准

确。另外，对应邀者要求也要注明清楚。

第四，结尾。结尾一般要对被邀请者进行礼节性的问候或是采用敬语，如“敬请光临”、“望您准时参加”等。

第五，祝颂语。就是要在正文结尾之后，表示对被邀者的美好祝愿等祝福语，如“祝您阖家幸福！”等。

第六，落款。落款时，要写上发出邀请者的姓名全称及发出请柬的日期。

相关的礼仪。

第一，讲究商务请柬的投递方式。商务请柬一般为了表示诚意要亲自登门递送，也可以采用邮寄的方式，但是最好不要托人转递。

第二，考虑对方方便与否。如在选择时间时，要考虑大部分人作息、日程安排等，一般将活动安排在晚间下班之后，或是法定休息日、节假日比较好。如果活动地点比较偏僻，或者他人不熟悉，则要在请柬上注明行走或乘车路线，方便应邀者到达指定地点。

第三，态度谦恭。这个一般体现在使用客套用语上，如对他人称呼时使用尊称，称呼自己时使用谦称等。

（三）启事的写法

商业启事就是公司或企业单位就工作活动或事件向大家公开说明，告知更多人的一种公告性的文体。

商业启事的一般性要求有：

第一，内容完整。内容一般包括标题、正文、结语及落款、日期等，要按照一定的格式，将上述内容完整地表述出来。

第二，书写简单、明确。简单，即能够让人一目了然，一下子抓住启事的主要内容；明确，即关于细节问题诸如地址、联系电话、招聘启事中对应聘者的要求等，都要写清楚。

第三，文字清晰，书写工整。如果是电脑制作的启事，一般没有这方面的

问题，如果是用手书写的启事，则在写字的时候要注意将字写清楚，写工整，方便他人阅读。

第四，明确启事目的。写启事之前，要弄明白是何种启事，是招聘启事、开业启事、还是搬迁启事等，然后按照一定的格式书写。

下面我们就商业活动中比较常见的启事，具体介绍商业启事的写法。

范例1：

招聘启事

北京一起文化公司因公司规模扩大，需要招聘一批新人编辑，新人实习期2个月，期满合格者，正式录用，招聘条件如下：

1.大专以上学历，新闻或中文相关专业者优先录用。

2.有编辑经验者优先。没有经验，文字功底好也可。

3.男女不限，年龄不限。

应聘人员将简历发送至×××邮箱，收到回复者，持简历、身份证、学历证明到×××面试。

面试时间：××年××月××日~××年××月××日

上午：8：30~11：30

下午：2：00~5：00

联系人：

电话：

范例2：

开业启事

本商店装修工程已告完工，定于××月××日正式开始营业，经营×××。欢迎广大顾客前来选购。

×××商店

××年××月××日

范例3：

迁移启事

由于我公司需要扩大经营规模，增加人员编制，从××年××月××日起我公司迁移到×××。现将新地址、电话通知如下：

地址：

电话：

××敬启（盖章）

××年××月××日

六、接待礼仪：周到热情，谦恭有礼

职场中，免不了要与他人或其他单位进行业务往来，人员前来洽谈公务或探访都是常有的事。如何为自己或者自己所在的单位树立一个好的形象，接待访客的礼仪不可忽视。

（一）接待时谈话的礼节

商务活动中，经常要进行商务往来，迎来送往是常有的事，那么在商务场合接待来访客人时，要注意哪些交谈的礼仪呢？

第一，客人来访时，应该热情相迎，并上前握手问候，比如“您好”、“欢迎光临”等礼貌性用语。

第二，认真倾听来访者的叙述。商业活动中，来访者一般都是“无事不登三宝殿”，因而在彼此寒暄之后，可以礼貌地问：“请问您今天到我公司有什么重要的事情要谈吗？”当对方在说明此次来访的目的时，不管客人的目的能不能被本公司接受，都要认真地听对方把话说完，不要表现出不耐烦或是没有兴趣的样子。

第三，巧妙回复来访者。对于来访者的意见或者观点，不要轻易表明态度，思考之后再回答，如果一时不能给予来访者答复的，与之约定一个时间再联系；对于来访者的合理请求，按公司规定有义务办理的事情，应该当场答应或立即办理，不要让来访者等待；当来访者的意图或者请求不能被公司接受时，最好不要当面回绝，可以委婉地说：“这个问题我们要仔细考虑一下，再给您答复好吗？”如果是当面回绝也要注意自己的语气、语态，说话时要表现出自己的谦恭及对对方的尊重。

第四，交谈中的谈话礼仪。接待客人时，谈话的表情要自然，语气要平和亲切。与来访者交谈，不可坐得太近，那会给人一种压迫感，让对方不自在；也不可坐得太远，使来访者产生一种疏远感。说话时，可以适当做些手势，但幅度不要太大，更不可手舞足蹈，有失分寸。谈话中如果遇有急事需要离开，应先向对方打声招呼，表示歉意再离开，处理完毕应马上回来，不要让客人等得太久。

第五，要结束接待，可以婉言提出借口，也可用起身的体态语言告诉对方本次接待就此结束。送走客人时，态度要谦恭，可以礼貌地为客人开门，并说：“我们会好好考虑您的意见，您请慢走。”

（二）奉茶与接待礼仪

商务交往中，客人来访时，接待客人的一般礼仪主要有以下几个方面。

第一，迎接客人。首先要清楚地认识到工作场合中大部分的来访者对公司来说都是重要的，应表现出友好与热情的态度。客人来访时，如果自己正在打电话或是忙于其他的事情，可以先向客人点头微笑，示意对方稍等一会儿，并且尽快处理好手边的事情，以免客人等得过久。与客人见面时，要礼貌地打招

呼，热情而亲切地问候。如果是陌生的客人，务必问清客人的姓名及公司或单位名称。

第二，为客人领路。与客人打招呼后，要问清楚客人所来何事，要找什么人，然后礼貌地为客人带路。在走廊中，接待人员应走在客人的两三步之前，配合客人步调，并让客人走在内侧；乘电梯时，接待人员应该先进入电梯，出电梯则要让客人先出；在客厅里，接待人员应指示客人坐下后，方才点头离开；上下楼梯时，接待人员应该注意客人的安全，上楼时让客人走在前面，下楼时让客人走在后面。

第三，客人来访时，如果客人所要拜访的对象由于工作不能马上接见时，要告知客人原因并征询客人意见，是否继续等待还是改天再来等。如果客人表示愿意等待，则应请客人就坐并奉上饮料招待。

第四，如果客人所要拜访的人不在时，要明确告诉对方被访者的去向及归来时间，征询客人是否需要为其转达消息或是请客人留下联系方式等。

商务接待时的奉茶礼仪。

第一，奉茶的时机。奉茶一般要等客人就坐之后，正式的谈话之前进行。

第二，奉茶时的细节问题。奉茶时，茶杯里的茶水不应太满，水温不宜太烫，以免客人喝茶时茶水外溢将手烫伤；上茶时，要面带微笑，以右手端茶，并从客人的右方奉上，放下茶杯时，眼睛要注视着客人，并说“您请慢用”等客套语。

第三，奉茶的顺序。商务奉茶要遵循一定的顺序来进行，一般来说要遵循先宾后主、先长后幼、先女后男、先上后下的先后顺序来奉茶。

（三）谦恭有礼的送客技巧

如果说迎宾是接待工作的序曲，那么送客就是接待工作的结束曲、压轴戏。因此，真正有经验的商务人士总是更加重视送客的礼仪，所谓“出迎三步，身送七步”，有始有终才是真正的送客之道。

在办公室，如果客人提出告辞，一般的客人可以请秘书代为相送，如果是特别重要的客人或是位高于自己的客人，则应亲自相送。

当客人提出告辞，在座的秘书人员，要等客人先起身，然后再起身，并且代客人取下衣帽或者协助他们穿上外套等。应先于客人走到门口，为客人开门，并用手势招呼客人出门，等客人出门后，自己再出门。可以站在门口相送，也可以将其送到电梯口或是大门外。与客人在门口或电梯口告别时，要面带微笑，与客人亲切握手，并说“欢迎下次再来”等客套语，然后目送客人离开，稍稍停顿或是等到客人移出视线时再返回。

商务交往当中，有的时候根据需要要对客人进行饯别式的送客礼仪。此时，主持者应该提前跟客人打招呼，并问明客人的饮食喜好或其他习惯来安排宴席，一切以客人为主。

为客人饯别时，要注意一些事项：饯别时间，一般选择客人离开的前一天，或者征询来宾意见，不要打乱来宾的行程安排或影响其休息；饯别时的陪同人员应该选择与客人的身份、职位相似或与客人部门相关的人员；饯别时的话题，可以就来宾此次见面所商谈的事情或今后双方的商务往来的美好祝愿或是表达惜别之意等。

餐毕离开时，主人一方要与客人一一握手话别，送客时一定要注意身体语言，微笑与细致的关照都会在无形中增进双方的好感，为将来的商务合作打下良好的基础。

七、会议礼仪：好的会议从周密的安排开始

会议是职场人经常经历的一项活动，一个正规的公司必定有一套正规的会议礼仪，员工在参加会议时，也需要讲究会议礼仪。

（一）会议准备礼仪

会议，即将相关人员组织起来，就日常工作出现的各种问题进行探讨、研究，以便做出正确的决策的一种活动。会前，要对会议的组织进行安排准备，大致有以下几个方面。

第一，拟定会议主题。会议的主题是会议的灵魂，是整个会议准备工作的指导思想。会议的主题明确了，才能够进行会议的其他准备工作。

第二，起草并发送会议通知。会议的主题确定下来之后，会议的形式、内容、目的、议程及人员安排基本明晰，接下来就是起草会议通知了。会议的通知包括：标题，交代大会名称，主要是要突出大会思想；主要内容，会议主要探讨的问题或会议的宗旨；会议时间及日程安排，包括大会开始的时间及结束的时间，会议发言人的顺序等；参会人员，即会议出席人员或单位的名称，也可以笼统地标明参会人员范围，如全体销售部成员、公司经理以上的管理人员等；会议地点及乘车路线，会议地点的详细地址要写清楚，必要时，可以将乘车路线、车程、车站等信息写明。将会议通知写好，确认准确无误时，将其打印出来，粘贴在布告栏上，或者将其复印出来，发给每个需要出席会议的人员手中。

第三，起草会议文件。会议之前，要将与会议相关的各项文件资料准备好，对于会议的主要资料，比如有关会议主题的主题报告等，要多复印几份，以便会议出席者人手一份，其他比较重要的会议资料有会议开幕词、闭幕词、会议主持人的演讲稿等，是会前必须准备的文件材料。

第四，布置会场。会场的布置要跟会议的性质及主题要求相符，比如，开表彰大会时，会场的布置要使会议氛围欢快、热烈一些；开总结会议时，会场的布置要使会场的气氛庄重、严肃一些。

第五，安排席位座次。会场座次的安排要按照前排尊于后排、中央尊于四周、左边尊于右边的原则来安排。在比较重要的会议上，主席台及各个出席者的座位上要用标签写上各就座者的名字，以免出席者找不到位置而乱坐。

第六，安排好会议记录工作。一般比较重要的会议都要安排人做好会议记录。会议记录的工作，一般由秘书或者公司文书来做。会议记录的内容包括：会议名称、时间、地点、主持者、出席人员、大会发言人及其发言的主要内容等。

第七，整理会议记录。会议结束后，会议记录者要将会议的内容整理成文件，以便保存。

第八，协助与会者离开。会议结束后，会议工作人员应该协助与会者散场，必要时，还要为与会者准备车子，送他们返程。

（二）参加会议礼仪

会议是现代职场处理工作的一个必不可少的环节，参加会议是现代职场人员非常重要的一项活动。那么参加会议时，需要注意些什么呢？

第一，提前到场。参加任何会议，迟到都是很不礼貌的行为，会让人怀疑你的专业素质，进而引发他人，尤其是你的老板的反感。参加会议之前，应该再三确认会议开始的时间，然后争取早几分钟到场。一般早到十分钟左右即可，太早或太晚都会让人觉得你没有时间观念。

第二，跟到场人员礼貌打招呼。当会议代表出来迎接你时，要和对方热诚地握手寒暄。如果会议室还有另一些人，要和其中最资深或最有影响力的人先打招呼，再一一与其他人打招呼。如果当你进入时，大家都起立致意，你也必须面带微笑简单回礼，或说“大家请坐”。如果你是会议主持者，可以先跟与会人员闲谈几分钟，让大家放松心情后，再进入主题；如果你只是个会议参加人员，则静候主持人的讲话即可。

第三，选择适当的座位就坐。一般大型的会议，会有会议服务人员为你安排座位。如果会议座位未被提前安排，则要自己挑选座位就坐。挑选座位有讲究，要根据自己的身份及在这次会议中所扮演的角色来进行挑选。如果你是会议主席，那么可以坐在主席台上的位置；如果你是会议发言人，那么可以坐在

会议前排靠近主席台的位置；如果你只是个参加会议的人，那么可以坐在稍后一些的位置。如果你是资深者，可以晚一点入座；如果你是资浅者，则应该较早入座，不要等到资深者让你坐时才坐。入座时，要保持身体平衡，自然而放松地入座。坐在座位上，也要保持良好的坐姿，不要东倒西歪，左右摇晃。另外，要尊重他人的活动范围。不要将自己的会议文件或公文包放在他人的桌面附近。他人在阅读文件时，不要过分靠近他人。

第四，懂得倾听。聆听别人说话，不仅是与人交际的一种礼貌，也是对他人的一种尊重。有些会议主管会根据与会者问问题的水准来判断其是否在专心倾听。适当的听话礼仪包括适宜的面部表情和肢体动作，如身体向前倾、移近、专注及表现出很有兴趣的样子等。适时地提出问题表示鼓励，同时不要未等他人将话说完就接过话茬或回答别人正在提的问题。如果有不清楚的地方，等对方讲完话，再发问。如果不同意对方的意见，也让对方说完，做简要的复述以确定你没有会错意，然后再合理地陈述自己的观点。绝对不要打断别人说话，这是一种极为粗鲁的行为。

（三）会议服务礼仪

在大型的或者正式的会议上，一般都要安排专门的人员，为与会人员进行服务，以便会议能够正常顺利地进行下去。

第一，会议前的服务礼仪。会议服务人员在会议之前，应该根据会议主办方的要求提前将会场布置好，包括主席台、参会人员的座次、音响、话筒、横幅、鲜花摆放等。要将会场的卫生搞好，发放面巾纸等物品。安排好会场入口指示牌，确保与会者找到会场位置。会议开始前半个小时，会议服务人员要提前进场，将会议音响等电器再确认一遍；并且准备好茶水。打开安全门、照明灯，并将音响打开，播放一些舒缓的音乐，派人站在门口，做好引导工作。

第二，会议中的服务礼仪。会议开始时，会议服务人员应该站在会场门口两侧，当与会者来时，用手指引与会者进场，并向与会者微笑、点头示意。与会者入座时，会议服务人员应该及时将茶水、湿巾等递上。给客人加水时，一般要在每次加水后的二十分钟之内。会议中，会议服务人员应该随时注意会场的电器运行情况并处理好会场突发状况。

第三，会议后的服务礼仪。会议结束后，会议服务人员应该及时打开会场通道，并站在通道两侧，礼貌地协助与会者离开会场。会议结束后，要及时做好会场的清理工作，若发现有与会者落下的物品，要及时交予有关部门。会议结束之后，会议服务人员不得将会议内容外泄，严格做好保密工作。

（四）会议结束礼仪

一个圆满成功的会议，必定是善始善终的，因而会议结束礼仪也同样不可忽视。会议结束礼仪主要有：开好闭幕式及做好送站工作等。

第一，开好闭幕式。一般会议结束时，都会有闭幕式，闭幕式是会议结束的标志。闭幕式是否圆满，是会议是否成功的一个重要标志。闭幕式一般要通过会议决议，这要充分征求会议代表的要求，以示尊重。闭幕式上，会有人提出合影留念的要求，一定要事先安排好摄影人员，合理安排拍摄事宜。

第二，做好送站工作。会议结束后，会务组要主动过问与会人员的返程安排等情况，不要置之不理。会务组应该根据与会人员的返程车次、航班等的具体时间，逐一做好送站的工作。必要时，还要为与会人员订车票、机票，确保与会人员能够按时回程。当与会人员离开时，要与其热情握手话别。

第六章　服务礼仪：主动热情服务，真诚以礼待人

随着社会的进步，人民生活水平的日益提高，各种各样的服务行业也如雨后春笋般地出现，并且正逐步发展、完善。不同行业在发展过程中也形成了各自丰富的行业服务礼仪。

一、营业员的礼仪规范：怎么做让顾客更称心

现代社会行业竞争越来越激烈，服务又是一个行业、单位的脸面、窗口。好的服务会让人心情愉悦，也更易于赢得消费者的青睐，因而，在接待顾客时，营业员须遵守一定的礼仪规范，对顾客进行规范化的、优质的服务是一门不可忽视的功课。那么，营业员在接待顾客的过程中，需要注意哪些问题呢？

第一，注意仪容仪表。营业员的形象在某种程度上代表着企业或单位的形象，因而，营业员的仪容仪表是不可忽视的一个重要环节。很多单位为体现统一性及专业性，会要求自己的营业员统一着装，统一妆容，这种统一，会给顾客一种信赖感。对于营业员的仪容仪表还有一个整体的礼仪规范，一般来说：穿着要整齐、干净、大方得体；女员工不宜穿过艳的服饰，可以化适当的淡妆，切忌浓妆艳抹；男员工头发长不过衣领，不留胡须，保持脸面干净；保持

干净的头发，梳理整齐，适量地使用一些定型发胶；鞋袜为黑色或深色，皮鞋每天擦拭以保持锃亮。最重要的就是要精神饱满，面带微笑。

第二，注意姿势。营业员的姿势礼仪包括站姿、走姿及手势。营业员的正确站姿应该是：脚跟合拢、脚尖自然分开呈30°；双臂自然下垂，双手交握于前，挺胸收腹；目光要自然平视前方；不叉腰、不双臂抱胸；不倚靠货架、不打哈欠、不伸懒腰。一般比较大型的商场里，营业员还有给顾客鞠躬的服务礼仪，鞠躬时，保持标准站姿，双手交握于胸前，上身微微前倾30°，然后辅以适当的手势引领顾客，并说“欢迎光临”。营业员的手势也有讲究，在介绍产品时，手指自然并拢，手掌斜向上方呈45°，以关节为轴指向目标。营业员的走姿亦有规范，走路时，抬头挺胸，双臂自然摆动，双眼平视前方，面带笑容，快步行走，给人以充满活力、自信向上的印象，切不可左顾右盼或盯着顾客上下打量。

第三，面带微笑。微笑具有无穷的威力，它能化解敌意，建立良好的人际关系；它能融洽彼此，使对方感觉到亲切、喜悦、舒畅；它能给营业员及顾客创造良好的沟通环境，加深彼此间的信任。营业员的微笑礼仪要求有：把眉头舒展开来，露出八颗牙齿，真诚而自然地微笑。营业员的微笑一定要是发自内心的，带上友好的眼神交流，不可只是机械化地张开嘴笑。

第四，营业员的言谈技巧。营业员在与顾客交谈时，要首先注意言谈的一般礼仪，如：说话时，态度要真诚谦恭，以示对顾客的尊重，让顾客觉得营业员在为自己着想；态度热情，不要感觉顾客没有要买的意愿，就冷落顾客，热忱的态度往往会让顾客停下脚步，但也要注意不可太过，以免有讨好之嫌，反而会引起顾客的反感；要认真、虚心地倾听顾客对产品的评论，多用肯定的话语来回复顾客；如果顾客提出的要求无法满足时，要用委婉的语气向顾客表达歉意，而不是不耐烦地指责。在与顾客交谈时，还要注意一些表情的配合，如：说话时看着对方面部“T”字区，表情要丰富，不要面带困倦，不要

走神等。营业员在与顾客交谈时，还要注意多用礼貌恭敬的文明用语，如“您好”、“很高兴能为您服务”、“欢迎下次再来”等。

第五，善用赞美。赞美是人际交往的一种手段，是拉近彼此距离的有效方式。每个人都渴望被赞美，营业员在与顾客交往时，要善于运用赞美来拉近顾客。营业员要善于发现顾客身上的优点，还要善于体察顾客的内心需求，然后态度真诚地给予顾客赞美。赞美顾客时，要做到自然不做作，要把握赞美的时机，在交谈中巧妙地赞美顾客，要赞美顾客身上存在的事实，不可胡乱捏造。

二、美容师的礼仪规范：让自己的美由内绽放

现在越来越多的人开始注意养生美容，越来越多的养生店、美容店遍布于城市的大街小巷，从事美容这个职业的人数日益增多。美容业是一个服务性的行业，要服务人民，必然遵守一定的服务礼仪规范，那么规范的美容师礼仪都有哪些呢？

第一，良好的气质及风度。一个专业的美容师在人们心目中的印象应该是：具有典雅的风度、端庄的举止、文雅的谈吐，接人待物时，要彬彬有礼、落落大方。美容师在一天的工作和生活中，会遇到许多麻烦、困难或不愉快的事情等，这就要求美容师要有稳定的情绪，在遇到困难时能够保持冷静的态度，工作中容易与人相处，随时让人觉得愉快、喜悦，这都需要对生活具有健康、积极的心态。要做到这一点就要学会控制自己的脾气，稳定自己的情绪，保持一种亲切待人的态度，必要时可以运用自嘲、黑色幽默来缓解矛盾，避免尴尬。

第二，正确的站姿、坐姿与走姿。美容师在工作场合尤其是在接待顾客

时，要保持良好的姿态示人。良好的姿态包括正确的站姿、走姿与坐姿。正确的站姿应该是：挺胸、收腹、提臀，保持躯干的端正直立；面部表情自然放松，目光自然平视前方，面带微笑；双臂自然下垂，双手伸开，指尖自然垂放在大腿两侧；双腿自然直立。正确的走姿应该是：身体挺直，保持站立时的姿势，提臀，用大腿带动小腿，步伐与呼吸配合成有规律的节奏，平稳地向前迈进。女性穿礼服、裙子或旗袍时，步子要迈得小一些。遇到客人要主动让路，并主动微笑着说："您先请。"美容师在美容院走姿的总体要求是：轻、稳、灵活。正确的坐姿应该是：上体保持站立时的姿势，将双膝靠拢，两小腿稍稍分开或不分开；或者两腿上下交叠平放，脚尖悬空朝下也可。听客人讲话或为其服务时，上身可稍稍前倾；讲话时，目光要柔和地注视客人，不可心不在焉，东张西望。

第三，与客人交谈的技巧。作为一名优秀的美容师，在面对顾客，与顾客交流时，必须掌握一定的技巧。交谈时，用柔和的目光注视对方，面带微笑，并通过轻轻点头表示理解客人谈话的主题或内容。做到声音柔和、悦耳，吐字清晰，表达准确。称呼客人时，要多称呼客人的姓氏，如"某先生"或"某小姐"等。讲话时，要经常使用"请"、"您"、"谢谢"、"对不起"、"不用客气"等礼貌语言，不准使用蔑视性和侮辱性的语言，不开过分的玩笑。对客人的问询不能回答"不知道"，的确不清楚的事情，要先请客人稍候，再代客询问，或请客人直接与相关部门或人员联系。无论何时从客人手中接过的任何物品，都要说"谢谢"，对客人造成的任何不便都要说"对不起"。客人说"谢谢"时，要答"不用谢"或"不用客气"，不要毫无反应。

第四，高超的手艺。顾客花钱都是希望得到最好的服务，因而对于顾客来说，一个美容师好不好，跟他（她）的手艺好不好有不可分割的联系，美容师的礼仪中应该包含着给顾客最好的服务这项礼仪要求。美容师应该在接受公司培训的时候，使自己的技艺精益求精，为顾客服务的实践活动中也应

该不断地学习，与顾客进行良好的沟通，让自己的技艺在服务活动中不断得到提高。

三、医护人员的礼仪要求：让病患和家属对你更信任

医护人员是保护人类健康的“白衣天使”，医疗是一个特殊的服务行业，在人类生活中不可或缺。医护人员也要讲究礼仪，那么医护人员的礼仪有哪些呢？

第一，讲究仪容仪表的修饰。医护人员的仪表既是医护人员个人的形象，也是一个医疗机构外在形象的体现。它不仅反映了医护人员个人的修养、精神风貌、工作态度等，也反映了一个医疗机构的正规、专业与否，因而要特别注意。医护人员仪容修饰的基本要求是：干净整洁、简朴大方。头发：要长度适中，梳理整齐，男士不留长发、不剃光头；女士前不遮眉、后不过肩、侧不掩耳。面部修饰：男士保持面部干净即可；女士可以适当化些淡妆，素净雅致就行，不要浓妆艳抹。要保持眼、鼻、口、耳部的干净卫生，要做到无分泌物，无破损、污渍，无异味等。手与指甲：医护人员要特别注意手部卫生，勤洗手，忌留长指甲，平时要注意手的保养，避免手部皮肤粗糙、干裂、红肿。

第二，讲究服饰礼仪。医护人员着装的总体要求是：干净、整洁、卫生、统一。医生一般要统一穿白色大褂，必要时要带白色口罩；女护士一般要带白色护士帽，穿白色医裙，必要时带白色口罩，也有的医院采用天蓝色。卫生行业对医护人员在工作岗位上的服饰提出统一的要求和限制，将会提高医护人员的认识，促进医护人员服饰规范化的同时，提高医护人员的个人素质。

第三，医护人员的神态要求。医护人员要恰当运用神态姿势与病人进行交

流。医护人员在与病人交流时，目光要柔和，面部表情要温和亲切、沉稳自然、谦恭友善。医护人员还要善用微笑，拉近与病人的距离，取得病人的信任，从而更好地开展治疗、护理工作。微笑也要讲究技巧：不要在病人痛苦时微笑；要适度微笑，不要强颜欢笑、假笑，或皮笑肉不笑，更不要无节制地大笑。

第四，医护人员的姿态举止要求。医护人员在工作中要非常注意自己的举止姿态是否合乎礼仪要求。医护人员在碰见病人及病人家属时，要礼貌地向对方行“致意礼”。行“致意礼”时，可以采用点头致意或欠身致意，点头时，保持上身直立不动，先仰头后点头；行欠身礼时，上身微微向前一躬，弯身5°，目光正视对方。在引导他人时，要注意正确的引导手势，一般要五指并拢，手心向上倾斜45°，肘与身体的夹角45°，指向所走方向。坐姿：女性落座时，应在椅子面前直立上身，右脚后迈一小步，右手整理裙摆，顺势坐下；坐下后，并拢双脚，小腿微微后收，双手轻握，自然放在腿上；男士整理大衣下摆，自然落座，双腿自然平放，双手自然交握，置于桌面。站姿：医护人员在站立时，要挺胸收腹，双肩稍微向后舒展，双手自然下垂或在腹前相握，双脚并拢，嘴巴微闭，眼睛平视前方，身体挺拔，自然直立。走姿：上身保持站立姿势，双臂前后摆动、摆幅不超过30°，步履轻盈、步伐大小适中，尽量走直线。行走时不要左顾右盼，不要突然停下，不要与人抢道。护理工作中各种姿态：端送及持治疗盘时，双手托握治疗盘，肘关节呈90°，贴近身体前部；持病历时，一手持病历卡，轻放在同侧胸前，稍外展，另一手自然下垂或轻托病历卡下方；推治疗车时，双手扶车，身体稍微前倾，用力均匀，避免声响。

第五，医护人员的言谈技巧。医护人员在与病人或病人家属交谈时，要讲究语言技巧：接待患者时，态度平和，语调亲切；对危重、创伤患者，不能有厌恶表情；对不治之症的患者，给予同情、安慰、鼓励，帮助其树立战胜疾病

的信心；诊治完毕后，对患者说“祝您早日康复”等祝福语。医护人员还要尊重患者及其家属的知情权，根据需要及时通报病情、诊断及治疗情况；应清楚明了地告诉患者及其家属处方药与手术的疗效及风险等情况，让其清楚明白地就医、诊断。医护人员还要保护患者隐私，即患者的个人病情、发展状况及其治疗方案等，不得擅自外泄。

四、导游应具备的礼仪：一心一意为游客服务

目前旅游业已是一个发展得相当完善的行业，对于导游这个特殊的群体，他们在日常工作中，也有一套完整礼仪规范需要遵守。那么，导游的基本礼仪有哪些呢?

第一，导游的仪容修饰规范。良好的卫生习惯，干净的仪容修饰，不仅是导游个人文明素质的体现，也是导游职业礼仪的基本要求。导游在工作中，要具体做到：保持头发清洁，梳理整齐，长短适宜，不搞奇形怪状的发型；要保持牙齿清洁，保持口气清新，早晚刷牙，饭后漱口，带团时忌吃葱蒜等辛辣有异味的食物，随身携带口香糖，以备不时之需；保持面部清洁，女士略施淡妆，男士修剪鼻毛，不留胡须；保持手部清洁，不留长指甲，不涂有色指甲油。

第二，导游着装礼仪。导游在着装方面需要遵循一定的礼仪规范。导游着装的总体要求是：朴素、整洁、大方、便于行走等。带团时，导游的服装穿着不可过于时尚、怪异或花哨，以免喧宾夺主，使游客产生不必要的反感。导游的衣裤应平整、挺括，特别要注意衣领、衣袖的干净。袜子应常换洗，不得带有异味。男士不得穿无领汗衫、短裤和赤脚穿凉鞋参加外事接待活动。女士赤脚穿凉鞋时，趾甲应修剪整齐。穿裙装时，注意袜口不可露在裙边之外。无论

男女，在室内都不可戴墨镜，如有眼疾非戴不可，则应向他人说明原因。带团时，一般除了订婚、结婚戒指外，不得佩戴其他首饰。

第三，导游的姿态礼仪。导游工作中的规范仪态是优雅大方，既活泼又不失稳重，具体包括：站姿、坐姿、走姿等几个部分。站姿：导游的站姿应该自然稳重。站立时，身体直立，挺胸收腹，双肩微微向后舒展，双臂自然下垂，双脚稍稍张开与肩同宽。坐姿：导游坐姿的一般要求是端庄、稳重。即便是在行进的汽车上，导游也应注意保持规范的坐姿，双手可搭放在座位的扶手上，或交叉于腹前，或左右手分放于左右腿之上。双腿自然弯曲，男士两膝相距一拳为宜；女士双膝应并拢。切忌前倾后仰，东倒西歪，不高跷二郎腿，脚底示众，不随意抖动腿脚。走姿：导游在工作中要非常重视自己的行走姿态。带团时，导游上体挺直，抬头含颔，收腹挺胸，身体重心略向前倾；双肩放松，两臂前后自然摆动；步幅适中、均匀，步位平直。行进中，避免弓背、哈腰、斜肩、左右晃动、双手插袋、步伐滞重，更不得随意慌张奔跑。

第四，导游的说话礼仪。导游语言的一般性礼仪要求有：得体、礼貌、谦恭。所谓得体，就是言语运用要妥当，有分寸。得体的导游语言必须符合导游的角色身份，以真正体现对游客的尊重。在带团过程中，应多用敬语和服从语以及委婉、征询的句式与游客交流。得体的另一方面因人、因地、因时而异，导游在讲解时应充分考虑游客的文化背景、认知水平、兴趣爱好及职业特点等异同，并据此有针对性地决定内容的取舍和表达方式，以提高游客的接受和理解能力。礼貌上包括见到游客时的礼貌问候及致意，旅途过程中，经常使用祝福语、服从语、委婉语等敬语。谦恭，可以表示在作自我介绍时的谦恭，也可以表示在与游客交往过程中的谦恭。工作中，要处处体现着对游客的关怀及尊重，以服务于游客为宗旨。

第五，导游带团时的一般性礼仪。导游带团过程中的一般性礼仪有：守时守信、尊重游客、认真负责等。遵守时间是导游应遵循的最为重要的礼仪规

范。旅游者参观游览活动都有一定的行程安排并有较强的时间约束，因此为了确保团队活动的顺利进行，导游必须尽早将每天的日程安排明白无误地告知每位游客，并且随时提醒。同时自己应该根据时间，提前到达集合点等候游客。导游还应该诚实守信，答应游客的事情就应该按时做到。导游带团出游时，一定要尊重游客的宗教信仰、风俗习惯等，特别注意游客的礼仪禁忌，这要事先查阅资料，做到心中有数。导游对于游客要在一视同仁的前提下，优先照顾老弱病残者，多听取游客意见，做到以礼相待。导游在带团过程中，要认真负责，注意游客的人身安全及财产安全问题。在一个景点结束后，一定要清点人数，确保全数，还要提醒游客检查自己携带的包袋财物等，如有丢失要协助找回。

五、律师不可不知的礼仪：展现你的专业素质

律师在工作的过程中除了展示自己的勤奋、敬业、智慧、激情与人格魅力外，讲求必要的礼仪也相当重要。那么，律师的礼仪有哪些呢?

第一，律师的仪容礼仪。律师的仪容即是律师的面子，体现着律师个人的文化修养及专业素质的水准，因而不可忽视。清洁卫生是律师仪容礼仪最基本的要求，一个不修边幅、胡子拉碴的律师，很难让人相信他会有什么专业水准，因而会失去他人的信任。为做到清洁卫生，律师就应该在平时的生活中养成良好的卫生习惯，勤洗头洗澡、勤换衣服；早晚刷牙，饭后漱口；经常修剪指甲、修整鼻毛；经常清洗眼角、耳郭，避免分泌物外溢等。此外，律师还要注意妆容的整齐、自然、素净、大方。男士不留长发，不蓄胡须，头发梳理整齐，不梳怪异发型，适当涂些护肤膏，不要让脸部皮肤太干涩或油光光的；女士头发保持干净整洁，有自然光泽，不要使用太多发胶，发型大方、高雅、得

体、干练，前发以不遮眼遮脸为好，略施薄粉、化淡妆。

第二，律师的服饰礼仪。服饰在一定程度上反映出了一个人的社会地位、身份、职业、收入、爱好、个性、文化素养和审美品位，成为一张特殊的名片。作为提供法律服务的律师，展现给公众的一般都是一丝不苟的西装革履的形象；作为一位刑事辩护律师，不仅面对的是民事领域、商业领域的人士，更多的是在羁押场所会见处在比较“低沉、严肃、阴郁”的气氛下会见嫌疑人，一般要穿得自然、平和、休闲一点。一般法庭出庭时，男律师可穿着休闲正装前往，但避免太艳丽；女律师应在摒弃较为正式的商业套装的前提下，穿着较为温柔、大众的服饰，但不得过于休闲与性感。重大案件等开庭时，穿着肃穆的刑事辩护律师袍。

第三，律师的举止礼仪。律师的举止礼仪包括握手致意、站姿、坐姿、走姿等。律师在法庭上，要与法庭的法官、审判员、人民陪审员、书记员、代理人等握手打招呼致意，这是一种出庭的礼节。与他人握手时，目光注视对方，微笑致意，不可心不在焉、左顾右盼，不可戴帽子和手套与人握手，握手一般不超过3秒钟。站姿：站立时，身体应与地面垂直，重心放在两个前脚掌上，挺胸、收腹、收颌、抬头、双肩放松。双臂自然下垂或在体前交叉，眼睛平视，面带笑容。坐姿：腰背挺直，肩放松。女性应两膝并拢；男性膝部可分开一些，但不要过大，一般不超过肩宽。双手自然放在膝盖上或椅子扶手上。入座时要轻柔和缓，起座要端庄稳重。走姿：轻而稳，胸要挺，头要抬，肩放松，两眼平视，面带微笑，自然摆臂。律师在控辩的过程中还要注意神态、手势的配合，力求做到沉稳、庄重、严肃、严谨。

第四，律师的说话礼仪。律师说话除了要有严谨的思维逻辑、不可辩驳的说服力之外，也要注意一些说话的礼仪。如在法庭上遇见法官、审判员等人员时，要礼貌地打招呼，与出席法庭的其他人员互动时，要多使用敬语，以此赢得他人的好感，打消他人的顾虑。

六、宾馆服务人员的礼仪：如何做让客户更满意

宾馆服务是指宾馆服务业利用专门的设施、设备为消费者提供的住宿、餐饮、娱乐、购物、健身等服务。宾馆服务中，服务人员的礼貌和礼仪对企业形象，以及消费者对产品和服务的认可度有极大的影响。宾馆服务礼仪需要注意哪些呢?

第一，整体的环境要求。整洁、安静、幽雅是宾馆环境的整体要求。宾馆环境以整洁为第一要素，应时刻保持窗明几净，地面清洁，装饰完好，使刚入住的客人有良好的第一印象，使常住客人有始终如一的感受；宾馆的内部环境应尽可能地保持安静，避免噪声，窗户应密封完好，或是用双层窗，以减少外部噪声的干扰，以免影响客人的正常休息、活动；宾馆的环境氛围是由建筑装饰、环境布置、灯光照明、背景音响、宾馆主色调以及服务人员仪态等因素构成，应使人有和谐、雅致、独特的感受。

第二，宾馆服务人员的礼仪。宾馆服务人员的礼仪包括仪容仪表礼仪、举止仪态礼仪、说话礼仪等方面。

仪容仪表礼仪：宾馆服务人员仪容仪表礼仪的一般性要求有：统一着装、干净整洁、适度妆容等。宾馆中，一般都会为它的服务人员统一配备工装，员工只需保持工装的整洁、整齐即可。宾馆服务人员应勤洗澡、勤换衣，保持个人的清洁卫生；上班前不吃葱、蒜、韭菜等有浓味、异味的食物，不用刺鼻的香水，以清新的姿态出现在客人面前。宾馆服务对员工的容貌有一定的要求，以朴素大方、淡雅自然为原则，杜绝浓妆艳抹、过分招摇。宾馆对员工的发型、面部修饰、指甲、首饰等都有所要求，员工应严格遵守。

举止仪态礼仪：宾馆对服务人员的仪态要求主要是正确的站姿、坐姿和走姿。要求服务人员站有站相，坐有坐相，走有走相，给人精神饱满、热情洋溢之感。站姿：应该自然稳重，站立时，身体直立，挺胸收腹，双肩微微向后舒展，双臂自然下垂，双脚稍稍张开与肩同宽。坐姿：应该大方得体，身体保持站立时的姿势，将双膝靠拢，两腿稍稍分开或不分开；或者两腿上下交叠平放，脚尖悬空朝下也可。走姿：上身保持站立姿势，双臂前后摆动、摆幅不超过30°，步履轻盈、步伐大小适中，尽量走直线。行走时不要左顾右盼，不要突然停下，不要与人抢道。另外，宾馆服务人员在为顾客服务时，还要注意恰当的手势运用及面部表情的配合，做到礼貌谦恭。

说话礼仪：宾馆服务人员在语言表达中要注意用语得体、礼貌谦恭、热情灵活，满足客人自尊心的需要，要让客人感到处处受到尊重。首先要使用正确的礼貌称呼语来称呼顾客，如称男士为“先生”、“同志”等，称女士为“小姐”、“夫人”、“太太”等。见顾客时，要常用敬语来问候客人，如“您好”、“您早”、“欢迎下次再来”等。宾馆服务人员说话时，还要注意热情灵活，语言表达应富有感情，随机应变，不能机械地背诵服务用语。此外，有礼有节，即尊重客人的同时，服务人员亦应注意自己的人格尊严、民族尊严，不说有损于国格、人格的话，不说低三下四、谄媚奉承的话。

第三，宾馆中不同岗位的礼仪。宾馆服务中，不同的岗位有不同的工作要求和工作重点，对服务人员的礼仪规范要求亦有所差异。宾馆主要服务岗位的礼仪要求包括以下几个方面。

迎宾员：精神饱满、仪容端庄；主动热情地向来往客人致意，为客人提供乘车、叫车服务，主动关心老弱病残幼宾客；主动帮助客人解决困难，不可故意回避。对来宾馆办理各种事务的人员应与住店客同样对待，对宾馆的常住客或老客户，要尽量记住其姓名和恰当的称呼。

行李员：仪表整洁、热情礼貌。主动向有行李的客人致意，如客人要自己携带则不勉强。接行李后应轻拿、轻放，及时检查、清点、核实，以免出现差错；在陪同客人办理入住手续时，应站立于客人身后约1. 5米后，替客人看管

行李，手续办妥后，主动替客人领取房门钥匙，送客人去房间。进房后，将行李放在行李架上，或是按客人要求放好，并请客人核实。帮助客人讲解客房设施的使用方法，如客人无其他事情，则礼貌告别客人，不可故意留滞或索取小费。

前台接待员：仪表整洁，精神饱满，热情大方。应面带微笑主动问候客人，按规定为客人办理入住手续。礼貌地查验客人的相关证件，并表示谢意。当较多客人同时抵达时，应按顺序办理入住手续，并招呼等待的客人，以示安慰。办完客人的入住手续后，应将相关事项逐一向客人陈述清楚，提醒客人有无贵重物品需要寄存，然后将钥匙递给客人或行李员，向客人道别。对无法安排住宿的客人，应向客人致歉，并解释其原因。

结账员：仪表整洁，服务热情。客人结账时，应收款项需当面向客人说清，结账完毕后应向客人表示谢意。对客人的提问应耐心解释，对一些客人提出的无法解决的问题，要委婉拒绝，尽量不要发生正面冲突。结账应迅速、准确，尽量减少客人等待的时间。结账客人较多时，应注意先来后到。

客房服务员：仪表整洁，举止大方。打扫客房时，应尽量在客人外出时进行。进门前应先敲门，征得客人同意方可进房打扫。如果连敲三下，房内无人应答，可用钥匙打开房门，如客人正在睡觉，应立即退出，如无人则可开始打扫房间。打扫客房时，应将客人的物品放在原来的位置上，打扫时不得随意翻动客人的物品、文件。在走道与客人相遇时应主动示意、打招呼、让道。

第七章　家庭礼仪：家人互敬互爱，家庭温馨和睦

家是每个人停靠栖息的港湾，家庭成员相互之间应该相处融洽，形成一个良好的家庭氛围，这就要讲究一些家庭各成员之间的相处礼仪。

一、美满夫妻的相处礼仪

家庭是社会的核心，家庭中夫妻关系又是整个家庭关系的核心。如何处理好夫妻关系，关系着整个家庭的幸福、和谐与否，因此，有必要了解夫妻之间的相处之道，让夫妻关系更和谐，让整个家庭更幸福。

很多恋人在恋爱时，能够彼此尊重、互相体贴，但在结婚之后，常常因为日常琐事的干扰，同时又不懂得经营彼此的关系，不愿在细节上关怀对方，给予对方一定的关心与体贴，或者不注意方式，大而化之，而将彼此的感情葬送。其实，只要稍稍花费一点心思，稍稍注意一下平日说话的方式，就可以让感情长久地持续下去。

（一）互敬互爱，相敬如宾

有道是“百年修得同船渡”，情侣之间能够走向婚姻，本身就是一种缘分，应该互相珍惜，相敬相爱，让彼此的爱情之花在婚姻的保护伞下，常开常新。

第一，互相尊重。婚姻里的双方，都有彼此独立的人格，应该彼此尊重。首先，要在尊重彼此的前提下，吸收对方好的生活习惯，改正自己不好的或者错误的生活习惯，比如，有些丈夫不拘小节，喜欢将随手脱掉的臭袜子和脏衣服放在一起，妻子要在尊重丈夫的前提下，委婉地告诉丈夫，不要将袜子跟其他衣服放在一起，以免交叉感染。其次，要尊重彼此的民风民俗及信仰，比如，妻子是汉族，而丈夫是回族，则妻子要尊重丈夫不吃猪肉的习惯，平时要注意尽量少吃猪肉；再如，丈夫是无神论者，而妻子是虔诚的基督徒，则丈夫要尊重妻子的信仰，不要打击、嘲笑妻子，或者说一些不尊敬妻子信仰的话语。再者，家庭中比较重要的事件或者决定，夫妻双方要互相商量，双方有平等的发言权及决定权。

第二，相互爱护。夫妻之间应该相互爱护，互相体贴。一个爱意的眼神，一句温柔的话语，能够让彼此的心里充满爱意。妻子在外要维护丈夫的尊严；丈夫要呵护妻子，保护妻子。

第三，相敬如宾。夫妻中的双方应该意识到，配偶不是自己的附属品，更不是自己的仇人，应该相亲相爱，相敬如宾。平时说话、做事，要注意方式，要多考虑对方的感受，对待自己的伴侣，要像对待自己的亲密朋友一样。

（二）用鼓励和赞美的语言

俗话说：“良言一句三冬暖，恶语伤人六月寒。”一句赞美的话语，可以使人在天寒地冻的冬天都能感觉到温暖。所以，夫妻之间不要吝啬你的赞美，让赞美成为增进彼此感情的催化剂。

“金无足赤，人无完人。”每个人都是不完美的，指责跟命令式的批评是否能够取得预期的效果呢？答案当然是否定的。每个人都不希望被人指责，都希望被他人肯定。心理学家卡内基说过一句非常精辟的话：“要想改变一个人而不引起伤害的第一个原则就是从赞扬跟感激开始。”曾经听到一个妻子抱怨丈夫懒，家务活从来不干，后来邻居大姐给她支招，让她时不时赞美一下老公，比如，两人在外的时候，妻子就跟邻居说：“我老公懂得心疼人，在家还帮我干家务活呢！”或者当老公的面跟子女说：“你爸爸做的饭可比你妈妈做得好吃多了，不信问你爸爸。”如此，几次下来，她老公人变得勤快多了，每次做家务都抢着干，夫妻之间的关系也更融洽了。赞美是一剂良药，可以让女人变得更美丽，男人变得更温情。

赞美有利于夫妻之间的沟通，愿每一对夫妻在赞美中化解矛盾，在赞美中升华爱情，在赞美中保持婚姻的永恒！

赞美不一定要郑重其事，一个赞许的眼神、一个深情的拥抱、一句夸奖的玩笑，都可以让对方心动感激。夫妻生活中要常常挖掘对方身上的闪光点，并适时赞美，让彼此的感情在赞美声中和和美美地进行下去。

（三）相互信任，给彼此空间

夫妻之间除了相互尊重，相互爱护之外，还要相互信任，给彼此相对独立的空间。现代社会的竞争非常激烈，人与人之间的交往也非常便捷、密切，这是社会发展的必然，也是人类情感交流的必要。夫妻双方中的每个人，都要有自己的生存与发展空间，都有各自的行为方式，这就要求夫妻双方尊重彼此的想法及选择，给自己的爱人充分的信任，让彼此都能自由、友好地发展下去。要相信自己的爱人，同时也相信自己的选择，毕竟自己的爱人是自己选择的，相信他（她）就是相信自己。不论自己的爱人在外面做了什么事，即使是单独和异性接触，也不要胡思乱想，要对自己有信心；当听到别人对自己的爱人评头论足，特别是一些不好的言论时，要沉住气，千万不要因此对自己的爱人产生怀疑，乱了方寸，同时还要对于污蔑自己爱人的人，予以恰当的反击，如：“我的爱人我知道，我相信他（她），谢谢您的忠告。”相信对方也会知趣而退。如果自己实在是有点生气或者怀疑，也不要当着外人的面争吵或者质问，回到家里再平心静气地沟通，是不失涵养的做法。

（四）换位思考，共同分担

夫妻之间除了要相互尊重、相互信任之外，还有一个重要的相处法则就是要共同分担，时不时换下位，站在对方的角度来思考，共同承担家庭的责任。

现代社会已经不是男主外、女主内的社会了，男女双方都有自己的事业及交际圈子，双方都有自己的收入来源，共同承担着家庭的经济责任。因而，在家务的分工上，也要合理分配，而不要让家庭的某一个成员独自承担。在中国传统的观念里，家务似乎是女人的天职，是女人应尽的义务，这是不公平的，在现代社会也是行不通的。女人有权利要求丈夫分担家务活，而且，作为男人也应该懂得体谅并主动承担一部分的家务活。

大凡和睦的家庭都能和睦地处理好此类问题，对于家务活是闲者多劳，相互体谅。如果丈夫的工作比较清闲，或者回来得早，则丈夫下厨将饭做好，将该洗的衣服洗好，该搞好的卫生搞好，等妻子回来轻轻松松地吃饭，那妻子的心情肯定是非常高兴的；反之，如果妻子回来得早，或者工作比较清闲，则妻子将家里的一切事情打理好，让丈夫回家能够好好地休息一下。等把一切都做完之后，夫妻两人再去打发剩余时间：或看看书籍，或听听新闻，或出去散步等，这样的生活永远是有滋有味的，夫妻也不会因为家庭琐事而吵吵闹闹。

二、和气公婆的相处礼仪

婆婆是一位与自己没有任何血缘关系的人，只是因为双方共同爱的一个男人而成为了一家人，对于这位特殊身份的母亲，我们应该如何与之友好相处呢？

（一）做公婆眼里的“甜姐儿”

跟婆婆相处最简单，也最实际的方法就是嘴巴要甜。俗话说：“伸手不打笑脸人。”与婆婆相处就应该经常笑脸示人，经常说些好话，经常说些赞美婆婆或者赞美他儿子也就是自己丈夫的话，哄婆婆开心。无论是在家里还是在街坊邻居之间，遇见婆婆要亲热地叫“妈”，并且要发自内心认同她是自己的“妈妈”。回家进门时，说：“妈！我回来了。”出门时也要记得跟婆婆打声招呼：“妈！我去上班了。”临时外出也要告知婆婆你的去向，并说明回来的大概时间，让婆婆心里有数。也许婆婆做的菜并不合胃口，但是也可以用赞美的话委婉地提出意见，如：“妈！您的手艺真好，比我妈做得好吃，只是这道菜有点淡呢，好像盐放得有点少。”总之，与婆婆相处要尽量避免正面冲突，给予婆婆足够的尊重，要经常地说些好话，巧妙地化解矛盾，表达意思，做婆婆眼里嘴巴甜甜的“闺女”。要经常地向婆婆表达感谢，如：“妈，谢谢您送给我这么好的老公。”或者“妈，您在家带孩子、做家务太辛苦了，谢谢您！”你的婆婆一定会非常感动和自豪的。

（二）学会有理也要让三分

与公婆相处，时间一久，难免会有矛盾，遇到矛盾或者冲突，不管有理还是无理，都要先礼让三分。公婆毕竟是自己的长辈，尊老爱幼是中华民族的传统美德，也是现今社会最基本的道德要求，应该给予公婆最起码的尊重。因而，婆媳之间一旦发生矛盾，造成摩擦，无论谁对谁错，作为媳妇的一定要先忍让，千万不可针锋相对，否则，只会将事态的矛盾进一步扩大，以至于无法收场。发生冲突的时候，你应该保持头脑冷静，让事态朝着有利于双方关系的方向发展，对于没有任何意义却会伤害彼此感情的话语则应该尽力克制不说。婆婆说话的时候，自己只管听着，不要反驳或者置之不理，等事后双方的心绪都平和了，再平心静气地探讨矛盾的起因及解决的办法。如果自己也有错，应该真诚地向婆婆道歉，并求得谅解；如果是婆婆错了，不要指责或批评，巧妙地回避批评，并提出解决问题的办法是非常大度的做法。

此外，婆媳双方有了意见、冲突，切不可向邻居、同事或朋友乱讲。纸是

包不住火的，迟早会传到婆婆的耳朵里，给自己今后的婆媳关系埋下祸根。有事多与自己的母亲或丈夫沟通，但要切忌抱怨婆婆或者倾诉对婆婆的不满，自己的母亲是过来人，也曾是别人的媳妇，会给你提供一些中肯的忠告。有些事情让丈夫去说，比自己跟婆婆说，效果来得更好，聪明的媳妇，应该学会利用丈夫这个婆媳之间的“润滑剂”。

（三）多给公婆留面子

每个人都有虚荣心，每个老人的虚荣心都来源于自己的下一代，自己的下一代出人头地了，自己的虚荣心也就满足了，自己的公婆当然也不会例外，因而，处理好与公婆的关系的一个好办法就是要让他们觉得他们有你这个媳妇是一件很有面子的事情。

让公婆觉得有面子的事情之一是，自己的媳妇比别人的媳妇能干。这个可以作为媳妇们的一个自我激励法，要好好学习，努力提高自己的专业技能及业务能力。这不但对自己是一个很好的鞭策，也是赢得他人尊重，公婆喜爱的很好方式，何乐而不为呢?

让公婆觉得有面子的事情还有周围人对于自己媳妇的夸赞。公婆出门，街坊邻居都夸奖自己的媳妇，公婆当然会眉开眼笑，合不拢嘴了。媳妇要想赢得周围人的夸赞，最重要的事情就是要跟街坊邻居搞好关系，用自己的个人魅力去征服他们。

让公婆有面子还有一种做法就是，在他人面前要做公婆的“乖乖女”，处处体现对公婆的尊重及孝顺，使周围人都羡慕自己的公公婆婆，那会让公婆的虚荣心得到极大的满足。

公婆在外面的虚荣心得到满足了，也就会更加珍惜、疼爱自己的媳妇了，公婆之间的关系也会越来越融洽。

三、幸福子女的相处礼仪

父母是孩子的第一任教师，父母在日常生活中的点点滴滴被孩子看在眼里，记在心里，并且作为日后行为的一个模仿标准。父母的言行举止对于孩子的性格、习惯的形成产生了重大的影响，因而父母在与子女相处时，要讲究方法，讲究礼仪。

（一）以身作则，言传身教

父母是孩子的第一任教师，是孩子思想的启蒙者，父母对孩子的性格形成，心理成长有着潜移默化的影响。每个孩子的身上都或多或少地印有他们父母的痕迹，孩子从小就会将自己的父母当做学习的典范，加以模仿。

家长的一言一行、一举一动都有可能会对孩子的性格产生影响，因而父母在孩子面前就要以身作则，平时在家要运用文明的语言，以良好的行动去影响孩子，为孩子树立一个值得信赖、值得模仿的好榜样。常言道：“近朱者赤，近墨者黑。”父母的人生观、价值观以及为人处世的方法都会被子女加以吸收或者不同程度地“继承”下来。

父母教育孩子的最好、最有效果的方法就是言传身教，以自己的言行去感染孩子，引导孩子，例如，在孩子面前要注意自己的说话方式，不说违背社会公德的话，不说粗鲁缺乏教养的话，孩子也就潜移默化地将说脏话、粗鲁的话当做一件错误的事而加以避免。父母之间有矛盾不要当着孩子的面吵架，要互相谦让、体谅，互相关怀，则子女也会养成谦虚、体贴的好习惯。父母对孩子说过的话，承诺孩子的事情一定要尽量兑现，任何时候不要对孩子撒谎，那么孩子也会养成诚实守信的好习惯。

（二）与子女沟通的礼仪

理解都是从沟通开始的，父母与子女之间因为缺乏沟通而引起误会，造成

子女与父母关系失和的例子数不胜数，有很多是由于父母的沟通方式不当造成的。那么父母与子女沟通时，都要注意哪些方面的问题呢？

第一，摆正自己的位置，与孩子平等地交流。虽然社会越来越进步，每个人都有权利被他人当做独立的个体来尊重，但是在现实生活中，仍然有很多父母觉得，他们生了孩子，辛苦地将孩子养大，有权利命令自己的孩子去做任何事情，孩子必须听从自己的。这是没有将孩子当做一个具有独立思想的人来对待，在他们眼里，孩子只是自己的附属品，自己可以随意支配。这样是不正确的，当孩子越来越大，越来越具有独立意识的时候，就会越来越反感父母的专权，也会越来越叛逆，这就是为什么很多父母说自己的孩子越来越不听话的原因。其实只要父母改变一下说话方式，将孩子当做朋友一样来对待，让孩子觉得自己被人尊重着，就能很好地避免那种情况的发生。

第二，倾听孩子的心声，真诚地表达感受。父母要坐下来，倾听孩子的心声，不要只凭自己的经验去左右孩子的意志，当孩子生气的时候，不要一味指责或者不予理会，允许孩子在气头上发些脾气，毕竟人都是有情绪的。当孩子发脾气时，作为父母的首先要安静坐在孩子身边，全神贯注地倾听，要弄清楚孩子是为什么要发脾气，他心里的真实想法是什么，然后还要给予真诚的反应，表达自己真实的感受，而不是去敷衍孩子。这样，孩子才会更加信任自己的父母，愿意跟父母继续沟通下去。

第三，沟通时避免伤害孩子的自尊。孩子难免会犯错，在批评教育孩子的时候要避免伤害其自尊。批评孩子时也要讲究方式，最好是对事不对人，用建设性的意见来代替批评，或者用幽默的话语来转达批评，才能让孩子在“批评”声中有所启发，有所进步。

第四，与孩子一起寻找解决问题的途径。孩子遇到问题的时候，父母应该尽可能地给予具体、细致的指导，最好的办法就是与孩子一起讨论问题，站在孩子的立场上去思考问题，站在自己的立场上来教孩子解决问题，将自己的想

法及形成解决问题的办法和思路与孩子进行沟通及交流，这种言传身教式解决问题的办法不仅教会孩子解决问题的办法，也教会了孩子思考问题的办法，更加深了父母与子女之间的精神交流，是非常好的教育子女的方法。

（三）遇事要多与孩子商量

商量也是一种人际交往的礼仪。人与人之间的相互商量非常重要，商量能够体现双方彼此在人格、地位上的平等关系，能够体现双方对于彼此的尊重。父母与孩子之间，也应该多采用商量的方式，让孩子感觉自己被人尊重，这是非常重要的。孩子如果感觉自己的想法得到父母的认同，也会非常乐意与父母交流，使得孩子与父母都能够在友好的氛围下增进彼此的感情。

当孩子提出的要求父母不能满足或者不应该满足时，作为家长的不应该粗鲁而简单地拒绝孩子，应该用商量的语气跟孩子说明缘由，比如，你的孩子要求你周末陪他去游乐园玩时，不要粗暴地说："不行，爸爸明天有事！"可以这样说："哎呀，爸爸也想陪你去玩，可是爸爸明天还有重要的事情需要处理呢，你说怎么办呢？"显然第二种方法比第一种好得多了。粗暴的拒绝只会伤害孩子幼小的心灵，从而让孩子对你产生一种畏惧感，也更加不愿意再与你交流了，久而久之，你会发现，你的孩子将会越来越胆小、腼腆、内向。

随着孩子年龄的增长，孩子的兴趣、爱好等诸多方面都会跟父母产生不一致的看法，此时父母对于孩子的喜好不要简单地加以禁止，或者将自己的意志强加于孩子，逼迫孩子接受你的"培养"，而应该在充分尊重孩子的前提下与之商量，以求得达成双方的共识。

父母不管要求孩子做什么事情，一定要注意用商量的口吻，而不要用命令的口吻。比如，"你是不是该去洗澡了？""你的家庭作业是不是要在明天之前完成？"等，比强制性的命令更易于被孩子接受。

喜欢与孩子商量的父母是非常明智的父母，孩子在商量的氛围中，也渐渐

地学会了凡事与父母商量的习惯，不仅能够促进父母与孩子的亲子关系，也会使孩子养成为人处世的好习惯，少走点弯路。

四、同辈之间的相处礼仪

同辈之间的相处礼仪主要指兄弟姐妹及表亲、堂亲同辈之间的关系及礼仪。不论是亲兄弟姐妹还是堂（表）兄弟姐妹，都要相互尊重、关心、谅解、帮助、谦让，长爱幼，幼尊长，彼此爱护，不争不吵，情同手足，共同创造温馨、祥和的家。在交往中一定要遵循礼节，互相爱护，和睦相处，共同创造一个和谐幸福的大家庭。

（一）互相尊敬，互相爱护

同辈之间应该互相尊敬、互相爱护。同辈亲属都是由于血缘或者姻亲关系而将彼此紧密地联系在一起，不同于世界上的其他同龄人，是人类更加亲近的一个团体关系，因而同辈之间理当相互爱护、彼此尊敬。

同辈之间的爱护应当是无条件的，不图任何回报的。这种无私的爱不仅表现在经济物质的支援方面，还包括精神情感上的沟通。平辈之间的爱护首先要平等对待，一视同仁，但对于状况不好或者急需帮助的亲属，应该格外的照顾，对于这种照顾其他人不应该争风吃醋。

平辈之间，要尊敬年长于自己的人，平时交往时要表现出谦恭的态度，认真倾听长者的意见及建议；平辈之间还要爱护年龄小于自己的人，时时体贴及照顾他们，尽一个长兄或大姐应尽的责任。

（二）宽厚、谦让才和睦

同辈之间的交往，日子一长，难免会有一些磕磕碰碰，产生冲突矛盾的时候，相互之间应该采取宽容的态度。同辈之间不要记仇，能宽容则宽容，能原谅的就原谅，千万不要因为一点小事记恨对方，或者死撑着面子，老死不相往来，都是不明智的做法。

对待同辈的亲属要宽容，不要听不得对方的逆耳之言，见不得对方的逆己之事，当对方在无意中冒犯了自己的时候，要学会容忍对方，即便对方的确做了对不起自己的事情，也要看在大家是一家人的份上对其宽容对待。对待同辈亲属要厚道，不要彼此之间争风吃醋，争强好胜，或者挑拨离间。应该多为整个大家庭的利益及和睦着想，彼此之间要宽厚对待。

谦让是一种美德，与同辈亲属之间交往，应该主动谦让对方。同辈亲属之间的谦让，除了指在日常往来时言语行为上谦让对方之外，其实最主要的还是对于大家庭公共财物的谦让上。同辈亲属的交往，不可能像其他人之间的交往一样，可以不牵涉到物质利益的问题。同辈之间关于财物谦让的问题，主要注意以下几点：第一，避免正面冲突，你争我抢；第二，尽可能多做退让，不要过于计较得失；第三，同辈之间对于日常的交往还是要做到“亲兄弟、明算账”，该算清的要算清，不要总让对方吃亏。

（三）有事尽力帮忙

同辈之间，除了要宽厚友爱之外，还要团结互助。同辈亲属之间，互相团结、互相帮忙是天经地义的事情，也是联系相互之间感情的必要纽带。同辈之间的相互帮忙，首先体现在日常生活上的相互照应，互相提携上。同辈之间要有共同创造美好生活的愿望，自己富裕了，还要带领全家富裕，对于生活上有困难的同辈亲属，应该尽力帮助。同辈之间的帮忙，还体现在日常工作方面，对于家庭的共同责任，能者多作贡献，弱者尽力而为。同辈之间的帮忙，还体现在情感上的相互宽慰。遇到外人或长辈难以述说的烦恼，不妨跟同辈亲属多沟通一下。对于同辈亲属在思想、情感方面的问题，要及时加以点拨。在帮助同辈亲属时，要倾注全力。而在寻求同辈亲属的帮助时，则要讲不宜强求。

（四）妯娌之间多多担待

妯娌之间的关系是家庭当中很难处理的关系。日常生活中，我们经常会看见，一个原本和谐平静的家庭，由于妯娌人数的增多，而被闹得鸡飞狗跳，不得安宁。妯娌之间关系不好，使得兄弟之间关系失和，进而影响整个大家庭的幸福氛围。妯娌之间相处，如何搞好关系，要注意方式，掌握技巧。妯娌之间相处，要忌在背后说三道四，要多说对方的好话；忌斤斤计较，小事装糊涂，睁一眼闭一只眼；相互之间要经常来往，凡事多商量，不要擅作主张。

五、和睦邻里的相处礼仪

邻里之间的相处，也要做到有礼有节，搞好关系。俗语说："远亲不如近邻。"邻里关系融洽，不仅有利于社会的团结安定，也为自己创造了便利的条件。因此，要与邻里和睦相处，形成一种互敬、互信、互助、互让、互谅的新型邻里关系。

（一）邻里居住礼仪

现在的人们大都住居民楼，房间比较集中，邻里之间相距很近，相互之间都会受到彼此的影响，邻居之间要注意尽量不要给他人带来不方便，尽量创造一个友好和谐相处的邻里环境。

住在楼上的住户，由于与底层住户只有一层之隔，容易给位于其底层的住户带来影响及干扰。住在楼上的住户容易给下层的住户带来哪些影响呢？第一个就是楼层之间的隔音问题。楼上搬弄桌椅的响声，住户装修时敲地板的声音，甚至是女主人穿带钉的高跟鞋走路的声音都有可能会传到下层邻居家，给下层的邻居带来噪声干扰。对此，楼上的住户要注意，平时在搬弄桌椅的时候不要随手拖着摆放，搬动桌椅要轻拿轻放；女主人回家进门后要立即换下高跟

鞋，穿上棉拖等软底的不发出响声的鞋子。第二个需要注意的是阳台晾衣服或浇水时是否对下层邻居造成影响。楼上住户在阳台晾晒衣服时，最好要将衣服进行脱水处理或者将衣服尽量拧干。楼上住户在养植物浇水的时候，也要注意放低水壶，对着植物轻浇，不要将水壶提得老高，以免水洒出来，滴到楼下，特别是有风的时候。另外楼上的住户要将阳台杂物固定好，避免被风刮到楼下，砸到他人。第三个需要注意的就是下水道的使用问题。使用下水道时，不要将什么杂物都往下水道里扔，以免造成堵塞，给整个楼的居民带来不便。另外，家庭娱乐时，要注意尽量将电视机、音响等的音量开小点，不要影响到其他人的休息。

住在楼下的住户，要对楼上住户多一些宽容，尽量给楼上的住户提供一些方便。如楼上的衣服掉下来了，要主动告知楼上的邻居，或将掉下的衣服送过去。当楼上的住户因为装修房屋或者有客来访带来噪声时，要体谅对方，礼貌地告诉他注意一点就行了，千万不要怒气朝天，引发冲突。

对于小区公共的设施，要爱护并谦让地使用。比如，不要一个人长时间霸占公共卫生间；不要占用公共楼道摆放私人物品等。要保持公共楼道的干净，不要在楼道里随手扔垃圾，倒垃圾时如果不小心撒到楼道里，要及时清理。

（二）见面、串门的礼仪

邻居之间低头不见抬头见，相互之间一定要搞好关系。见面打声招呼，时不时互串个门，也比较符合中国礼仪之邦的传统，千万不要生活一辈子了，连邻居家几口人都不知道。

邻居之间见面时，要称呼得当。邻居之间，虽然没有血缘关系，但是有时候为了表示亲近，可以用近似血亲、姻亲关系的称呼来称呼对方，比如，称呼比自己父母辈分大的邻居为爷爷、奶奶等；称呼与自己父母同辈的邻居为大伯、婶婶、叔叔等；称呼与自己同辈的邻居为哥哥、姐姐等。所有的称呼前都可以冠以对方的姓氏加以区别。

邻居之间碰面时，要热情打招呼，不要不理不睬，或者装作没看见，那都是没有礼貌的表现。打招呼时，可以点头、微笑或者招手，并说几句客套的话，如“张伯伯，下午好！”等。

邻居之间要互相谦让，互相爱护。比如，遇到邻居老人上楼梯，应该主动上前搀扶；见到邻居搬重物，应该主动让路或者上前帮忙。俗话说：“远亲不如近邻。”每个人都有有求于人的时候，平日里多多帮助邻居，到自己需要帮助的时候，邻居们也会过来帮助你。得到邻居的帮助，要及时向对方表示谢意，这种客套也是不可省略的。

（三）邻居间的交往禁忌

邻居之间天天见面，共同生活在一个圈子里，难免会有这样那样的不和谐，不可能事事都顺大家的心意，然而，邻居间想要长久和平地相处下去，平时就要多加注意，避免发生无原则的矛盾。邻居之间交往都有哪些禁忌呢？

第一，忌小肚鸡肠。邻居之间交往，不要事事都过于斤斤计较。比如，有些人太注重“礼尚往来”了，今天我送给你几个苹果，明天你就一定要送给我几个梨，不然就是被你占了便宜了，一定要记着这笔账。其实，平日里吃点小亏根本就不损失什么，不要太在意眼前的一点小小的损失。

第二，忌说长道短、搬弄是非。邻居之间交谈，常常交流的就是日常的琐事，稍一不留神，就有可能扯到其他邻居的是非上来。无论是哪种场合，说他人的是非过错都是一件不好的事情，会影响今后双方的关系发展，可以赞美他人，多说他人的好话，对于贬低、嘲讽他人的话语，则应坚决避免。

第三，忌“事不关己，高高挂起”。邻居之间，采取这种做法的人有很多，总觉得邻居是跟自己没有多少关系、不太相干的人，没有必要去掺和邻居之间的事情，免得引火上身，招来不必要的麻烦。其实，那是很自私、冷漠的做法，人生活在一起，就必须要与他人产生联系，邻居们虽然不能在工作或者生活上给予你多大的帮助，但是，谁能保证日后一定无求于他呢？再说，参与

到邻里生活之中，可以给自己多一些空间及精神的寄托，人与人因相互交流，而彼此紧密相连。

第四，忌无端猜疑。很多时候，邻里之间的纠纷并不是有人挑拨，而是一方无端猜疑导致的。亲人之间都免不了会有思想上的分歧，更何况是没有任何关系的邻居之间。邻居之间要想完全消除戒备，基本是不可能的，可以合理猜想，理智分析，但是，最好还是要避免无事乱起疑心，避免感情用事，造成邻里之间关系失和。

第五，忌“得理不饶人，无理争三分。”邻里之间产生矛盾时，应该多做自我批评，不要得理不饶人，更别说无理还要争辩了。矛盾产生，如果自己有错，应该向对方道歉，求得谅解；即便自己没有错，也不要仗着自己有理，就对别人多加指责、批评，也许理你争到了，但是人心却丢掉了，得不偿失。

六、家庭拜访的礼仪知识

日常生活当中，亲友之间相互拜访彼此是常有的事情，虽然亲友跟自己的关系较为密切，但是，亲友间相互拜访时的礼仪也还是不容忽视的。

（一）招待亲朋的礼仪

当亲友来访时，我们需要注意哪些礼仪呢？

第一，做好迎客之前的准备工作。比如，在亲友来访之前，提前将自己的起居室打扫干净，并准备好茶具、饮料等，以备客人来时招待。客人来临时，要整理好着装，梳洗完毕，起身迎接。

第二，做好招待工作。客人进屋后，首先请客人落座，然后敬茶、递烟、端出糖果。端茶送糖果盘时要用双手，并代为客人剥糖纸、削果皮、点香烟。敬茶时，茶具要提前刷干净，不可用不洁的茶具，也不要用破损或是有裂纹的

茶具来待客。茶水不要太烫，也不要盛得过满，以杯子的2/3为宜。可以适时劝客人喝茶，但次数不要过于频繁。另外，还要适当准备一些零食、水果等来招待客人，特别是当客人带小孩来时，要额外地准备一些时兴的、小孩子爱吃的零食来招待他们。

第三，做好送客工作。客人告辞，一般应婉言相留。客人要走，应等客人起身后，再起身相送，不可客人一说要走，主人就站起来。送客一般应送到大门或弄堂口。有些客人常常会带礼物来，对此，我们送客时应有所反应，如表示谢意，或请求客人以后来访再不要携带礼品了，或相应地回谢一些礼物，绝不能受之无愧似的若无其事，毫无表示。

（二）家庭宴请的礼仪

当家庭成员过生日，或者举行结婚典礼，遇到特殊节日，家庭成员相聚在一起等，大都采取家庭请客的形式。

家庭请客可以采取家庭宴请、自助餐会或饭店就餐的形式。家庭宴会气氛亲切自然，不会过多拘泥于形式，适合宴请经常往来的亲戚朋友；自助餐的形式也比较灵活、气氛也较为轻松，适合宴请家庭成员以外的同事、朋友等，大家自由活动，随意交谈；饭店宴请则属于非常正式的宴请，一般是就家庭的重大事件，如举行婚礼或者招待尊贵的客人时所举办的宴请活动。

举办家庭宴请时，要首先将室内的环境卫生搞好，将屋内的家具设备摆放整齐，并给客人准备好寄放物品的地方。室内的陈设、装饰，可以根据主人自己的喜好来安排，整体要求整洁、大方、舒适，还要做到方便客人休息、娱乐。

家庭宴会要注意进餐时上菜的顺序，根据惯例，一般先上冷盘、酒水，再上热菜，最后上点心和汤类。饭后，可给客人热毛巾擦手擦脸，并预备一些水果，换上热茶或咖啡。吃饭时，要主动给长辈添饭、夹菜，遇到长辈给自己添饭、夹菜时，要道谢。如果宴会进行到很晚，注意与邻居搞好关系，事先打声招呼，向他们致歉，或送个小礼物，他们就不会那么介意了。宴席散后主人与客人握手道别，可说句客套话，如“谢谢光临”等。对某些来宾，如长辈、路远的稀客，还要差遣小辈送一程，或者给他们雇车，以表示自己的情意。

（三）拜访亲朋的礼仪

走亲访友是日常生活中最常见的交际方式。每逢节假日，到亲戚、好友家去做客拜访，与亲友间进行感情交流，是人们日常生活中不可缺少的一项人际活动。这些活动，虽然很普通，但也需要讲究一定的礼节。

拜访亲友之前，要事先通知对方，让对方有所准备。可以打个电话或发条信息给对方，跟对方商量一下具体的时间，使得对方能够尽早安排生活的日程，不至于引起不便。拜访要选择恰当的时机，尽量避免在对方吃饭或者休息的时间去拜访，晚间拜访不要在对方家中逗留太久，免得打扰对方休息。做客时穿戴要整齐，仪表要整洁，以表示对亲友的尊重和礼貌。如果拜访的人是长辈，或自己第一次前往做客，要特别注意：主人未坐下时，自己不能先坐。如拜访的亲友很熟，则可以随便一些。进屋后，对亲友家的其他成员要主动打招呼。交谈时，如有长辈在座，应该用心倾听长者的谈话，而不可随便插话。离开亲友家时，要郑重其事地告别，不要不辞而别或者随便说一声“走了”，便夺门而出。

第八章　日常礼仪：生活有“礼”，快乐精彩

生活是一个万花筒，每个人在其中扮演各自不同的角色，每个人都希望各自的生活都能幸福美好。这就需要大家共同的努力，在日常生活中讲究礼仪，让他人舒心，让自己快乐。

一、公共场合应注意的礼仪

在日常生活中讲究礼仪，最主要的还是要在公共场合讲究礼仪。每个人都应该自觉遵守公德、爱护公共财产、礼貌待人，注意自己的行为举止，讲究礼仪。

（一）公共场合的礼仪规范

公共场所指的是社会为大众提供公共服务的场所，如公园、商店、图书馆、博物馆、体育馆、医院、影剧院等场所。公共场所礼仪体现的是社会风尚及公德，是人类社会文明的体现。人们在公共场合应遵守的公共礼仪规范有以下几方面。

第一，遵守社会公德，维护社会秩序。遵守公共秩序是最基本的公共礼仪，是社会对于公众最低的要求，是其他各种公共礼仪的前提和条件，社会上的每个人都应该自觉遵守。如，在大街上横过马路时，要走斑马线，并且要等行人指示灯绿了的时候再走，切不可任意横穿马路，那样既影响交通秩序，也

危及自身安全。在使用公共卫生间时，要排队等候，不要拥挤起哄，推搡他人，如有紧急情况，则应事先征得他人的同意，并及时向提供帮助的人致谢，不要擅自插队，不知感恩，引人反感。

第二，注意仪容、仪态，言行大方得体。公共场合讲究自己的仪容、仪态美，是一种社会公德，不仅能愉悦自己的心情，也是对于他人的一种尊重。要注意自己的仪表，首先就要讲究个人卫生，要做到每天洗脸刷牙，出门之前换身干净清爽的衣服，打理自己的头发，整理好自己的妆容，不要邋里邋遢地出门。在公共场合要注意仪态美，举止优雅，仪态端庄，站有站相，坐有坐相，走有走姿。在公共场合要注意自己的谈吐，多说文明用语，少说粗鲁话，吐字要轻缓得当，语调要清晰流畅。

第三，礼貌待人，尊老爱幼。公共场合中人来人往，难免会发生拥挤，此时就应该做到宽以待人，礼貌谦让，互相体谅。一般情况下，要尽量避免身体贴到他人身上，如果实在太拥挤碰到他人时，要及时道歉，道歉时，要注意语气态度要谦恭，他人也会感受到你的诚意而原谅你。如果在公共场合遇到老人、小孩、孕妇、残疾人等，要主动让路、让座或给予其他帮助。另外，公共场合要遵守“女士优先”的原则，男士要主动谦让、照顾女士。具体做法有：走路时，同行男士应走靠外一侧，女士则走贴近建筑物一侧；上楼梯时，女士走在前面，男士走在后面，下楼梯时，则相反；男士和女士一同上车时，男士应上前几步，为女士打开车门；下车时，男士应先下来，为女士拉开车门。

第四，爱护公共环境，保护公共财物。公共场合是社会公民的公共财产，大家应该自觉珍惜、爱护。要爱护公共环境，搞好公共场所的卫生情况，在公共场所不要随手扔果皮纸屑及其他废弃物，不要随地吐痰或随地大小便，孩子或宠物在公共场合大小便后，要及时清理。干净整洁的公共环境为我们的休闲娱乐提供了方便，我们也应该有责任维护公共环境的卫生与整洁。要保护公共财物，使用公共财物时要严格遵守其使用规则，以延长其使用寿命。要将公共

财物当做自家的财物一样来珍惜，不要任意地损坏公共财物。

第五，公共场所，最好禁烟。限制在公共场所吸烟，在世界范围内都已成风尚。一些发达国家或地区及我国一些大城市，都先后明文禁止在公共场所吸烟。这不仅是对别人的尊重，也是对自我健康负责。身处公共场所，最好克制自己，主动不吸烟或尽量少吸烟。如有年长者、女士同时在座，应先征得同意后再吸，但也不能接连不断地抽个不停。吸烟时，更忌面对别人吞云吐雾，烟灰、烟头和火柴棍等随意乱扔。

（二）去餐馆就餐的礼仪

餐馆是公共的场合，人来人往非常频繁，在公共场合吃饭，就要讲究一定的礼仪，对外留下一个好的印象。

第一，提前预订。在餐厅吃饭，特别是比较大的餐厅吃饭时，要记得提前打电话向餐厅预订位子，避免在就餐高峰期时，客满没有位子就餐。需要注意的是，如果预订成功，就应该遵守约定，在预订的时间内及时到达，避免因自己的迟到而给别人到来麻烦，如果有急事在预订的时间内不能赶到，要提前跟餐馆打声招呼，以方便餐馆作其他安排。如果自己事先没有预订，可以请服务人员帮忙安排，人多安排不上时，可以稍事休息，耐心等待，不要冲服务员乱发脾气。如果自己不愿意等或者等不及，可以考虑换个餐馆就餐。

第二，注意着装。一般情况去餐馆就餐只要根据平时的着装规范就可以了，如果是比较正式的餐宴，则要着正装，穿着得体大方。无论何种情况，在餐馆就餐时，都要避免穿着暴露或者穿一些稀奇古怪的衣服。

第三，言谈举止得体。餐馆是一个公共就餐的场合，要符合公共场合的礼仪规范，要随时注意自己的言谈举止，做到大方得体。要尊重服务人员的劳动，当服务人员给自己服务的时候，要积极配合，并表示感谢，不可对服务人员颐指气使，或者提出无理要求。当服务过程中出现问题时，不要粗鲁抱怨，一味指责，人都有犯错的时候，要体谅对方，心平气和地跟对方说明情况，相信服务员会主动道歉并积极给你解决问题的。与朋友一起就餐时，要兼顾他人，不要只顾自己痛快。男士与女士一起就餐时，男士要主动照顾女士。同桌人就餐时，不要大声吵闹、高谈阔论，更不可吆五喝六、酗酒闹事，以免影响其他人就餐的情绪。就餐时，不要谈论他人的隐私及其不宜谈论的话题，大家可以谈论一些天气、娱乐、新闻事件等开放性的话题，也可以适当地搞点儿小幽默，活跃一下氛围，但切忌太过影响他人。要注意保持餐馆的卫生，吃剩的食物残渣、骨头等不要随意乱扔，将其吐到特定的餐盘里，方便服务员收拾。

第四，餐毕结账，有序离开。当大家都吃得差不多的时候，客人要及时结账，并离开餐馆，为后来的客人让出位置。离开时，要向为自己服务的服务员表示谢意，打声招呼再离开。经过其他的餐席时，要轻捷、肃静，始终保持一种稳重、平和、文雅、自信的风度。

（三）观看演出的礼仪

随着社会的发展，人们对于自己的业余生活的要求越来越高，精神需求也越来越丰富，很多人利用业余时间来愉悦身心或提高自己的文化修养，因而，很多人选择观看各种类型的演出活动。如何做好一个文明的观众呢？这就要掌握一些必要的观看演出的礼仪。

第一，入场前的准备礼仪。入场的准备包括提前购票、准备着装及进入会场前的其他准备工作等。一般的演出活动都是要收费的，观众如要观看，则要购买入场券，方可观看。入场券一般都要提前购买，或者提前预约，不要临时兴起去购买，以免到时候入场券已售完，影响行程安排，影响自己的心情。若邀请他人与自己一同观看演出，应于至少一周以前通知对方，以便其早作安排。在观看演出时，要注意自己的着装。对于着装的基本要求是：干净、整洁、端庄、文明、大方。在正式的演出场合，比如观看芭蕾舞表演或者听古典音乐时，要穿着正装。观看其他的演出，比如新上映的电影或者听明星演唱会，则没有那么严格的要求，穿着休闲、时尚都可。演出开始之前，观众应该

尽早提前入场，为自己观看演出做好必要的准备工作。一般的演出场所都是提前15分钟检票，观众要把握好时间，可以尽量提前几分钟到，避免迟到，因为观看演出时一项基本规定就是：演出一旦开始，观众便不宜再进场，而应该等到演出中场休息时，方可再度进场。这是避免影响演员的演出及妨碍其他观众的欣赏。如果与他人相约观看演出，则应该尽早达到会场与友人会合，如有突发状况不能及时到达，则要打电话通知友人，并致歉，免得对方久等。有些演出，观众甚多，提前到达会场，也便于提前检票，免得临近演出开始之时，场外观众拥挤不堪。检票时，要配合检票人员的工作，自觉排队，并将入场券的副券面向检票员，方便检票。

第二，入场后的礼仪。进入演出厅后，要根据自己的入场券座次号，来找准自己的座位，不要随便占坐他人的座位。如果是自由入座，则要礼貌谦让他人，但也要注意不要长时间不坐，影响他人就座。进出演出厅时，应该不慌不忙，依次而行，走在前面的观众要走得稍快一些，免得挡道，但是不要奔跑。演出厅人员过多时，稍等片刻，不要推挤他人或是向前拥挤。观看演出者如不明自己座位之所在，应有礼貌地向旁人打听。旁人向自己打听时，也应热情相助。对老年人或行动不便者，还应主动提供帮助。若他人占了自己的座位，可以有礼貌地出示入场券向其说明，或请工作人员调解，不要与对方拉扯争斗。就座时，若要越过他人的身边，则应礼貌地跟人打声招呼，别人站起或侧身协助你就座时，要及时向其致谢。如果与友人或者亲人一起观看演出，应该主动将位置较好的座位让给对方。征得他人同意调换座位时，要致谢，调换座位应该在演出之前，演出中途不要随意调换座位。落座之后，则要保持沉稳安静，不要与人高谈阔论、大声喧哗。

第三，观看演出过程中的礼仪。在演出进行期间，每一名观众都有自觉维持演出秩序的义务，因为这是确保演出顺利、成功的一大前提。演出开始后，观众不宜在演出厅里随意走动，以免影响演员的演出或者其他观众的欣赏。如有事需要处理，尽量等到演出中场休息或者演出活动结束后。演出活动中，观众切不可随意用照相机拍摄，照相机的闪光灯或者拍照时发出的“咔嚓咔嚓”声对于演员及其他观众都是一种极大的干扰。演出进行中，不要接打电话。进入演出厅，就要自觉将自己的电话调成振动或者静音，避免电话铃声对演出活动的干扰。

不要在演出大厅里抽烟，所有的演出厅都是禁烟的场所，观众应该自觉遵守。不要在演出厅里大吃大喝，演出厅毕竟不同于餐厅，大吃大喝是不合时宜的，食物的气味及吃喝时发出的响声，都会干扰周围人观看演出的情绪。要保持演出厅的环境卫生，不要随地吐痰、乱扔废弃物，可以自己事先准备好纸巾和方便袋子，离场时，将脏物带出。不要在演出过程当中与人肆意说话，如果对于演出有什么想法或者评价，可以等到中场休息时与身边的人轻声交谈，切不可高声议论。对于演员的演出要表现出尊重，不要随意指责批评。观看演出时，要注意坐姿，坐姿要端正自然，不要坐得东倒西歪，不要在座位上随意扭动自己的身躯，或者将头歪向一边，以免影响后面的人观看。鼓掌要合时宜，一幕结束或者幕间停顿时再鼓掌，演员演出过程当中不要随意鼓掌，以免分散演员的注意力，影响他人的观看。鼓掌时间不宜过长，不可再鼓掌时吹口哨、吆喝，不可鼓倒掌。

第四，演出结束后的礼仪。在演出结束后，观众应该起身、鼓掌，如果演员正在台上谢幕，观众不要急匆匆地忙着退场，应等到演员谢幕之后，方可退场，以示尊重。观众在退场时，要遵守一定的秩序，井然有序地离场。人多时，可以稍事休息，等待人员少时再离开。前面的人多时，不要推挤他人，耐心地跟着人流慢走。观众在散场时，不要左右前后地高声交流，有什么话，待到离场后再探讨也不迟。

（四）观看体育比赛的礼仪

观看体育比赛跟观看其他的演出一样，有诸多相似的地方，因而，礼仪上

的讲究也差不多，比如要提前购买入场券、排队进场、注意着装、讲究场地的秩序等。这里我们讨论观看体育比赛与观看其他演出不同的地方以及需要注意的一些细节问题。

在很多的演出活动上，我们要求观众要保持安静，不要叫好欢呼。但是体育比赛跟有些演出场合不一样，如果没有观众的欢呼、叫好，那就少了体育竞技的氛围，少了观众参与的感觉。但是，观众欢呼也要注意一些礼节：当运动员在动作结束，或者成绩公布出来，或者上台领奖时，观众为了给予鼓励或者赞赏，可以大声欢呼，以示祝贺；当运动在做准备的时候，比如发球或发力的时候，或者在运动员比赛进行当中时，最好不要欢呼或者叫好，以免分散运动员的注意力，影响运动员的发挥。同样的，在进入运动场时，要提前将手机调成振动或静音，或者干脆将手机关机，以免突然的电话铃声干扰了运动员的正常发挥。

如果观众想带着照相机入场，最好不要想着能把运动员潇洒一刻拍下来，因为隔了那么远，一般的照相机根本不能把人拍清楚，照相机的闪光灯还会影响运动员的正常发挥，如果你真的喜欢某个运动员或者哪个运动队，就默默地为他们祝福吧！当然观众可以带着照相机提前去运动场馆，拍拍展馆的建筑、比赛的场地等，或者在比赛结束后，可以与遇到的运动员合影，当然事先要征得对方的同意。

观看体育比赛之前，一般都要对观众的行李进行安检，所以，观众最好能够提前赶到场馆。到达之后要积极配合安检人员的安检工作，不要拒绝甚至无端指责安检人员。安检时，如果观众很多，要自觉排队，不要插队、推挤他人。体育赛场的座位前后左右的空隙比较窄，所以观众最好不要带太大的行李，以免进出时自己不方便，还会给他人带来麻烦。

在比赛中举行升旗仪式时，观众要面向国旗，肃立致敬，不要嬉笑打闹或者随意走动。当其他国家的国旗升起时，也要本着相互尊重、平等对待的原

则，给予一定的礼遇。

观看体育比赛时应热情地为双方运动员加油，要向对方运动队、运动员致意；不嘲讽、辱骂裁判员、运动员、教练员，不做有损国格、人格之事。当双方的运动员出现失误时，不要怪叫、指责，要为他们不放弃的精神而鼓掌。

（五）图书馆中的礼仪事项

图书馆是人类智慧的宝库，是人们学习、交流知识，获取信息的公共场所。人们到图书馆通过借阅图书资料、查看报纸杂志，或者听讲座、参加研讨会来不断地丰富自己的知识，充实自己的精神世界，提高自己的文化修养，或者结交一些志同道合的朋友，在这些方面图书馆给我们提供了极大的方便。然而，无规矩，不成方圆，我们在利用图书馆资源的同时，也应该遵守图书馆的礼仪规范，为图书馆营造一个良好的学习氛围。

读者进图书馆时，要注意自己的仪容、仪表是否大方得体、干净整齐。进图书馆时，不要穿背心或者暴露的短裤，不要穿带钉的皮鞋或者容易发出响声的高跟鞋。

人多时，要自觉排队，听从管理员的安排，进行安检后再入场。排队时，要礼貌谦让，不要你推我搡，争先恐后。在图书馆借还图书，进行微机检索、课题查询、复印，或在语音室听录音，在影像室看录像等，也要按顺序排队。

进图书馆后要稳重步行，步履轻盈，不要匆匆抢座位或是抢用其他如电脑等公共设施，更不要长时间占座或者占用电脑等。不要高声喧哗，不要吃零食，不吸烟，不随地吐痰。

要爱护图书馆内的公共设施。利用检索卡片时，用力要轻缓，不要弄坏或者弄丢。去书架拿书时，要轻拿轻放，看完之后记得放回原处，或者放在指定的地方，待图书馆工作人员放回。

进入图书馆时，要保持安静。翻阅书籍时，应该轻轻地翻开书页，不要发出响声。看书时心里默念即可，不要读出声来，更不可因为看到书中的幽默

笑话而忘我大笑，以免干扰他人。与学友交谈时，应轻声细语，若需长时间讨论，应到室外交谈。将手机调成振动或静音，接电话时要离开图书室，到不打扰他人的地方去接。

爱惜图书。看书要将手清洗干净，翻页时不要手涂唾沫，以免手上的脏污将图书弄脏。不要在图书上写写画画，更不可随意将书中插画或其他资料随手撕下，如有需要去图书馆的复印室去复印。查阅资料时，若遇到自己解决不了的问题，可以有礼貌地向图书馆咨询人员请教。

（六）做一个懂礼貌的游客

随着人们生活水平的提高，越来越多的人可以走出家门甚至走出国门，去欣赏更多的山水风情，游览更多的风景名胜。离开家门，去外地旅游，如何才能玩得尽兴又能给他人留下良好的印象呢？这就需要注意外出旅行的礼仪，做一个文明的游客。那么，出游礼仪都有哪些呢？

第一，在去一个地区旅行之前，要事先了解一下当地的民风民俗，学习当地的人情礼仪。这样，与当地人接触时，也要以符合当地的风俗习惯的行为举止来与当地人交流，避免冒犯当地人的风俗禁忌。尊重他人的风俗习惯，他人也会更加热情地招待你。

第二，保护自然，爱护文物。地球是人类的共同家园，人与自然不可分割，相互依赖，共同生存。文物是人类历史所以留下来的宝贵遗产，是人类文明的象征，作为人类成员的一员，我们都有义务自觉地保护历史文物，保护人类精神文明的智慧结晶。游客在游览时，应该具有高尚的审美情趣，保持健康积极的旅游心态。爱护自然风物，不乱摘花果、不践踏草坪，不猎捕国家保护动物，不乱扔垃圾。爱护名胜古迹，不在古木、古建筑上雕刻留名，不要毁坏历史文化遗产。

此外，旅游过程中，各成员要团结协作，互相提醒、关心。现在很多人为了方便，参加旅行团外出旅游，参加旅行团时，应该遵循旅游公司的有关规定

及导游的安排，同游者之间还应该互相协作，有困难互相帮忙。

（七）乘坐公共汽车的文明礼仪

公共汽车是现代生活中最为常见的交通工具，也是大众公共场所之一。小小的车厢，方寸之间应对进退的礼貌却大有学问，要做好一个快乐文明的乘车族，就要遵守这进退之间的礼仪规范。

第一，乘车之前的准备礼仪。公共汽车上一般都有标志性的车牌号，站牌上也会标明车牌号及车子的去向和途径的站点，乘车之前要找准车辆，还要找准站牌。上车之前要准备好公交卡或者零钱。

第二，上下车的礼仪。车到站时，要遵循“先下后上”的原则，有序地上下车。车到站之前，下车的乘客应该提前做好准备，如果自己不靠近车门，应先礼貌地询问前面的乘客是否下车，如前面的乘客不下车，要设法与其调换一下位置，并且准备好公交卡或是出示车票。乘客在上下车之前，要自觉排好队，不要拥挤也不要插队。如果遇到老人、孕妇或者残疾人，应主动辅助他们上下车。

第三，上车后的礼仪。乘客进入车厢时，应主动刷卡或者购买车票，并且主动往车厢内走，不要堵在车门口不动，以免影响后面的人上车。当车厢内的空位很多时，不要占着老、弱、病、残的专座。座位不多时，也不要与他人争抢，避免碰伤自己或者他人。遇到老人、孕妇、小孩或者残疾人等，要主动让座。男士要主动让位于女士。在车上要避免大声交谈、乱谈他人隐私或者其他敏感话题等。要保持车内的卫生，不要在车厢内吸烟，不要随地吐痰，不要乱扔果皮纸屑、废弃物等。

（八）乘坐地铁的礼仪

现在，越来越多的大城市开设地铁，以此来缓解交通压力，提高出行效率。地铁因为具有快捷、不会拥堵而延误时间的特点被广大市民喜爱，尤其深受朝九晚五的上班族或学生追捧。地铁也是一个公共场合，需要遵守一定的礼

仪规范。那么，乘坐地铁时，需要注意哪些基本的礼仪呢？

第一，乘车前的准备。乘坐地铁之前，准备好零钱购买车票，或者在公交卡上充钱，保证刷卡时能够进站。购买车票或给公交卡充值时，要自觉排队，不要拥挤他人或插队。

第二，积极配合安检工作。乘客在乘坐地铁之前，要自觉配合工作人员例行安检，不要拒绝或指责安检人员。

第三，先刷卡，再进站。地铁入口都有收费机器，乘客应该先刷卡消费，再进入，千万不要学少林功夫，纵身一跃就进入，逃避缴费。

第四，礼貌上下车。车子到站之前，要自觉排队，有次序地上下，不要一窝蜂似的拥挤。上下车要遵循“先下后上”的原则，让车里的人先出来，车外的人再依次上车。车上的人在车子到站时，要提前做好准备，特别是人流高峰的时候，应提前走到门口等待下车，不要等到车到站了，再从里面挤出来，那样的后果可能是让自己手忙脚乱、碰疼他人或是挤不出去而延误出站时机。

第五，文明就坐礼仪。上车后，无论是站着还是坐着，都要注意自己的姿态仪容，要做到站有站相，坐有坐相。乘坐时，要礼貌谦让，空位不多时，不要与人争抢，当看见老人、小孩、孕妇或者残疾人时，要主动让座。要爱护车内环境，尽量不要在车内吃东西，不要吸烟，不要乱扔废弃物，更不要随便在车内粘贴广告，发布传单，不要在车内卖艺、乞讨。

第六，文明下车礼仪。车到站时，要提前做好准备，人不多时，可以直接坐在座位上，等到停车再起身，人多时，要提前走到车门口，车门开时即刻下车，不要过多耽搁，以免影响他人上车。下车时，不要拥挤，要等前面的人先下去，自己再下车。

第七，换乘礼仪。地铁线路四通八达，然而要去某个地方，可能还需要换车乘坐。换乘地铁时，也要注意礼仪，比如换乘要乘坐上下电梯时就要遵守乘坐上下电梯的礼仪。乘坐电梯时，不要拥挤，按次序上去。上了电梯一般要靠

右站立，将左边空出来给有急事需要提前走的其他乘客行走。

（九）乘坐火车的礼仪

火车是现代人们经常需要乘坐的交通工具，火车是公共交通工具，人们在乘坐火车时，理所当然要遵循乘车规范，讲究乘坐火车的礼仪。乘坐火车的礼仪包括候车礼仪、上车礼仪、车上礼仪及下车礼仪等，具体说来有以下内容。

第一，候车礼仪。由于火车的停站时间比较短，因而乘坐火车都要提前进站候车。现在很多火车站都是提前半个小时检票，因而旅客最好能够在火车发车前一个小时赶到候车室，整理好自己的行囊，调整好自己的心绪，准备乘车，免得时间不足，手忙脚乱。在候车厅等候火车的时候，要爱护候车室的公共设施，要保持候车室的卫生，不要随地吐痰，不要乱扔果皮纸屑，不要抢占座位或多占座位，不要在候车室里大声喧哗，以免影响他人休息。要提前将自己的火车票准备好，放在安全易拿的地方，不要在检票时东摸西找，影响他人进站。如果进站接送亲友，要购买站台票。

第二，检票、上车礼仪。在火车站检票时，乘客要自觉排队，不要你拥我挤或是任意插队。进入站台后，要根据火车车厢牌号的指示，站在指定的安全线后，按照先来后到的顺序，有序排队上车。要记得将自己的火车票保管好，进入站台后，乘客依然是凭票进入车厢的。乘客在上车时，不要争先恐后，不要你推我搡，以免耽误上车进度，或者弄伤彼此。上车后，就要立即进入车厢，不要堵在门口不动，以免影响他人上车。

第三，车上就坐礼仪。乘客上车后，根据自己的车票号码指示，找到自己的座位火车床位，将自己的行李安放在指定的行李架上。有些女士力气小，男士要帮助女士将重的行李箱放在座位上面的行李架上。女士也可以将手提箱等直接放在座位底下，下车的时候会方便一些。放在座位上方行李架上的物品，要记住一定要固定好，避免在火车晃动时掉下来砸到人。另外，行李不要放在过道中间或是座位中间的空隙，以免妨碍他人行走或休息。餐桌上允许放食

物，尽量不要放其他杂物，以免占用他人的空间。要讲究车厢内的卫生，不要随地吐痰，不要乱扔果皮纸屑。不要在车厢内吸烟，如需要可以到车厢连接处的指定吸烟处吸烟。乘坐火车一般都是对号入座，不要抢占他人的座位。当身边有空位时，应尽量让给没有座位的人，不要图自己舒服多占座位。车上发现老人、小孩、病人、孕妇、残疾人无座位时，应尽量挤出空间来让他们休息一下。

第四，车上休息礼仪。火车行程一般都比较远，旅客在火车上的大多数时间都是在休息。旅客在火车上休息时，要注意姿态得体、衣着文明、看管好自己的随身物品、管好孩子。在座席车间休息时，不要东倒西歪，或卧于坐席上、茶几上或者过道里，不要靠在他人身上，或者把脚放在对面的坐席上。在卧铺车厢里休息时，要注意着装不要过于暴露，不要将脚伸出床铺外面。上铺或中铺的乘客不要长时间占用下铺的床位，坐之前要征询一下下铺的意见，得到允许后，要向对方道谢。上下床时，要提前跟下铺的人打声招呼，上下床的动作要轻。

第五，车上用餐礼仪。在车厢内用餐，要注意节省时间，不要长时间占用茶几，也不要摆放过多的食物在茶几上。在车厢内，避免食用带有刺激性气味的食物，以免污染车厢内的空气，影响其他乘客的情绪。餐后，要将食物残渣、垃圾放在方便袋里，然后放在茶几上的托盘里，等待乘务员过来收拾，或者自己上厕所或倒开水时，随手将垃圾带到车厢尽头的垃圾桶内。由于火车所能承受的垃圾数量有限，所以旅客最好少吃零食，尤其是一些皮壳较多的零食，不太适合在火车上食用。在火车上还要节约用水，喝多少水就倒多少，洗脸时也要尽量节省时间，节约用水。

第六，车上交际礼仪。在火车上，为避免孤独寂寞，打发无聊时光，人们可以采用睡觉、与他人交流或者自己玩游戏、看书等方式。在火车上与人交流时，要讲究一定的礼仪。可以与邻座或者坐在对面的乘客交谈，交谈时说话

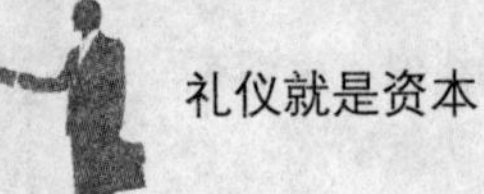

声音要轻，不可高谈阔论、喋喋不休。交谈要避免涉及他人隐私，可以谈论天气、民俗、娱乐等具有开放性的话题。交谈时，态度要友好亲切，不要傲慢无礼。大家出门在外，行动上都有不便之处，因而互相之间要多多关照，对于老人、女士、残疾人等要主动给予帮助。

第七，下车礼仪。下车之前，要提前做好准备，避免手忙脚乱，丢东落西。下车时，也应该自觉排队等候，不要拥挤或推搡他人。下车时要注意将火车票拿好，乘客一般都需要凭票出站。如果在旅程中与他人聊得比较多，下车时，应该主动跟对方打声招呼。

（十）乘坐飞机的礼仪

在所有常规的交通工具当中，飞机是最为方便快捷，也最为舒适，档次也最高，现在越来越多的人选择飞机作为长途往来的交通工具。乘坐飞机时，需要遵守哪些礼仪呢?

第一，候机礼仪。国家民航局规定，乘坐国内航班提前90分钟到达机场，乘坐国际航班应提前120分钟到达，以便办理登机手续。在办理手续时，要耐心等待，遵守秩序，听从工作人员的指导、安排。

第二，安检、登机礼仪。登机之前，乘客应该认真配合工作人员进行例行的安检工作，当机场工作人员使用探测仪对乘客的行李进行探查，或者手工检查乘客的行李时，乘客应该积极配合，不要拒绝合作或者对工作人员进行无端指责。乘客应该自觉遵守有关规定，登机时，不要携带枪支、弹药、刀具或其他武器，不要携带任何易燃、易爆或具有放射性的危险物品。登机前，要自觉排队检票。进入机舱时，当空乘人员或是机长站在门口迎接时，应该礼貌地回应对方。

第三，文明就坐礼仪。当乘客进入机舱后，应根据自己的登机牌，找到自己的座位，对号入座，自己的行李也应放在自己座位附近的行李箱内，切不可随意占用他人的座位。登机后，应该自觉遵守乘客规则，配合乘务员的指导。

每个座椅后背都有一个供后面乘客使用的小桌，乘客在使用时，除用餐时例外，不宜长时间放下。需要放低座椅靠背休息时，应礼貌询问后面的乘客是否方便。当飞机起飞或者降落时，一定要自觉系好自己的安全带，并且收起自己所使用的小桌板，同时将自己的桌椅调直。在自己的座位上就座时，不要当众脱衣、脱鞋，尤其是不要把腿、脚乱伸放。当自己休息时，不要使身体触及他人，或是将座椅调得过低，从而有碍于人。在飞行期间，严禁使用移动电话、手提电脑、激光唱机、微型电视机、调频收音机、电子式玩具、电子游戏机等电子设备。爱护机舱内的环境，不抽烟，不随地吐痰，不乱扔果皮纸屑。

第四，机上交际礼仪。乘客在坐飞机时，首先要做到的就是保持安静，不干扰他人，但这并不妨碍与人交流。在飞机上，乘客接触最多的就是空姐，与空姐接触时，要做到以礼相待，尊重对方的劳动，除了要积极配合空姐的指导安排外，当空姐为你服务时，要礼貌地表示感谢。此外，接触比较多的就是自己邻座的乘客，在与邻座交流时，要做到礼貌谦让，当自己的行为给他人带来不便时，要及时向对方表示歉意，当对方的行为给自己带来不便时，要体谅对方。与他人交谈时，说笑声切勿过高，以免影响到他人的休息。不要长时间盯视、窥视素不相识的乘客。在飞机上要避免谈论令人不安的事件，如劫机、撞机、坠机等。

第五，使用公共设施的礼仪。飞机上的洗手间或梳妆台都是公用的，在使用时应该保持清洁，不要长时间在里面逗留，以免影响其他乘客使用。飞机上提供的毛毯、读物等物品应该爱惜，保持整洁。座位上的氧气罩和座位下面的救生衣是发生紧急情况时使用的，不可随意把玩。

第六，下机礼仪。飞机降落时，乘客应提前做好准备，收起小桌板，收起靠椅，将安全带系好。下机时，乘客动作可适当放慢，对自己的行李要轻拿轻放，不要碰坏飞机内的桌椅。下机时，要排好队，依次出门，不要争先恐后，你推我搡。遇到老、弱、病、残要主动帮忙，协助他们出机。

（十一）乘船的礼仪

船也是日常生活中比较常见的交通工具，乘船跟乘坐其他交通工具一样，也要遵循一定的礼仪规则。乘船的礼仪规则有哪些呢？

第一，乘船前的准备礼仪。乘船之前，要提前将船票购买好，购买船票时，要自觉排队，并且自觉将零钱准备好，避免耽误他人时间。

第二，先检票再进渡口。进入渡口之前要检票，要提前将自己的行李及船票安排好，进入渡口时即出示船票。有些大型的渡口，在进入轮船之前还要对乘客的行李进行安检，特别是出境的轮船，此时，乘客应该积极配合工作人员的安检工作，不要拒绝或无端指责工作人员。不要携带危险易爆、易燃物品进船。

第三，文明有序上船。乘客在上船之前，应该自觉排好队，在乘务人员的安排下，有次序地上船，不要争先恐后地抢着上船。遇到需要帮助的人员时，应该主动给予帮助。上船后根据自己的舱位号找到自己的座位，并将自己的行李妥善安排好。使用行李舱安放行李时，要谦让其他乘客。

第四，文明交际礼仪。跟船上的服务人员礼貌地打招呼，尊重他们的劳动，对于他们的服务及帮助要及时表示感谢。跟同船舱的其他乘客搞好关系，大家相互之间彼此照应，与同船舱的人交谈时，要注意礼貌客套，不要过分亲近也不要过分冷漠，不要高谈阔论影响他人休息。不要在午休或晚间睡觉的时候去敲其他船舱的门，以免干扰他人。乘客们可在甲板上散步、观景，但不可闯入别人的房间，更不可游逛到“旅客止步”的场所。

第五，合理使用公共设施。对于船上公共的卫生间、盥洗池等，不要长时间霸占着不放，使用时要尽快，提高效率，以免影响他人的使用。要爱护公共设施及船内的环境卫生。

第六，下船礼仪。船靠岸之前，应该提前做好准备，打理好自己的行装，并将自己的行李准备好，等待下船。下船时，男士和年轻人应该礼让和帮助女

士、老人、小孩下船。

（十二）入住酒店的礼仪

当我们外出旅行或者去外地出差或进行业务培训时，可能需要入住旅馆或是酒店，旅馆毕竟不是私人的场所，所以入住者在入住酒店或宾馆时，也要注意一些必要的礼仪规范。入住酒店需要注意以下几个礼仪知识。

第一，提前预约礼仪。一般比较大型的酒店需要入住者提前预约，这便于酒店的管理，也便于入住者自己。外出旅行或者出差时，一定记得要提前预约酒店，尤其是在旅游旺季的时候，以免酒店被预约满了，而自己却要四处寻找落脚处。预约酒店可以采用多种方式，例如，电话预约、上网预约、信函预约、电子邮件预约等，最常用的还是电话预约，双方可以在电话里进行及时沟通。电话预约需要特别注意的一点就是，万一旅客比预定的时间晚到了，一定要及时跟酒店客服部联系，以免预约被取消，转租给其他顾客，如果自己因故需要退房，也应该打个电话通知对方并说明缘由。电话预约时，态度要和气，说话尽量要礼貌谦逊，不要因为对方无法满足你的要求而埋怨对方或者表达愤怒，另外，对于酒店的有关规定也应该予以理解，不要胡搅蛮缠、无理取闹。

第二，登记入住礼仪。到达预约好的酒店后，首先要去酒店的前台进行登记，登记之后，酒店的服务人员会给你安排好房间，告诉你一些入住事项及酒店的服务情况。在酒店进行登记的时候，如果前面等候登记的人比较多，要自觉排队，安静等候，不要插队或挤兑他人，不要向酒店服务人员表达不满或是提出无理要求。入住酒店一般都要出示身份证或其他证件，如军人证、护照等，登记之前要将这些证件提前准备好，以便需要时取用。登记完之后，服务人员一般会给你房间钥匙，并告诉你房间的具体位置及路线，有些酒店还会有服务人员将你领到房间门口，此时要向服务人员表示感谢，不要表现得傲慢无礼，好像别人就应该为你服务似的。酒店的大厅和走廊等公共场合里，不要表现得过于随意：不要穿着睡衣、浴衣或者裹着浴巾在这些场合晃来晃去，有碍

观瞻；不要大声说话或吵闹，不要乱跑乱跳。在酒店观看电视的时候，要注意选择合适的音量，特别是晚上的时候，不要影响到他人休息。对酒店的服务有什么要求，尽量要在大家休息前提出来，晚上的服务人员比较少，也需要休息。

第三，客房入住礼仪。要自觉遵守酒店有关规定，爱护酒店的客房设施及物品。要保持酒店客房的环境卫生，不要随地吐痰，不要在墙壁上随手乱画，不要乱弹烟灰，不要随意弄脏家具的表层，不要乱扔废弃物，一个人能否养成这种自觉性，体现着一个人的人品及文化修养的层次。出门在外，要有安全意识，进出房间都要随手关门，并将房间门锁好。有人敲门，要问明对方身份，不要轻易开门。现金或者贵重的物品不要放在房间里，要将它们放在前台的保险箱里，那样比较安全。当你有什么要求时，可以客气地向服务员或前台提出，相信他们可以满足你大部分的要求。如果赶上你的生日，可向服务人员说一声，优质服务的饭店会很快把生日礼物送上门来，你不妨试一试。如果你要连续住上几天，你可以留一张纸条给客房服务员，告诉他们，床单和牙刷不必每天都换，牙膏和洗发水也可以等用完了再换新的，保护环境和节省地球资源是我们每个人的义务，这样的客人一定会受到饭店的尊重和欢迎。一般的酒店都会禁止顾客带宠物入住，因而预定时要问清楚。

第四，离开酒店的礼仪。行程结束，就要结账离开酒店了，要给人留下一个完美的印象，离店的礼仪不可忽视。在准备离开之前，可以事先给前台打个电话告知一下，行李多时，他们会安排人来帮你搬运行李。为避免尴尬，不要随手拿走酒店的毛巾、睡衣或其他物品等，这是酒店的财产，酒店对此有严格的管理。如果不慎将酒店的物品弄坏了，不要隐瞒抵赖，应该主动告知酒店服务员，该赔偿的就要赔偿。结完账，要礼貌地致谢并道别。

二、人情往来需注意的礼仪

人生活在世上不可避免地要与其他人打交道，你来我往、迎来送往，生活中的人情往来礼仪也同样不可忽视，尤其是在中国这样一个讲究人情的国家。

（一）生日宴会不可失礼

虽然现代人大多对于自己的生日都不太计较了，但是对于一些比较传统的生日礼仪还是比较讲究的，特别是对于传统礼仪中比较重视的某个时段的生日礼仪，还是要有一些必要的了解比较好。传统中比较受国人重视的有小孩的“百岁礼”及老人的“寿礼”等。

百岁礼：百岁礼又称“百禄”，是中国民间为出生一百天的小孩举行的一种庆祝形式，流行于全国各地。“百”，含有“圆满”、“完全”之意，“百岁礼”取其“长命百岁”之意。逢小儿出生百天，不论城乡，往往设宴，家人共聚，亲朋同贺。

寿礼：又称“做寿”、“祝寿”，是一种庆祝老人生日的活动。在中国，民间以50岁以下为“做生日”，50岁以上为“做寿”。古时候做寿礼仪比较复杂、烦琐，如今做寿已经大大简化了，一家老少多请亲朋好友、街坊邻居欢聚一堂，摆酒宴席，祝福寿星。

另外，民间还有一些比较常见的生日宴会有：

整生日：指的是每逢年龄个位数为9或者0的生日。例如，49岁、50岁、59岁、60岁等。它们有不同的叫法。

大庆：每逢年龄个位数为9的生日。如39、49、59、69、79岁等。

正庆：每逢年龄个位数为0的生日。如40、50、60、70、80岁等。

散生日：年龄个位数为1～8的生日。如51～58岁。

举办生日宴会时，要做好以下的准备工作：

生日宴会的筹备工作。生日宴会的准备工作一般都由寿星的家人帮忙准备，寿星的家人可根据寿星生日宴会的具体性质及情况来做不同的安排，比如，如果是给家中的长辈过生日或者做寿的话，就要庄重一些，需要郑重其事；如果是家中人过平常的生日，可以随意一些。生日宴会的筹备工作包括选定宴会地点、准备宴会餐饮及其他物品的采购、布置宴会地点、通知亲友及准备礼物等。这些准备可以根据生日宴会的具体性质及情况来酌情安排。

生日宴会是一个喜庆的活动，现场的气氛应该是轻松愉快的，环境的布置也要轻快喜庆一些。生日宴会上最重要的一个环节就是为寿星端出生日蛋糕，大家一起唱《生日快乐》歌为寿星祝寿。寿星应该在大家的祝福下许下生日愿望并吹蜡烛，然后切开蛋糕，分发给在场的每个人，大家在一起其乐融融地分享生日蛋糕。

参加生日宴会时，要注意以下礼仪。

当被邀请参加别人的生日聚会时，要及时地给予反馈，首先要向对方表达能够被邀请自己感到很荣幸，然后还要根据自己的实际情况决定是否能够参加。通常对于别人的邀请，尽量不要拒绝，如果确实有特殊原因，应该跟对方解释清楚并表示歉意或遗憾，求得对方谅解。

当决定参加别人的聚会时，一般要视情况，如对方的年龄、兴趣、爱好，自己与对方的关系程度及双方的经济情况等因素，来为对方挑选一件合适的礼物。礼物不必特别贵重，主要是表达自己的一份心意。

一般别人邀请你去参加生日聚会时，会一再提醒生日聚会的具体时间及地点，就是希望参加的人不要搞错了。所以当你参加别人的生日聚会时，一定要搞清楚具体的时间及地点并准时到达宴会现场。参加生日宴会时，不要去得过早，以免对方没有准备好，还要分散注意力来招待你；也不要去得过晚，以免他人等候。当有事不能及时参加时，要跟主人事先说明一下，叫对方不必等你，并说明一下自己到达的时间，让大家心里有数。进入朋友家后，应该向过

生日的人说声“生日快乐！”并把礼物送给朋友。

在生日宴会上会碰到很多自己不认识的人，他们也是朋友的亲友，因此对他们也要热情友好相待。不要老霸占着自己的朋友，让其有时间去招呼其他的亲友，也不要让朋友觉得他冷落了你，可以利用难得的机会在生日聚会上结交更多的新朋友。

离开朋友家时，应该向朋友及其家人说再见，并诚挚地表达自己的谢意。

（二）探望病人有讲究

人生在世，难免会碰到生、老、病、死的事情，其中，生病又是每个人生命中都会经历的事情。当亲友、同学、同事患病的时候，前往探访、慰问是人之常情，是人际交往的一门基本的礼节，探访病人能够增进双方之间的感情，但是要注意礼仪细节，否则会适得其反。下面我们来介绍一下拜访病人的一般性礼节。

第一，把握探病时机，提前预约。拜访病人时，一定要首先把握好合适的时机，大多数的医院对于亲属探望病人都有明确的规定及时间安排，另外还要注意病人就诊活动及休息的时间安排，将这些弄清楚之后，再决定比较合适的探望时间。要做到这点，除了要向病人所在医院或其家属探明情况之外，还要与病人或其家属提前预约一下，让对方提前做好安排和准备。

第二，按约定准时到达。如果跟病人约定好了探病的时间，那么就务必按照约定，准时前去探访，因为病人的生活一般都被有规律地安排好了。探访病人时，一切要以病人的生活日程为主，避免影响病人的休息或治疗，否则可能会使得自己空跑一趟，或给病人带来不必要的麻烦。遵守约定，也是一种礼节，反映一个人的素养及对于他人的尊重。

第三，注意拜访过程中的细节问题。

拜访病人时，选带礼物要留心。一般人在探访病人时，都会顺带礼物前去，但是在探访时，对于送给病人的礼物要仔细研究下，不是所有的礼品都合

适，礼品送得好，才能体现一个人的用心程度。看望病人时，不要随便送鲜花，有些鲜花可能会使病人的病情加重，如颜色鲜艳的鲜花会刺激病人的神经，激发病人的烦躁情绪；还有些鲜花的花粉会引起呼吸道过敏。所以看望病人时，最好避免送鲜花，要送也要事先了解一下具体的情况。送病人的补品也有讲究，要根据病人患病的具体情况来选择，如病人失血过多，可以送一些补血的补品，如果病人肝脏不好，可以送一些养肝的补品，总之，选礼品要有针对性。

拜访病人时，要注意言谈举止。探望病人时，要言谈轻松，讲究分寸。探望病人时，神情应该保持轻松和关切，不要显得过于担心，见到病人治疗用的针头、皮管及其他医疗器械，不要表现出惊讶的神态，以避免给病人带来压力。说话时不可以表现得兴高采烈，也不要表现出紧张或漫不经心，要语调轻松，注意措辞，语气委婉，情真意切。要说些有益于养病的话，向病人介绍自己或熟人治愈该病的经验，增强病人对于治愈康复的信心。多讲讲病人家庭和睦、工作单位情况良好的事，解除病人的后顾之忧，专心养病。

第四，礼貌地结束探访。拜访病人的时间不宜过短，让别人误会自己是在敷衍；也不宜过长，以免影响病人的休息。探望的时间一般以十几分钟为宜，最好不要超过半个小时。当然，如果是病人特别要求，可以另当别论。

（三）结婚庆典的礼仪

古今中外，结婚都是一个人一生中最为重大的事件之一，结婚典礼的仪式、礼节都不可忽视。古今中外，由于时代、地域、民情风俗不同，人们结婚庆典的仪式、礼仪也不尽相同。下面我们就现代中国人最普遍、最一般的结婚庆典来介绍一下婚庆礼仪的基本知识。

第一，婚典筹备礼仪。

婚典的策划：准新人双方家庭共同商议决定婚礼的日期、地点、仪式及婚宴的举行方式；对婚礼的消费进行预算；草拟所请客人的名单；召集好友讨论

婚礼计划；确定伴郎、伴娘及主婚人、征婚人；成立婚礼筹备组；制订婚礼项目计划书等。

确认婚礼的策划：在婚礼策划实施之前与婚礼有关项目的相关人员进行沟通确认；就婚礼的筹备计划和进展与父母及时沟通；分发喜帖给所邀请的亲友；电话通知外地的亲友；再次确认主婚人、证婚人及伴郎、伴娘；及时反馈并再次确认受邀亲友的信息等。

结婚物品的采购：包括婚房物品的采购及婚典用品的采购两个方面。婚房物品包括：家具、家电、床上用品、彩色气球、彩灯、蜡烛及其他装饰用品等。婚礼用品包括：新郎新娘的婚纱礼服、结婚戒指、新娘化妆品；喜帖、喜字、红包；彩带、拉花、喷物；烟、酒、饮料；茶叶、花生、瓜子、糖果、水果；鲜花、蛋糕、蜡烛；录像带、胶卷等。

拍婚纱照：新郎新娘挑选合适的婚纱影楼、预约拍摄日期、拍照、选片、洗印照片等。

新房布置：彻底打扫新房；对新房的物品进行布置，保持新房清洁卫生。

确定婚礼主持人：确定婚礼主持人的人选并就婚礼当天的具体计划与设想进行沟通。

预约婚宴及酒席：根据来宾人数确定酒席数量；选择婚宴的具体地点；确认酒席菜单并预算酒宴开支；与酒店协商布置婚宴现场及确认现场的音效等。

预约婚礼化妆师：确认婚礼发型师、化妆师；与发型师、化妆师及时沟通；确定婚礼当天的造型要求；预约化妆的具体时间。

预约婚车：确定婚车的数量并选定婚车的司机人选；预约扎彩车的时间及地点；确定婚礼当天的婚车路线及所需时间并与司机沟通确认。

预约婚庆摄像：确定婚礼当天的摄影社及摄影人员；安排摄影工作；准备摄影器材及胶卷录像带等。

第二，预备婚礼当天的礼仪。

确认发言人并督促其准备发言词：主、证婚人的发言准备；父母代表的发言准备；来宾代表的发言准备；新郎新娘对于婚礼仪式上可能遇到的问题的应对准备。

确认婚礼当天的物品准备：试穿所有的礼服；婚礼当天新郎新娘的快餐准备；结婚证书、戒指、红包、佩戴首饰、新娘的补妆盒；糖果、烟酒、茶、饮料；蜡烛、蛋糕。

新郎新娘婚礼前的演习：新郎新娘反复熟悉婚礼流程；预演婚礼进行台步；预演婚礼仪式上的表情动作；预演交杯酒动作；预备新人敬酒动作。

第三，婚礼当天准备的礼仪。

化妆礼仪：新郎起床后将发型做好；新娘化妆；准备发型师、化妆师的红包。

婚车：在预定的时间内将彩车准备好；专车送新郎至新娘家；新娘化好妆前，所有婚车到达新娘住处；准备司机红包。

迎接新娘：车队到达新娘住处，新郎将新娘抱进彩车；开路车率先出发，彩车尾随其后，其他婚车跟随彩车之后；新郎新娘出发至酒店婚宴现场。

酒店准备：将糖、烟、酒、茶、饮料等带至酒店；最后检查酒席安排、音响、签到处等细节；准备好鲜花、彩带、喷物；准备好音乐的播放；迎宾人员准备。

第四，婚礼进行中的礼仪。

音乐响起，主持人发言，花童向新娘献花，新娘一手捧着鲜花一手挽着新郎缓步入场，走向主席台，花童跟随其后，牵着新娘的婚纱裙摆，伴郎、伴娘尾随其后，其他人分撒花瓣、彩带，周围亲友热情欢送新郎新娘。支持人向来宾介绍新郎新娘双方的个人情况及他们的恋爱史，祝福新郎新娘并鼓动现场的喜庆气氛。主婚人致辞，热情洋溢，要体现对新人的祝福及美好祝愿。证婚人宣读结婚证书。新人父母上台。新郎新娘在主持人的支持下互换结婚戒指，并三鞠躬（向双方父母鞠躬，夫妻双方对鞠躬）。父母给新人发红包，新人表示

感谢。双方父母代表讲话。新人开香槟、切蛋糕、喝交杯酒、点燃蜡烛。

（四）参加丧葬的礼仪

中国人向来看重生命，所以人们将死与生同样都看得很重要，死者为大，丧礼作为一个人一生的最后一个礼节，也更加受到人们的重视。这里我们简要谈些丧葬礼仪中的人情往来礼仪。它包括举办方和受邀参加丧礼一方的往来礼仪。

丧礼发展有古今的不同，也因地域及民俗而异，下面我们就现今城市居民普遍采用的丧葬祭奠礼仪方式，来介绍一下丧葬礼仪方面的知识。

如果自己的家人或者亲友有不幸的消息传来时，要尽量保持镇静，因为人死不能复生，虽然悲伤是情理之中的事情，但是悲伤之外要保持一分冷静，这将有利于接下来要进行的丧礼。不幸已经发生，悲伤心急也无用，要推出一个可靠又有能力的人来料理后事才是紧要的任务。一般要邀请自己家中或者与自家有世交的年长者来主持丧礼。受邀主持丧礼的人要事先了解丧家的具体情况并且参考他们对于丧事的意见来合理安排丧礼的规模及其他事宜。丧礼的要求贵在严肃而有序。主持丧礼的一般程序有：

第一，将死者送往殡仪馆。经医生鉴定并宣告死亡，无论死者身处何处，应即电话通知殡仪馆派专车将遗体送往冰库，遗体启程时，由家庭亲属陪护，对于年龄大的亲属，要劝其不要一同前往，以免其悲伤过度，出现意外。遗体送往殡仪馆后，由馆方专业人员为死者修容更衣，使死者保持安详整洁的仪容，以减轻死者亲友的悲痛之情，同时要进行冷冻防腐处理。

第二，及时约人商议丧礼事宜。最好约几位有经验的亲友来共同探讨丧礼的事宜，推出一个有名望、有资历的年长者来主持丧礼。大家听从安排，分工协作。

第三，与殡仪馆洽谈有关治丧事宜，包括开吊时间、丧礼举行的方式、灵堂的布置等。

第四，报丧、发出讣告。人死后两三天内向亲友和社会报告死者姓名、死亡原因、时间、地点及举行追悼会或向遗体告别仪式的时间、地点等。通知近亲好友，使之奔丧。

第五，举行追悼会。追悼会的布置要庄严肃穆。追悼会的一般仪式为：追悼会开始，全体肃立；奏哀乐，鸣炮；向遗体致敬、默哀；致悼词；宣读唁电、唁信及送花圈、挽联、挽幛的名单；家属代表讲话；向遗体告别，列队慢步经遗体前并鞠躬；奏哀乐，鸣炮，散会。

第六，火化遗体并处理骨灰。举行追悼会或向遗体告别后，即进行火化。火化之后，将少许骨灰盛入骨灰盒内的塑料袋中，再装入骨灰盒里。骨灰盒可寄放在殡仪馆专设的存放大厅内，也可以带回家中保存或营建坟墓安葬，有的则埋入墓地，有的遵照死者遗愿将骨灰撒向江海大地。

第七，家中纪念。丧礼举办结束之后，丧事就告一段落，遗属清理挽幛、挽联及其他祭品，分给子女留作纪念和作为日用物品，并在家中厅房悬挂饰以黑纱的死者遗像作为纪念。

第八，清明祭扫。每到清明时节，亲属要到殡仪馆看望或擦净骨灰盒，或者去墓地祭扫，以示对于先人的思念。

参加丧礼时，要注意一些细节方面的问题：

要注意自己的神态表情，保持悲伤的情绪，不能无动于衷，更不能面露厌烦或者面露笑意，那样会让人觉得没有同情心，不知礼数，引人反感。

要注意着装。出席丧礼一般要着深色正装，最好是黑色。忌穿着艳丽，或太随便。一般要在衣袖上戴上黑纱或者在胸前佩戴白花。

注意自己的举止。出席丧礼时，为了表现自己的悲痛之情，一般举止要庄重缓慢，不要昂首阔步太过活跃。不可在参加丧礼的队伍中与人交头接耳，议论其他的事情甚至打闹或谈笑风生。不可在丧礼的中途离开，应该坚持到底，这是对死者极其家属的尊重。适当宽慰死者的家属，劝其节哀顺变。

第九章　涉外礼仪：晓他国之礼，显自身风度

随着国家开放，世界经济大融合，国与国之间的交往越来越密切，因而懂得涉外礼仪是适应国际形势必不可少的一门知识。

一、国际礼仪：你要懂点基本原则

在长期的国际交流与融合中，尽管各国的法律条令、人情风俗不同，但也形成相对一致的国际交际礼仪的基本交际原则，这是涉外礼仪的基本，应该熟练掌握。

（一）与外国朋友交谈的礼仪

与外国朋友交往，特别是在比较重要的外交场合，要特别注意自己的言行举止，因为自己的一言一行，不仅仅体现个人的修养问题，还代表了自己祖国的脸面。与外国朋友交谈时，要注意以下几个方面的礼仪。

第一，要注意说话时的表情姿态。与外国朋友交谈时，表情要自然、亲切，姿态要端庄、优雅。表情要自然、亲切，既让对方感觉出自己的友好及与之交谈的喜悦之情，同时又不能有过分套近乎甚至谄媚之嫌。姿态端庄、优雅，男士要有绅士的风度，女士则要有淑女的风范，既不能让人感觉出无礼傲慢，又不失友善、谦和。交谈过程中应目光注视对方，别人讲话不要表现出

东张西望、心不在焉的样子，不要玩弄其他东西或者老看手表，一副不耐烦的样子。

第二，手势正确，表达得体。说话时，语言要得体，多使用简单的口语，简短的句子，只要将自己的意思完整地表达出来即可，不必追求长难句、拗口句及生僻词等，以免因自己不熟而用错，也会给人卖弄学问之嫌，引人反感。说话时，要经常使用一些敬语，如“Excuse me”、“sorry”、“pardon”等，同时要使用一些赞美对方的话语，如“You look so charming”等，对方一定很开心。说话时，可适当做些手势，但动作不要过大，更不要手舞足蹈，不要用手指指人。参与别人谈话要先打招呼，别人在个别谈话时，不要凑前旁听或插话。第三者参与谈话，应以握手、点头或微笑表示欢迎。发现有人欲与自己谈话，可主动询问。谈话中遇有急事需要处理或需要离开，应向谈话对方打招呼，表示歉意。对方发言时，忌伸懒腰、看手表、玩物品、左顾右盼、心不在焉、注视别处等漫不经心的样子或动作。

第三，谈话内容的选择。与外国友人交谈，要选择合适的谈话内容。涉外交往中谈话内容尽量避免宗教、疾病、死亡、淫秽等话题；避免涉及别人的收入、家庭财产等私人生活问题；不要批评长辈、身份高的人，不要耻笑讥讽别人；与女士交谈时，不要询问女士的年龄和婚姻状况，更不要评论对方的身材、健康、收入等。谈论的话题应该尽量健康而具有开放性，同时又不涉及利益冲突、种族冲突、宗教冲突等方面。

第四，其他的注意事项。如，谈话要照顾在场的所有人，现场有多人时，注意与在场的所有人攀谈，不要冷落他人；交谈时要给别人发表意见的机会，别人说话，也应适时发表个人看法；善于聆听对方谈话，不轻易打断他人的发言；如对方谈到一些不便谈论的问题，不对此轻易表态，可转移话题；对方不愿回答的问题不要追根问底；无意中谈起对方反感的问题或发现对方对自己谈论的话题不感兴趣时，立即转移话题。

（二）与外国朋友交往的礼仪

对于广大中国公民而言，涉外交往的机会和场合越来越多，涉外交往礼仪尤显重要，我们应努力学习涉外礼仪知识，遵守涉外礼仪规范，自觉养成涉外交往中的文明行为习惯，提升涉外交往中的文明素养，努力摒弃和纠正在涉外活动中有损个人形象、有辱国格的陋习。在与外国朋友交往时，要注意以下几个方面的礼仪。

第一，热情友善，自尊自爱。在与外国朋友的交往过程中，为弘扬中华民族“礼仪之邦”的优良传统，应真诚热情，以礼相待，不可过分客套。既要自尊自爱，又要尊重他人。自尊，首先要尊重自己的个人形象，仪容仪表优雅端庄，言行举止大方得体；其次要尊重自己的职业、单位，以自己的职业、单位为荣，不要自我贬低；最后也是最重要的要尊重自己的国家，这不仅是一个人爱国心、民族自豪感的表现，也是对于自己及自己所属团体的尊重。不说有辱国格、人格的话。

第二，把握分寸，尊重隐私。外国人普遍注重保护自己的隐私不受伤害，也十分忌讳他人打听自己的隐私，因而在与外国朋友交往的时候，就应该把握分寸，要做到热情关怀有度，不要随意探听他人隐私，尊重外国朋友的隐私权。对于外国人的个人隐私要做到“八不问”，即不问履历出身、不问收入支出、不问家庭财产、不问年龄婚否、不问健康问题、不问家庭住址、不问政见信仰、不问私人情感等。在尊重外国朋友隐私的同时，避免与人谈及自己的隐私话题，婉拒外国朋友的不合理要求，不失密泄密。

第三，遵守约定，守时守信。外国人比较讲究信用，也很在乎他人是否有信誉，因而在与外国朋友交往的过程中，一定要遵守彼此之间的各种约定，答应的事情，就要在约定的时间里办成，务必做到言必行、行必果。如果确实是因为不可抗力的因素造成承诺无法兑现，应尽早通知对方，如实解释，郑重道歉，并主动承担损失。

第四，尊重习俗，避免禁忌。不同的国家、不同的民族由于其文化背景不同、宗教信仰不同，而产生了文化差异及不同的风俗习惯及交往禁忌。对此，我们要事先了解，尊重对方的习惯，特别要避免触犯了对方的禁忌。

（三）出境旅行要注意个人礼仪

出境旅游，要讲究自己的个人礼仪，因为它不仅仅是人文化修养的体现，也是本国国民素质的表现。出境旅游，游客需要注意哪些个人礼仪呢？

第一，注意自己的仪容仪表。仪容仪表的总体要求是清洁干净，自然得体。头发要经常清洗，梳理整齐，使之无味、有序、无头皮屑。对于发型要根据自己的脸型、体型、年龄、气质等设计，凸显出整体美，不要使用奇形怪状的发型。面部也要注意清洁卫生，保证面部干净清爽。男士应剃须、剪鼻毛。女士可适当化些淡妆，使用淡味香水，切忌浓妆艳抹，喷洒过多香水。保持手部清洁，不留长指甲，不涂有色指甲油。保持口腔清洁卫生，口气清新无异味，早晚刷牙，饭后漱口，避免吃蒜、葱、韭菜等产生异味的食物，随身携带口香糖以备不时之需。

第二，注意自己的着装礼仪。出境旅游，着装上亦有讲究。在旅游的休闲时间里，穿着可以随意一些，在便于行走的前提下，兼顾干净、得体、大方即可。如果在旅游的期间要参加朋友聚会或是商务洽谈，则要穿着正式一些。旅游期间最好不要佩戴贵重奢侈品，或穿着华贵烦琐的服装。另外，出境旅游着装还要考虑当地的人情风俗，如在一些妇女地位低下、民风保守的国家，穿着切忌太过暴露，以免引起他人反感。另外对于服装的颜色也要讲究，避免穿当地禁忌的颜色的服装，以免引起不必要的麻烦。

第三，注意自己的言行举止。出境旅游，要时刻注意自己的言行举止，特别是在与外国人打交道的时候。言行举止既要文明礼貌，又要落落大方，这应是出境旅游的游客对自己的基本要求。说话要言辞文明，语气平和，音量适中；说话多用礼貌用语，诸如“您好”、“谢谢”、“对不起”等；不要在公

共场合大声喧哗，高声说笑。举手投足，要稳重大方，表情自然，不要在公众场合搔首弄姿，勾肩搭背，随地吐痰，拥挤抢座；不要在旅游景点私刻乱画，践踏草地，采花摘果；更不要在大庭广众下追逐打闹，或在公共座椅上躺卧休息；不要在有“禁止吸烟”标志的地方吸烟。

二、惯例与忌讳：涉外交际你必须知道的礼仪

跟其他的礼仪一样，涉外礼仪除了基本的礼仪规范之外，也有诸多的礼仪禁忌，这些礼仪禁忌是涉外礼仪当中的重要组成部分，不可忽视。

（一）尊重妇女是一种教养

“女士优先”原则是现代国际社会一条公认的重要礼仪。它主要适用于成年异性的进行社交活动，每一位成年男士都有义务，自觉主动地以自己的实际行动尊重妇女、照顾妇女、保护妇女。尊重妇女：与妇女交谈时，一律要使用尊称，谈话亦不应令在场的妇女难堪；排定礼仪序列时，应将妇女列在男士之前。照顾妇女：在一切社交活动中，男士均应细心地照顾妇女，如就座时，应请其选择上座；就餐时，男士为女士拉开椅子，并根据女士口味点餐；出入房间时，男士要为女士开门、关门；在女士面前，任何时候都不允许男士吸烟。保护妇女：男士应竭尽其全力保护妇女，如通过危险路段时，男士应走在前列；在马路上行走时，男士则应行走于外侧等。除此之外，男士还要想方设法、尽心竭力地去为妇女排忧解难，人们认为这是一种男士该有的绅士风度。倘若因为男士的不慎，而使妇女陷于尴尬、困难的处境，便意味着男士的失职，是缺乏教养的表现。“女士优先”原则还要求男士们对所有的妇女都要一视同仁，不可厚此薄彼。

（二）右尊左卑：以右为尊惯例

在正式的国际交往还有一项公认的基本原则就是“以右为尊”的原则。按国际惯例，最基本的规则是右高左低，即以右为上，以左为下，以右为尊，以左为卑。此项原则适合于以下几个场合，在涉外交往中，要特别注意。

第一，行走、站立、就座时，国际上的一般礼节为：主人居左，客人居右；男士居左；女士居右；晚辈居左；长辈居右；未婚者居左，已婚者居右；职位、身份低者居左，职位、身份高者居右。

第二，去外宾下榻的酒店接待拜访外宾，就座时：外宾居右，拜访者居左。

第三，举行正式谈判时，谈判桌横放于室内时，以面对正门的一侧为上座，以背对正门的一侧为下座。但是届时各方人员进行具体排列时的做法，与谈判桌竖放于室内时的情况却相类似，即位于主谈者右侧的位置，在地位上高于位于其左侧的位置。

第四，国际会议时，会议主席台上的排列，也是要讲究以右为尊。就连发言者所使用的讲台亦须位于主席台的右前方，这是给予发言者的一种礼遇。在排列涉外宴会的桌位、席次时，同样必须应用以右为尊原则。

第五，乘坐轿车时，车上具体位次的确定，亦应遵守以右为尊原则。具体而言，通常以后排右座为第一顺序座，应请尊长或贵宾在此处就座。接下来的第二顺序座、第三顺序座则分别应为后排左座、后排中座。

第六，悬挂国旗时必须依照以右为尊的原则。具体而言：并排悬挂两国国旗时，按惯例应以国旗自身面向为准，右边悬挂来访国国旗，左边悬挂东道国国旗；需要同时悬挂多国国旗时，应以国旗自身面向为准，越往右侧悬挂的国旗，被给予的礼遇就越高，越往左侧悬挂的国旗，被给予的礼遇就越低。在确定各国国旗的具体位次时，一般的做法是按照各国国名的拉丁字母的先后顺序而定。在悬挂东道国国旗时，也可以将其悬挂在最左侧，以示东道国的谦

恭之意。

（三）涉外数字禁忌

很多国家的人们在长期的生活实践及信奉宗教的时候，形成了对于某些数字的禁忌，在涉外交际场合要注意了解这些数字禁忌，避免触犯这些禁忌，也是涉外交往中的一种礼仪需求。那么涉外交往中数字禁忌有哪些呢？

“3”：西方人因对战争死亡的恐怖，忌讳数字“3”，特别是在点烟点到第三个人时，他们往往会面呈难色，有的人甚至会婉拒。

“4”、“14”、“44”：在日本，由于“4”与中文的“死”发音相近，所以日本的医院都没有4号病房和病床，谁也不愿意躺在“死”号病床上等死。在韩国，很多旅馆没有4层楼，门牌没有4号，韩国军队中也不用4字。所以与日本、韩国友人互赠礼品时切记不送数字为“4”、谐音为“4”的礼品；不要安排日本人入住4号、14号、44号等房间。

“9”：日本人因“9”的发音和“苦”相近，所以也在忌讳之列。

“13”和“星期五”：信奉天主教、基督教的人十分忌讳这一数字和日期，认为它们是厄运和灾难的象征；一些西方人认为13之不祥是耶稣被钉十字架就是在13号星期五；纽约股市在一个星期五大崩盘，给人们留下了很久难以弥合的心理创伤，于是有“黑色星期五”的说法。因而，在涉外活动中要避开与“13”、“星期五”有关的一些事情，更不要在这一天安排重要的政务、公务、商务及社交活动。

（四）奇风异俗：颜色禁忌

不同的国家由于宗教信仰不同，历史文化习惯不同，形成了不同的颜色喜好及禁忌，在涉外交往中尤其要了解正在交往的国家的颜色禁忌。

中国香港地区：白、黑、灰色不大受欢迎。

日本：禁忌黑白相间色、绿色、深灰色。

蒙古：黑色被视为是不幸和灾祸，故蒙古忌黑色。

泰国：禁忌褐色。

马来西亚：忌用黑色（丧礼上穿黑色），认为黑色是消极的。

新加坡：视紫色、黑色为不吉利，黑、白、黄为禁忌色。

缅甸：越南的村寨路悬挂有绿色树枝时，是禁入的标志，外人不得进入。

巴基斯坦：居民视黑色为消极。

印度：黑、白色和灰色，被视为消极的，不受欢迎的颜色。

伊拉克：国旗的橄榄绿在商业上是禁止使用的。

埃及：忌讳黑色与蓝色、紫色。

利比亚：忌讳黑色。

埃塞俄比亚：禁忌黑色及其他淡颜色。

乍得：黑色与红色视作不吉利的颜色。

多哥：红、黄、黑带有消极的含义。

加纳：黑色是不吉利的。

尼日利亚：视红、黑为不吉利。

科特迪瓦：忌暗淡和黑、白相同的颜色。

塞拉利昂：认为黑色有消极的含义。

贝宁：红与黑是消极的。

利比里亚：黑、白带有消极的含义。

马达加斯加：黑色带有消极情调。

英国：厌恶绿色，因为他们以橄榄色作为裹尸布的颜色。

法国：厌恶墨绿色，因为纳粹的军服色是墨绿色。

比利时：厌恶墨绿色，因为纳粹的军服色是墨绿色；忌讳蓝色，如果遇到不祥都用蓝色为标志。

巴西：以棕色为凶色，认为死人好比黄叶飘落，所以忌讳棕黄色。

叙利亚：忌用黄色，认为它表示死亡。

埃塞俄比亚：出门做客不穿浅黄色衣服，因为他们认为穿淡黄色服装是表示对死者的哀悼。

巴西：以棕黄色为凶丧之色。

欧美国家：以黑色为丧礼的颜色。

叙利亚：将黄色视为死亡之色。

土耳其：认为花色是凶兆，布置房间时不用花色。

（五）花卉禁忌知多少

鲜花美丽又富有魅力，送鲜花已成为人们社交活动中的一项礼仪活动，人们在长期的生活生产实践中，对于鲜花的花语、花意也形成了或统一或相异的认识，甚至很多国家还形成了某些禁忌。在涉外交际场合，一定要了解各个国家的鲜花禁忌，以免引起不必要的麻烦或误解。

根花：探视病人时，日本人严禁以根花（包括盆花）为礼，因为日文的“根”字和“睡”字的发音相同。

红玫瑰：在德国、瑞士等大多数欧洲国家，忌送朋友妻子或普通异性朋友红玫瑰，因为红玫瑰代表爱情，会使他们产生误会。

白色百合花：在印度和欧洲国家，不宜送白色百合花，这是给死者的专用虔诚悼念品。

山茶花：日本人在探望病人时，忌用山茶花。认为山茶花凋谢时整个花头落地，不吉利。

荷花：在日本是象征祭奠的不祥之花。

白花：在欧洲，人们以花为礼时，除生日与命名日之外，一般忌用白色鲜花。白色的月季在印度和欧洲常作为对死者最虔诚的吊唁品。

郁金香：德国人忌用郁金香为馈赠品，认为它是无情之花。

康乃馨：在法国，康乃馨被视为不祥的花朵。

黄花：大部分的国家都认为黄色的花不吉祥。法国人认为黄色花象征着不

忠诚。英国人忌用黄玫瑰为礼花，认为黄玫瑰象征亲友分离。

紫花：巴西人忌用紫色的花为礼，紫花为葬礼用花。

红花：在墨西哥，红色花表示符咒，是人民普遍禁忌的颜色。

菊花：菊花在大部分的欧洲国家及拉美各国被认为是“妖花”，只能用于墓地和灵前。

香花：一些欧洲国家，在探望病人时，往往忌用香气浓烈的或具有特殊象征意义的鲜花。

干花：波兰人忌送干花或枯萎的花，认为送干花或枯花意味着情谊的终结。

单双数：在俄罗斯、南斯拉夫等国家如果送鲜花的话，一定要送单数（13除外），因双数被视为不吉祥。罗马尼亚人送花一般送单数，过生日时则例外。

另外，在国际交际场合忌用菊花、杜鹃花、石竹花、黄色的花献给客人，这已成为一种国际惯例。

（六）了解各国的饮食禁忌

与外国人交往时，要了解他们的饮食文化，特别要注意了解他们的饮食禁忌。外国人的饮食禁忌的产生原因一般有三种：个人习惯、风俗禁忌、宗教禁忌等，这里要特别注意各国的风俗及宗教饮食禁忌。

中东信奉伊斯兰教的国家：禁食未放血的动物肉；禁食猪肉、狗肉、猫肉；一般也禁食鱼肉、马肉、驴肉。多数的阿拉伯人不喜欢吃海参、螃蟹等食物，也不食无鳞鱼。穆斯林在正式场合严禁饮用含酒精的一切饮料。客人对酒的忌讳程度是不一样的，在接待不同国家的客人时要具体了解清楚。信奉伊斯兰教的国家每年有斋月，斋月是按回历推算的。在斋月里日落之后、日出之前不能吃喝，所以来访、出访时都要尽量避开这个时期。

信仰印度教的国家（如印度、尼泊尔等国）：信仰印度教的教徒奉牛为神，在印度、尼泊尔很多人不吃牛肉。尼泊尔的法律规定，神牛和母黄牛受到

法律保护，一律不得宰杀。

巴基斯坦：禁止吃猪肉，一般不抽烟，不喝酒，不让女性见客人，吃饭时只邀请男客而不请其夫人，即使你请了巴基斯坦人和他的夫人吃饭，他的夫人也常常不参加。在巴基斯坦绝对禁止饮酒。在巴基斯坦的外国人，也不得在公共场所饮酒，否则也要受到处罚。

三、各国民间交往礼仪

其实跟中国一样，每个国家在他们的老百姓当中有他们自己流传已久的民间交往礼仪，在这里我们着重讨论跟咱们国家关系比较密切的日本、韩国、美国的民间交际礼仪。

（一）日本人的礼仪特点

日本人的日常交际礼仪。

鞠躬礼：

日本人见面多以鞠躬为礼，一般人们相互之间是行30° 和45° 的鞠躬礼，若表示对对方十分尊重，可弯成90° 鞠躬，此称为“最敬礼”。鞠躬时，两手自然下垂放在衣裤两侧，多以左手搭在右手上，放在身前行鞠躬礼。

握手礼：

如今，受欧美的影响，日本人也习惯握手礼，尤其年轻人见面也开始有见面握手的习惯。

饮酒、茶礼：

按照日本人的风俗，饮酒是重要的礼仪，客人在主人为其斟酒后，要马上接过酒瓶给主人斟酒，相互斟酒才能表示主客之间的平等与友谊。斟茶时，日本人的礼貌习惯是以斟至八成满为最恭敬客人。

递名片礼：

日本人在初次见面时有互相交换名片的习惯，商人间特别流行。名片交换礼仪一般是以地位低或者年轻的一方先给对方，递交名片时，要将名片正对着对方。名片在日语中写为“名刺”，女性大多使用比男性名片要小的名片。

坐姿：

日本人对坐姿很有讲究。在公司里，日本人都坐椅子，但在家里，日本人仍保持着坐“榻榻米”的传统习惯。坐榻榻米的正确坐法叫“正座”，即把双膝并拢跪地，臀部压在脚跟上。轻松的坐法有“盘腿坐”和“横坐”：“盘腿坐”即把脚交叉在前面，臀部着地，这是男性的坐法；“横坐”是双腿稍许横向一侧，身体不压住双脚，这常是女性的坐法。现在，不坐“榻榻米”的年青一代在逐渐增多。

屈体礼：

屈体礼可分为立礼与跪拜礼两种。由于跪坐礼对于身体有伤害，近些年来跪坐礼在日本已不太时兴。立礼的要点是：五指并拢垂直放下，屈体时随身体自然下垂。最高规格的辞别屈体礼是将身体屈直至手指头触及膝盖为止；最低规格的辞别屈体礼只要求身体从腰部向前直屈。

日常生活礼仪：

日本人在日常生活中，习惯通过适当的动作来传达问候。熟人打照面的时候，最常见的是施屈体礼。如果双方关系甚密，还可施握手礼或者拍拍肩膀。就握手而言，男女之间握手，应由女方首先伸手；前辈、晚辈之间，则应晚辈首先伸手。如果在人群拥挤的地方，远远地发现了自己的朋友，可轻轻举起手来，向对方招手致意；如果对方发现，就应看着远处的朋友，讲一些问候的话。在大街上遇到长辈、上司，必须将容易脱掉的帽子、手套摘下，然后施礼问候，但一定要注意简单、扼要，必须把长辈、上司让到能够庇护他们的地点。相互间表示问候的时候，最忌讳眼睛斜视或者对视，用眼睛盯人，似乎要

把人看透，这种做法也被视为失礼的动作。最标准的做法是要求人们将平目、平肩、平乳的角度组成四角，选正中的位置为最佳目视部位，所谓最佳部位是指问候者表示愿意听对方讲话的姿势。日本人待人接物态度认真、办事效率高，并表现出很强的纪律性和自制力。约会总是正点，很少误时。

日本人不喜欢针锋相对的言行与急躁的风格，把善于控制自己的举动看做一种美德，他们主张低姿态待人，说话时避免凝视对方，弯腰鞠躬以示谦虚有教养。在日本能否正确使用语言往往是判断一个人有没有教养的重要根据。日本人在日常的生活当中很少使用人称代词，一般都用敬语来代替人称。正确使用敬语对日本人来说至关重要。一般在谈自己或与自己关系亲密的人时用谦语；谈对方或与对方关系亲密的人时用敬语。如果胡乱地、不分彼此地使用谦语或敬语，也会被看成是缺乏教养的表现。日本人在日常生活中还经常使用一些礼貌用语，如“谢谢”、“再见”、“是”、“早安”、“晚安”、“对不起”、“请”等，是日常交往中经常使用的礼貌语。

日本人崇尚谦虚，不喜狂妄自夸。与人交谈时，谈话一般以通俗易懂，给对方愉悦的感觉为好，不可过分卑下，也不可拿腔拿调。特别要注意的是，问候对方时尽量不要使用与自己的专业、职务有关的高深的词汇，以免对方费解。一般来说，与对方谈文学、艺术、体育方面的话题，障碍会少一些，但严禁向对方表现自己的博学。日本人认为谈话是一种交流活动，应该在平等、轻松的氛围下进行；无论一个人在学问上有多大的建树，如果不懂广泛的社会知识，不通世故都不是有教养的人。

（二）韩国人的礼仪特点

韩国是一个非常讲究礼仪的国家，日常生活中处处体现了礼仪。韩国人受儒教思想颇深，尊师重道是韩国礼仪的核心。

韩国人崇尚儒教，尊敬师长。早晨起床或饭后都要向父母问安；父母外出归来，子女要上前迎接；吃饭时，父母长辈未动筷，子女不可先动筷。老人、

长者进屋，晚辈要起立问候，并主动让座，长辈未坐下，晚辈不可先入座。与长辈、老人谈话，态度要恭敬，不可表现出不耐烦或是做些小动作。晚辈、下级走路时遇到长辈或上级，应鞠躬、问候，站在一旁，让其先行，以示敬意。

鞠躬、握手是韩国人日常社交的一项传统礼仪。男人之间见面打招呼互相鞠躬并握手，握手时或用双手，或用左手，并只限于点一次头。和韩国官员打交道一般可以握手或是轻轻点一下头。女人一般不与人握手，与他人见面一般要行鞠躬礼。在社会集体和宴会中，男女分开进行社交活动，甚至在家里或在餐馆里都是如此。

韩国人很重视交往中的接待，所以要想去拜访韩国友人，最好要提前预约，以使对方有所准备。韩国人宴请宾客一般在饭店或酒吧举行，夫人很少在场。拜访韩国家庭时，应带些小礼品，并且最好也要讲究一下礼品的包装。韩国人用双手接礼物，但不会当着客人的面打开。韩国男性多喜欢名牌纺织品、领带、打火机、电动剃须刀等；女性喜欢化妆品、提包、手套、围巾类物品和厨房里用的调料；孩子则喜欢食品。如果送钱，应放在信封内。不宜送外国香烟给韩国友人。不能送酒给妇女。韩国人敬酒也讲究礼仪，敬酒时，要用右手拿酒瓶，左手托瓶底，鞠躬致祝辞，再倒酒。敬酒人应把自己的酒杯举得低一些，用自己杯子的杯沿去碰对方的杯身。敬完酒后再鞠个躬才能离开。做客时，不要在主人家到处逛。离开时，主人送你到门口，甚至送到门外，然后说再见。

韩国人见面时的传统礼节是鞠躬，晚辈、下级走路时遇到长辈或上级，应鞠躬、问候，站在一旁，让其先行，以示敬意。男人之间见面打招呼互相鞠躬并握手，鞠躬礼节一般在生意人中不使用。

若有拜访必须预先约定。韩国人很重视交往中的接待，宴请一般在饭店或酒吧举行，夫人很少在场。

（三）美国人的礼仪特点

美国人在日常生活中不拘小节，崇尚自由、轻松、随意，他们没有城府，喜欢幽默，且自尊好胜。在生活中也较为讲究礼仪。

美国人生性浪漫、为人真诚，与人交际时实事求是、坦率直言，对于自己的情况都竭尽真实地表述，即便是对于不相识的人也是如此，他们不喜欢过分谦虚、客套的言语，在他们看来过分谦虚是一种不自信和无能的表现。

美国人认为尊重长者和妇女，是一种礼仪也是一种风度。在公共场合，一般都要礼让、照顾年老者及妇女：公共场合就座时，礼让老人及妇女先坐；走路时，礼让老人和妇女走在右边。

美国人热情好客，自由随意，为使客人也能轻松随意，宴请客人一般要在家中进行。请美国人用餐，他们一般是不提前到达的，而是准时或迟到5分钟至15分钟。

美国人平时的穿着打扮不太讲究，崇尚自然、宽松、个性。跟美国人打交道时，在着装上要注意几点礼仪：注意服装的整洁；拜访美国人时，进了门一定要脱下帽子和外套，美国人认为这是一种礼貌；女性最好不要穿黑色皮裙；女士不要随便地在男士面前脱下自己的鞋子，或者撩动自己裙子的下摆，这会让对方产生故意引诱的误会；不要穿睡衣、拖鞋会客；不要在公共场合化浓艳的妆，也不要在公共场合补妆；不要在室内戴墨镜。

美国人在用餐的时候讲究用餐的礼仪。进餐时，不允许发出声响；不允许替他人取菜；不允许吸烟；不允许向别人劝酒；不允许当众脱衣解带；不允许议论令人作呕之事。

美国人与客人见面时，一般都以握手为礼。他们认为最礼貌的握手习惯是：手要握得紧，眼要正视对方，微微弓身。在社交场合握手时要注意以下几点：如果两人是异性，要待女性先伸出手后，男性再伸手相握；如果是同性，通常应年长者先伸手给年轻人，地位高的伸手给地位低的，主人伸手给客人。在彼此关系很熟的情况下也可以使用亲吻礼作为彼此见面的礼仪。

美国人在生活中也有一些礼仪禁忌，如美国人忌讳“13”、“星期五”、“3”，他们认为这些是厄运和灾难的象征；忌讳有人在自己面前挖耳朵、抠鼻孔、打喷嚏、伸懒腰、咳嗽等；忌讳有人冲他伸舌头，认为这是对自己的污辱；忌被人问到自己的年龄；忌问价钱；忌被人说自己“胖”等。

如果要想在美国赢得好人缘，以下几点会给你一些帮助。

保持面带微笑，碰到认识的朋友时，主动问候对方，别人问候你时，也要回问候对方，表示关心；说话时语气诚恳、态度大方，当别人问候你时，回答尽量简洁；多赞美对方；到别人家作客时，有机会就要赞不绝口地表示对主人招待的赞美和感谢；要注意自己的仪容整洁；经常说“Excuse me”、“Please”、“Thanks”、“Pardon”等日常礼貌用语。

说话有礼貌，美国人从小就养成说话要有礼貌的习惯，在每天的日常生活中，即使与家人相处也会使用“Hi”（你好），“Please”（请）及“I am sorry”（对不起）等客套话。

不要探听他人隐私，美国是一个特别重视个人隐私的国家，美国人不会问新结识的朋友任何有关个人经济、宗教及政治等方面的问题。

谦让妇女，有教养的男士通常都会抢先一步去为女士开门，上下车或进出电梯请女士先行，若与妇女在街上同行时，男士都会走在靠近有车辆行驶的那边，以保护同行女士的安全。

守法与公德，在美国开车，人人都得遵守交通规则，绝对不能闯红灯、乱鸣喇叭，也不应过度超速驾车，而且一定要礼让行人穿越马路。美国人有事得排队办理时，都是以到达的先后次序站队等候。

大人聚会，小孩免请：美国虽是儿童的天堂，但是绝大多数的大人聚会却都不欢迎孩子参加，所以美国年轻父母参加社交应酬时，都得提早在好几个星期以前就找妥看孩子的人，届时好来家里照顾孩子。偶尔如果主人说这一次的聚会可以带着孩子一起参加时，做妈妈的在出门之前一定都会对孩子一再耳提

面命，再三叮咛孩子在别人家里作客的时候一定得注意言行举止，要听话，要有礼貌。所以，美国孩子在外作客的时候，都表现得非常听话和有礼貌。

赴宴时带份小礼物，美国人不流行送厚礼，但应邀去美国家庭吃饭作客时，如能选购一份小礼物，如一棵小植物盆景（有根的植物或花卉）带去给女主人，是非常受欢迎的。

参考文献

周思敏. 你的礼仪价值百万［M］.北京：中国纺织出版社，2009.